열정 인생 디자인

Active Life Designing

열정 인생 디자인

Active Life Designing

열정 인생 디자인

Active Life Designing

최규식 지음

남두도서

추천의 글

김삼환 목사

명성교회 당회장
대한예수교 장로회 통합총회 부회장

사람은 누구나 성공을 갈망합니다. 성공을 꿈꾸고 성공하기 위해 노력을 합니다. 그럼 성공이 무엇일까요? 돈을 많이 벌었다고 해서 성공일까요? 권력을 가졌다고 해서 성공적인 인생을 살았다고 말할 수 있을까요? 내가 만족하는 인생을 살았다면 그것은 성공적인 삶을 살았다고 말할 수 있습니다. 그러나 부유한 재력과 막강한 권력을 가져서 사람들이 부러워할 만한 삶을 살고 있는 것처럼 보여도, 불안하고 쫓기는 듯한 삶을 살고 있다면 그 삶은 성공적인 삶이 아닐 것입니다.

무엇이 성공적인 삶일까요? 이 책의 저자 최규식 교수는 이러한 질문에 다각도로 고민을 한 흔적이 보입니다. 각종 사회지표와 데이터를 가지고 "성공은 무엇인가?"라는 질문에 답하고 있습니다. 하나님으로부터 사랑받고 있음을 깨달을 때 진정한 성공의 길로 갈 수 있다는 것을 말하고 있습니다.

그렇습니다. 진정한 성공의 삶은 하나님께 있습니다. 남을 구하기 위해서 내 사랑하는 자식을 죽일 수 있는 사람은 아무도 없을 것입니다. 그러나 하나님께서는 그렇게 하시며, 우리를 얼마나 사랑하시는지 확증해 주셨습니다. 그 사랑을 확인할 때, 나의 삶에 감사하며 타인을 용서할 수 있을 것입니다. 하나님과 나와의 관계가 형통(亨通)할 때 비전(vision)이 생기며 주어진 생에 최선을 다하는 삶을 살게 됩니다.

최규식 교수는 신앙생활도 열심히 하시는 분일 뿐만 아니라 학식도 뛰어나신 분이십니다. 그가 쓴 《열정 인생 디자인》이 우리들에게 읽혀지게 된 것이 큰 기쁨이 아닐 수 없습니다. 이 책을 통해 하나님의 경륜의 깊이를 깨달으며, 성공의 삶을 살고자 하는 여러분에게 깊은 감동과 도전을 줄 것이라 확신하며, 이 책을 자신있게 추천합니다.

추천의 글

정근모 박사

(전) KAIST 설립 주도 · 초대 부원장
(전) 국제원자력기구(IAEA) 의장
(전) 과학기술처 장관(12代 및 15代)
(전) 한국과학재단 이사장
(전) 호서대학교 총장
(전) 명지대학교 총장
(현) 사랑의 집짓기 운동 연합회 이사장 및 국제이사
(현) 라이즈업 코리아(Rise Up Korea) 대표

저는 매일매일 각계 각층의 많은 사람들을 만납니다. 그렇게 만나는 사람들 중에 세상에서 성공했다고 평가받는 사람들도 많습니다. 이들의 특징은 하나같이 긍정적인 인생의 큰 꿈과 목표를 가지고 열정적으로 노력한다는 것입니다. 성공하기 위해서는 큰 꿈을 가져야 하고, 그 목표를 위해서 전력을 기울여야 합니다. 그런데 그 꿈이라는 것은 자기 마음 속이 긍정적인 희망과 열정으로 가득찼을 때 가능한 것입니다. 그렇게 되기 위해서는 그동안의 각종 상처나 억압, 증오심에서 벗어나야 합니다. 자기의 이웃과 자기 자신을 용서하여 과거의 부정적인 이미지를 털어버리고 자유로워져야 합니다.

오늘날과 같이 무한정으로 정보가 많았던 적은 일찍이 없었습니다. 이렇게 정보가 많음에도 불구하고 우리가 이 세상에서 성공적으로 살 수 있는 방법을 찾기가 쉽지 않습니다. 방황하기 쉬운 현대를 살아가는 모든 이에게 이 책이 동기를 부여하는 좋은 길잡이가 될 것으로 확신합니다. 이 책에서는 서두르지 않고 성공할 수 있는 길을 정확하게 제시해줍니다. 이처럼 현대인들이 나갈 방향을 명확하게 제시한 책도 흔하지 않습니다. 현대를 살아가는 모든 사람들이 이 책을 꼭 읽어보도록 추천하는 바입니다.

추천의 글

구관서 사장

(전) 교육인적자원부 정책홍보관리실장
(현) 한국교육방송공사(EBS) 사장

사회 생활을 하는 처음부터 교육세에 몸담아 온 저는 우리 나라 젊은이들의 교육과 진로와 장래에 대해서 남다른 애정을 쏟았습니다. 그런 제도권 교육계에 근무하면서 이 나라 미래를 짊어질 젊은이들을 양성하는데 큰 자부심을 가지고 살아왔습니다. 그런데 그렇게 교육을 받고 사회에 진출하는 젊은이들의 방향을 제시해줄 마땅한 기준이 무엇인가를 항상 생각해왔습니다.

시중에는 꿈을 가지고 무엇인가를 열망하는 이 땅의 젊은이들이 나아갈 방향을 제시하는 서적들이 있습니다. 그 수많은 책들의 내용을 보면 대부분 희망적이고도 도전적인 자세를 요구하는 것이었습니다. 그리고 어느 한 분야에 대해서 집중적으로 방향을 제시하는 책들이 많았습니다.

그런데 급격한 정보의 홍수 속에서 허둥대고 있는 현대인들에게 인생의 방향을 올바르게 인도해줄 만한 서적으로서 이 책이 분명하고 확실하게 제시하는 것으로 생각되었습니다.

그러므로 정보의 홍수라는 큰 물결에 휩쓸리기 쉬운 현대에 배의 키처럼 성공의 방향을 잡아줄 안내자로서 이 책을 추천하는 바입니다. 바쁜 일상을 보내느라 책을 접할 기회가 많지 않은 현대인들에게, 그리고 미래를 설계하는 젊은 청소년들에게 시간을 내서 반드시 한 번 읽어보기를 권합니다. 현재의 무기력한 상태를 탈피하여 변화를 추구하고 성공을 꿈꾸고자 하는 사람들은 반드시 이 책을 읽어봐야 한다고 생각합니다.

머 리 말

한 마리의 닭이 알을 하나 발견하여 품어서 알을 깼다고 합니다. 그것은 독수리의 알이었습니다. 이런 연유로 인하여 독수리가 목장의 닭 사이에서 생활하게 되었지요. 이 독수리는 닭과 같이 자랐기 때문에 자기도 닭이라고 생각하며 쓰레기를 주워 먹고 있었습니다.

이 독수리가 하루는 한 마리의 위엄 있는 독수리가 하늘 높이 치솟아 오르고, 급강하하며, 비~잉 돌기도 하는 모습을 보며 닭 가족들에게 저것이 무엇이냐고 물었을 때, 그들은 다음과 같이 대답하였다고 합니다.

"독수리라는 거야. 그러나 너는 결코 그렇게 될 수 없어. 왜냐 하면 너는 목장의 닭에 불과하기 때문이지."

그러면서 그들은 다시 쓰레기를 쪼기 시작했습니다. 그래서 자기가 날지 못하는 닭이라고 생각한 목장의 독수리는 평생 하늘의 독수리들을 부러워하며, 쳐다보고, 구름 사이를 나는 그들처럼 되고 싶다는 열망을 가지고 살았습니다. 그러나 한 번도 그의 날개를 펴서 하늘을 날아보려 시도하지 않았기 때문에 하늘을 날지 못했습니다. 그 독수리는 '나는 날지 못하는 목장의 닭에 불과하다'라는 속좁은 생각을 하며 살다가 죽은 겁니다. 쓰레기나 뒤지면서 자기의 재능을 체념한 채 날개를 펴지 못하여 하늘 높이 날지 못한 것입니다.

시골에서 중학교를 겨우 졸업할 때쯤 꿈에 그리던 서울로 유학하고 싶은데, 이를 반대하는 가족의 방해 속에 갈피를 못잡고 있던 차에 마침 서울의 모 고교에 지원하러 갔던 친구가 저의 딱한 사정을 알고 어느 고교의 입학원서를 사서 보냈습니다. 이러한 연유로 하여 서울의 지리도, 진학 고등학교의 성격도 모르면서 무작정 지원하고 시험을 보았습니다. 친구가 선택해준 고등학교였던 것이지요. 그리고 친척도, 학비를 대 줄 사람도, 마땅한 거처도 없는 상태에서 동료 집을 전전하는 고교생활이란 쉽지 않았습니다. 그러나 노력에 비하여 효율은 적었으나, 눈만 뜨면 공부에 전념하였습니다.

이것이 습관이 되어 사회에 진출한 후에도 주어진 일에만 몰두하였습니다. 뜻을 품은 다른 사람들도 마찬가지이겠지만 돌이켜보니 좋지 않은 환경 속에서도 저는 많은 열정을 기울인 것 같습니다. 그러나 아무리 생각해봐도 그동안 기울인 노력에 비하여 거둔 열매가 만족스럽지 못합니다. 이룬 것이 최고의 성공이라고 느껴지지가 않습니다.

왜 그럴까를 반성해보니 그것은 어려서부터 부정적인 환경 속에서 살면서 저 자신에 대한 어떤 인생의 목표가 없이 먹고 살기 위해 당장 눈앞에 펼쳐지는 문제만을 해결하는데 초점을 맞추었기 때문입니다. 저의 긴 여정을 심도 있게 생각하는 일 없이, 또 원대한 꿈도 없이 닥치는 대로 그날그날을 지낸 결과입니다. 아무 뜻이나 희망 없이 산 것이지요. 그렇다고 누군가 저의 인생길에 대해서 진지하게 조언해주거나 인도해준 사람도 없습니다. 그러니까 저의 앞에 어떤 현상이 펼쳐지면 당장에 그 장벽을 넘기에만 급급하여 그 결과가 소박한 것입니다.

그런데 주위에서 저보다 별로 나은 것이 없는 것 같은 사람들이 더 크게 성공하는 경우를 많이 보게 되었습니다. 그래서 쓸데없는 자존심에 비례하여 불만이 높아지게 된 것입니다. 성공자들의 성공을 정당한 것으로 인정하지 않으려 노력하였습니다. 그리고 불만이 높아지면서 모든 면에서 더욱 더 부정적이 되어갔습니다. 벽을 만들어 그 안에 자발적으로 갇혀 탈피하지 못하면서 사회에 대한 불만을 쌓아간 것입니다.

그 후 사람이 사는데 있어서 사랑이 가장 중요한 요소라는 것을 알게 되고, 그 사랑을 받아 나눔으로써 감사하는 마음이 생겼습니다. 감사하게 되니 그동안 성공했던 사람들을 인정하게 되고 존경하게 되었습니다. 주위에서 매일 부딪히는 모든 사람들을, 그리고 무엇보다 먼저 용서하기 어려운 자기 자신을 용서하였습니다. 마음속의 장벽을 헐고 불평과 불만에서 자유로워졌습니다. 응어리를 훌훌 털어버리고, 그동안 소홀히 생각했던 자신의 정체성을 정리해보았습니다. 그리고 모든 부정적인 것을 버리고 긍정적인 생각을 하기 시작했습니다. 그런 다음 원대한 꿈을 가지고 큰 목표를 세웠습니다. 그랬더니 비로소 성공의 길이 보이기 시작했습니다.

우리 모두에게도 성공할 기회가 주어져 있습니다. 다만 막연한 두려움으로 큰 목표를 세우지 못하여 도전을 꺼려하고 현실에 안주하려 하기 때문에 성공을 거두지 못하는 것입니다. 평범한 사람들도 분명한 목표를 세워 시도하고, 도전하고, 인내한다면 반드시 성공할 수 있습니다.

우리는 꿈을 가지고 큰 목표를 세워 심장이 터질 정도로 달려가야 합니다. 우리는 게으르기 쉽습니다. 부지런해야 합니다. 앞만 보고 달려가는 노력이 필요합니다. 그러면 성공할 수 있습니다. 이러한 사실을 체험을 통하여 깨달았습니다. 그래서 이러한 진리를 여러 사람에게 알리고 싶었습니다. 미래를 꿈꾸는 모든 사람들에게 이 비밀을 외치고자 이 책을 썼습니다.

지금 우리가 어려움을 겪는 이유는 무엇인가?

보통사람들이 성공하기 어려운 이유는 무엇인가?

무엇이 우리의 장벽인가?

그러한 장벽을 넘어서서 우리의 꿈을 이룰 방법은 무엇인가?

성공을 위해서 우리는 무엇을 어떻게 해야 하나?

성공의 최종 목표는 무엇인가?

이러한 해법을 본 책에서 제시하고자 하였습니다.

이 책의 내용이 성공의 방법을 찾는 모든 이에게 조금이나마 도움이 되었으면 좋겠습니다. 바닷가에서 귀한 조약돌 하나 줍는 심정으로 이 책을 썼습니다. 의욕만 가지고 책을 만들다 보니 부족한 점이 많을 것으로 생각됩니다. 그러나 이 책을 읽고 소수의 사람들이라도 인생 여정의 성공방향을 잡을 수 있다면 저로서는 더 없는 큰 보람이 될 것입니다.

내게 능력 주시는 자 안에서 내가 모든 것을 할 수 있느니라(빌립보서 4 : 13)

저자 최규식 올림

차 례

3 사랑/감사/용서

4 변화하자

5 정체성 확립

6 원활한 인간관계 구축

7 꿈과 희망을 품고

8 적은 쪽에 서서

9 멀리 보고

10 목표 설정 및 도전

11 항상 긴장하며

1

변화의 회오리

무의식 속의 변화
지렛대와 지팡이
국내 산업의 공동화
유통 혁명
초라한 직장인의 미래
자영업 성공률 5% 이내
깊어가는 소득격차
쉽지 않은 노후대비

무의식 속의 변화

탕탕, 통통!

공기가 가득찬 공을 마루 바닥에 탕탕 치면, 힘차게 솟구쳐 올라오는 감각이 신선합니다. 하지만 통통 잘도 튀어 오르는 그 공을 그대로 두면 점점 낮게 튀어 오르다가 멈추어버릴 것입니다. 공은 힘있게 쳐줄 때 튀어 오르게 마련입니다. 그대로 내버려 두면 공은 공다워지기를 포기하고 맙니다.

엔트로피 법칙에 의하면 모든 물질과 에너지는 한 방향으로만 진행될 수 있다고 합니다. 쓸모 있는 상태에서 쓸모 없는 상태로, 획득 가능한 상태에서 획득 불가능한 상태로, 질서 있는 상태에서 무질서한 상태로 변한다는 것입니다. 즉, 자연 상태에서 모든 사물은 저절로 나아지는 법이 없고, 따라서 그대로 놓아두면 반드시 퇴락해 간다는 것입니다.

현대사의 과도기를 살고 있는 우리는 새로운 세기를 접하면서 급박한 변화의 소용돌이에 휩싸이고 있습니다. 어떻게 하면 거센 물살처럼 흘러가는 세상에서 도태되지 않고 능동적으로 살 수 있을 것인가? 공기가 충만한 공이 튀어 오르듯 활기차게 살아갈 수 있으면 좋겠습니다. 공이 어디로 튈지 몰라 전전긍긍하는 그런 모습이 아니라, 공을 자유롭게 몰고 가면서 공의 솟구침을 잘 유도하면서 말이지요. 변화무쌍한 세상의 소용돌이 속에 빠져 허우적거리지 않을 수 있다면, 통통, 탕탕, 팅팅 소리를 내는 공과 같이 인생을 역동적으로 살 수 있을 것입니다.

곡마단의 불길

옛날 덴마크의 어느 곡마단에서 서커스 연습 중에 불이 났다. 여기서 시작된 불길은 그 광장뿐만 아니라 인접해 있는 마을을 위협할 지경에 이르렀다. 단장은 불난 사실을 마을 사람들에게 알려서 신속하게 대피하도록 하라고 소리쳤다. 이 지시를 받은 한 어릿광대가 재빠르게 서커스용 자전거를 타고 마을로 쏜살같이 달려갔다.

"도망가십시오! 빨리 도망가십시오! 그렇지 않으면 마을은 전부 불타고 여러분은 죽을지도 모릅니다."

그는 자전거로 마을길을 달리면서 소리 질렀다.

"곡마단에 불이 났어요. 빨리 도망가세요!"

이 소리에 호기심에 찬 마을 사람들이 집과 상점에서 몰려나와 길가에 늘어서서 이 진기한 광경을 구경하게 되었다. 그들은 어릿광대를 보면서 서커스하는 것과 같은 그 우스운 모습과 놀라운 자전거 솜씨에 손뼉을 치면서 환호하였다. 머리에 쓴 긴 원뿔 모자, 하얀 색으로 분장한 얼굴, 침팬지의 것보다 더 이상한 입술, 루돌프의 빨간 딸기코, 울긋불긋한 복장으로 서커스용 자전거를 타고 온 동네를 휘집고 다니면서 이상한 소리를 질러대니, 하! 참 이것보다 더 즐거운 구경거리가 없다고 생각하고 박수치면서 환호하였던 것이다. 공짜로 보는 서커스의 짜릿한 묘기에 정신이 팔렸다.

"빨리 피하세요. 곧 불길이 이 곳에 닥쳐옵니다. 빨리요!"

어릿광대가 더욱 필사적으로 소리를 치자 마을 사람들은 그 묘기에 감탄하여 점점 더 큰소리를 치면서 응원의 박수를 보냈다.

그런데 이 사이에 불이 마을까지 순식간에 번져서 집과 상점이 불타기 시작하였다. 넋놓고 구경에 팔려 있던 모든 사람들이 미처 손쓸 사이도 없이 눈에 보이는 것 모두가 불에 타고 많은 사상자가 발생했다.

어릿광대가 심각하게 외치는 소리를 그저 남의 일로, 구경거리로, 강 건너 불보듯 하고 있었기 때문입니다. 그가 부르짖는 소리에 귀를 기울이지 않았으며, 사태의 심각성을 모르고 있었던 것입니다. 자기 주위에 모여 있는 많은 사람들도 어릿광대의 언행에 별 경각심을 갖지 않은 것으로 보아 별일 아닌 것으로 생각한 것이지요. 자기들에게 닥칠 재난에 대비하지 못한 결과입니다. 또한 우리는 현재의 분위기를 파악하지 못하는 비이커 속의 개구리와 같은 신세가 아닌지 궁금합니다.

비이커 속의 개구리

어느 대학 실험실에서 차가운 물이 2/3쯤 찬 비이커에 식용개구리 한 마리를 넣은 후 램프에 불을 붙여 아주 느린 속도로 가열시키면서 개구리의 반응을 살펴보기로 했다. 처음 온도가 낮은 물속에 들어간 개구리는 잠시 주변을 두리번거리더니 이내 안심한 듯했다. 15℃ 정도가 되니 분위기가 좋아져 천천히 수영까지 한다. 비이커를 서서히 데워 20℃ 부근이 되자 개구리는 점점 따뜻해지는 수온에 기분이 풀려서 스르르 잠이 들어버렸다. 그렇게 또 얼마간의 시간이 흘렀다. 잠들었던 개구리가 무언가에 놀라서 갑자기 깨어 비이커를 빠져나가려고 했으나 이미 때는 늦었다. 물이 너무 뜨거워져 있었던 것이다. 결국 그 개구리는 주변의 물이 조금씩 뜨거워지고 있다는 사실을 전혀 눈치채지 못하고 있다가 밖으로 탈출하지 못하고 그 안에서 삶아지고 만 것이다.

처음부터 수온이 50℃나 60℃였다면 개구리가 놀라서 튀어나왔을텐데, 약간씩의 변화를 주게 되니 그 변화를 감지하지 못하고 안일하게 있다가 최악의 사태를 맞이하게 된 것입니다.

지금 우리가 살아가는 시대는 바로 변화의 시대입니다. 그런데 우리는 군중 속에서 변화를 감지하지 못하고 있습니다. 변화는 어느 날 갑자기 엄청난 규모로 다가오는 것이 아닙니다. 빠르기는 하지만 우리가 미처 알지 못하는 사이에 눈치채지 못하게 계속적으로 진행됩니다. 그래서 많은 사람들은 비이커 속의 개구리처럼 변화가 일어나고 있다는 사실을 감지하지 못한 채 살아가고 있습니다.

현재 일어나고 있는 이와 같은 변화는 우리의 선택을 강요하고 있습니다. 소수의 사람에게는 이보다 더 좋을 수가 없는 야심찬 시대일 것이고, 대다수의 사람에게는 이보다 더 나쁠 수 없는 비참한 시대일 것입니다. 미국의 케네디 대통령은 말했습니다.

"위대한 변화가 눈앞에 있다."

그러나 아쉽게도 수많은 사람들은 아직도 과거의 정체된 시간만 그리워하고 있습니다. 그리고 현재의 무서운 변화에 적응하지 못한 채 헤매고 있습니다. 오래 전부터 내려오던 낡은 사고방식에 얽매어 있는 것입니다. 이를테면 '좋은 대학 가서 공부 열심히 하여 좋은 직장에 취직하자' 와 같은 것입니다. 그것은 산업화시대때 필요하던 사고방식입니다. 교육에는 왕도가 없다지만, 시대를 떠나서 어느 때나 중요합니다. 그러나 직장을 얻기 위해 공부하고, 그리하여 졸업 후 안정적인 직장을 찾고, 그러면 정부나 기업이 그들의 은퇴 생활을 보상해줄 것이라고 기대하며 사는 것은 현시대에 맞지 않는 것입니다. 고개를 들어 멀리, 더 멀리 내다 보아야 합니다.

지렛대와 지팡이

우리 사회의 미래는 어떤 모습일까? 2045년 6월 어느날 저녁, 방금 퇴근한 65세의 김모씨는 TV를 켜며 허리를 두드립니다. 40년 전만 해도 은퇴해 국민연금을 받을 나이이지만 지금은 어림도 없습니다. 서른이 훌쩍 넘은 아들은 월급의 65%를 사회보장비로 내느라 결혼할 엄두를 못내고 있습니다. 지금 20대인 청년들이 65세가 되었을 때, 예를 들어 영화 배우 정일우나 가수 이효리가 고희를 앞두고 겪게 될 미래입니다.

우리에게 이러한 미래가 정말로 전개될까?

우리는 지금 고령인구의 급속한 증가와 신생아 출산율의 급격한 감소로 불안한 앞날을 향해 가고 있습니다. 우리 나라는 현재 전체 인구 중에서 65세 이상 노인인구의 비율이 9.0% 이상으로서 이미 고령화사회(7% 이상)에 접어들었고, 2018년에는 고령사회(14% 이상), 2026년에는 초고령사회(20% 이상)로 접어들 것으로 예상됩니다. 즉, 인구 5명 중 1명이 노인인 끔찍한 시대가 다가오고 있는 것입니다.

연도	2005	2018	2026
노인인구비율(%)	9.0	14.3	20.0
노인사회	고령화사회	고령사회	초고령사회
경제부담인구(명)	7.6	3.9	2.4

통계청의 발표에 의하면 우리 나라는 현재 평균 7.6명의 경제 인구가 1명의 노인을 부양하고 있습니다. 그런데 현재와 같은 저출산 및 고령화가 진행될 경우, 앞으로 20년 후에는 경제 인구 2.4명이 1명의 노인인구를 부양해야 하는 시대가 됩니다. 우리의 노후를 자녀들에게 의지할 수 없게 되는 것입니다.

우리 사회의 경제성장과 사회복지를 떠받쳐, 발전의 중심적 역할을 해야 할 지렛대층은 줄어들고, 의지를 위한 지팡이가 필요한 층은 늘어가는 현실이 되고 말았습니다. 청년과 노인, 경제활동인구와 부양대상 인구가 조화를 이루지 못하는 불균형한 사회는 휘청거리게 됩니다.

국내 산업의 공동화

우리의 산업기반을 든든히 받치고 있었던 한국의 자동차 · 반도체 · 철강 · 조선 · 석유화학 등 주력 산업이 빠르게 해외로 이전하고 있습니다. 각종 규제와 고(高)임금, 강성 노조와 반(反)기업 정서를 피해 '기업하기 좋은 환경'을 찾아 해외로 나가고 있는 것이지요.

우리 나라 고도성장의 견인차 역할을 해 온 포스코(POSCO)는 인도 동북부 오리사주 자가싱푸르 지역 500만평 부지에 제철소를 세우고 있으며, 최종적으로 연간 1,200만톤의 철강 생산 능력을 갖춘 일관 제철소 건설을 목표로 하고 있습니다.

세계 6~7위의 조선회사인 한진중공업은 8만평에 불과한 부산 영도 조선소의 확장 부지를 찾지 못해, 결국 필리핀 수빅만에 70만평 규모의 조선소를 짓고 있습니다. STX 조선도 중국에 조선소를 짓기로 했으며, SK네트웍스는 최근 중국의 석유화학 공장을 인수하는 등 석유화학업계도 해외 진출을 적극 모색하고 있는 판국입니다.

특히, 삼성전자의 휴대폰 주력 공장 해외 이전 결정은 우리에게 큰 충격을 던져주고 있습니다. 우선 국내 제조업 현실이 삼성전자와 같은 첨단 국가 브랜드 기업마저 해외로 나갈 수밖에 없을만큼 절박한 상황에 다다랐다는 것입니다. 베트남 공장 신설과 중국 현지 생산량 증가로 인해 7천~8천개의 일자리가 해외로 달아날 것으로 보이기 때문에 우리 나라의 취업난이 보다 심각해질 것으로 보입니다. 여기에 삼성전자에 휴대폰 부품을 공급해왔던 천여개의 중소 부품업체들 중 상당수도 해외 동반 이전(移轉)이 쉽지 않아 사업에 결정적인 타격을 입을 것으로 예상되고 있습니다. 협력해서 산업을 일으킬만한 건수가 절대적으로 부족해진 중소기업들은 문을 닫을 수밖에 없는 상황에 직면해 있는 것입니다.

유통 혁명

아마도 변화 중에 제일 심한 것이 유통일 것입니다. 통계에 의하면 지난 1996년 이후 10년 동안 슈퍼마켓 등 소규모 점포는 19.4%나 추락한 반면, 대형 할인점, 편의점, 무점포판매 등 새로운 업태는 무려 8배나 급성장한 것으로 나타났습니다. 지금 국내에서 내노라 하는 대형 업체들마다 본래의 사업보다는 대형 유통사업에 경쟁적으로 뛰어들고 있습니다. 대형 의류업체도, 유명 백화점도, 대규모 제조업체도, 대표적 농산물업체도 그 본연의 업무보다는 대형 유통사업 진출에 사운을 걸고 있는 것입니다.

옛날 산업화시대에는 생산자가 총판에 제품을 공급하고, 총판자는 도매상에게, 도매상은 소매상에게 제품을 공급하여 소비자에게 제공하는 과정에서 중간 이윤이 붙고, 또한 거기에 종사하는 많은 종업원들이 있었습니다. 이러한 과정의 총 비용은 물론 최종 소비자가 부담하는 것이지요. 그러나 대형 할인마트가 등장하면서 제품을 생산자로부터 직접 대량으로 저렴하게 구매하여 소비자에게 공급하게 되었습니다. 소비자의 입장에서는 신선한 제품을 싸게 구매할 수 있기 때문에 대형 할인마트로 몰릴 수밖에 없습니다. 이와 반대로 재래시장은 급속하게 쇠퇴해가는 것이지요.

유통업이 이렇게 대형화되고 중간유통단계가 없어짐으로써 총판,

도매상, 소매상들이 도산 및 폐업하게 되었습니다. 이러한 유통혁명으로 그동안 이와 관계되어 종사하던 수많은 사람들이 실업자로 거리에 쏟아져 나오고 있는 것입니다. 소수의 힘있는 공룡들은 더욱 더 힘을 얻고, 대다수의 일반 서민들은 점점 더 어려워지고 있습니다.

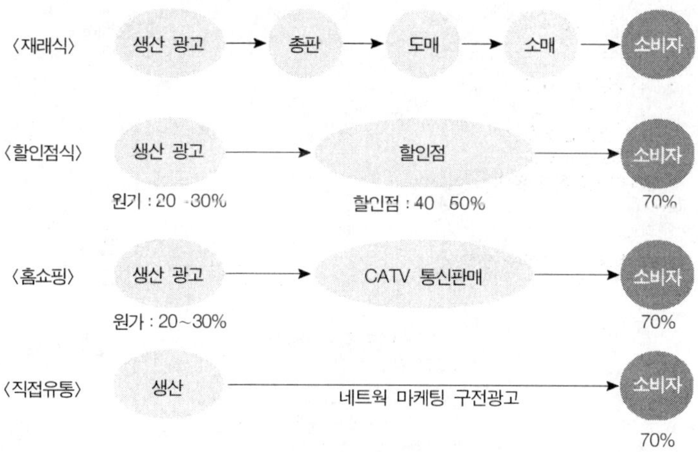

초라한 직장인의 미래

IMF 후 허울 좋은 명예퇴직이 시작되고 취업하기가 힘들어지면서 언제부터인가 우리 사회에는 오륙도(56세까지 퇴직 안하면 도둑), 사오정(45세 정년), 삼팔선(38세에 퇴직), 삼일절(31세가 되면 절망), 이태백(20대 태반이 백수), 청백전(청년 백수 전성시대)이라는 자조 섞인 말들이 유행하기 시작하였습니다. 그만큼 취업하기가 날이 갈수록 어려워지고 있는 것이지요.

취업 · 인사 전문 포털 인크루트에서 직장인을 상대로 '예상 정년 및 퇴직형태'를 조사한 결과 전체의 예상 정년이 평균 45.5세로 나타났습니다. 이는 노동부에서 권고하는 정년 60세에 훨씬 못 미치는 수준입니다.

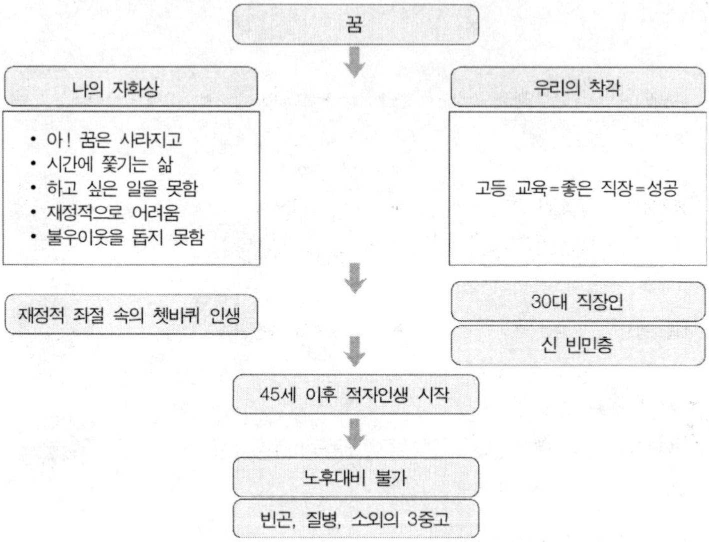

옛날에는 일단 한 번 좋은 회사에 입사하기만 하면 퇴직할 때까지 직업을 보장해주던 좋은 시절이 있었습니다. 그러나 이제는 달라졌습니다. 직장이 우리의 모든 것을 해결해 줄 수 없습니다. 직장은 영원하지 않으며 어느날 갑자기 사라져버릴지도 모르는 곳입니다. 그러나 직장이 사라진다고 해도 개인은 남습니다.

현재 우리 나라의 수명통계에 의하면 남자 평균수명은 대략 77세, 여자 평균수명은 83세라고 합니다. 이는 인구 중에서 사고사, 병사, 자살 등을 전부 포함한 사망자를 대상으로 한 것이므로, 실제로 자연사할 나이는 100세 가까이 된다는 것입니다. 그렇다면 평균 25세에 사회에 진출하여 경제 활동을 시작한 후, 45세 정도에 퇴직을 한다고 했을 때 20년 벌어서 그 재력으로 나머지 55년을 살아야 된다는 이야기가 됩니다. 이것이 현실적으로 가능한 이야기일까요? 한 마디로 기가 막히는 일입니다. 이런 측면에서 볼 때 노인에 대한 어떤 특별한 대책 없이 평균수명만 늘어난다는 것이 우리에게는 어쩌면 큰 재앙일지도 모릅니다.

자영업 성공률 5% 이내

그렇다면 개인의 마지막 보루라고 할 수 있는 자영업의 실태는 어떨까? 우리 나라 자영업자 비율은 세계 최고 수준이라고 합니다. 외환위기 직후 퇴직자가 늘면서 자영업자가 크게 증가했고, 이후 상시 구조조정 체제가 자리를 잡으면서 생계형 창업이 계속 이어지고 있어서 이 비율은 낮아지기가 어려울 것입니다.

아무리 작은 가게를 하나 차린다 하더라도 평균 5천만 원에서 2억 원 정도의 자본이 듭니다. 일반인들이 이 정도 규모의 자본을 동원한다는 것도 쉬운 일이 아니지만, 전 가족이 매달려 열심히 일해도 5년 이내에 80% 이상이 문을 닫게 됩니다. 단지 15% 정도가 현상 유지를 하는 선이고, 2~5% 정도만 나름대로 성공한다고 합니다.

그리고 어느 한 가지가 조금 잘 된다 싶으면 너도나도 뛰어들어 같이 망해가는 것이 우리의 현실입니다. 혹시 성공한다 하더라도 빠르게 변하는 소비자의 기호에 맞추려면 5년 이내에 다른 업종으로 전환해야 하는 것이 일반적인 현상으로, 이 경우 다시 성공확률은 2~5% 밖에 되지 않습니다. 게다가 변화의 속도가 점점 빨라지고 있어서 업종전환의 기간이 점점 짧아지고 있습니다. 이 때문에 결국 10~15년 이상 자영업을 성공적으로 이끌고 있는 사람은 거의 없습니다.

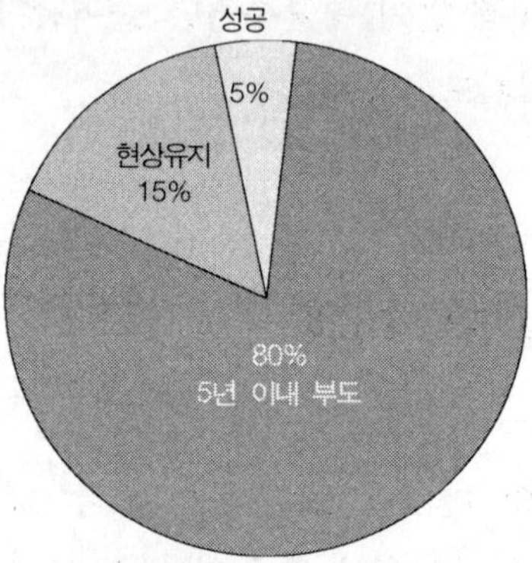

자영사업이 얼마나 어려운가를 보여주는 예가 있습니다. 중견기업 부장 출신 김모씨는 2006년초 퇴직 후 사업을 시작했다가 투자비 1억 원을 날렸습니다. 김씨는 재취업이 여의치 않자 서울 사당동에 작은 주점을 열었습니다. 몇 달간은 그럭저럭 장사가 됐지만 곧 매출이 곤두박질치기 시작했습니다. 주변에 최근 유행하는 40~50평짜리 퓨전 주점 2곳이 들어서면서 손님이 끊긴 것이지요. 결국 김씨는 주점 문을 닫고 말았습니다. 더 어려워진 상황의 김씨. 어쩌면 국내 자영업자의 자화상(自畵像)인지도 모릅니다.

깊어가는 소득격차

이러한 경제상황의 변화는 우리 국민 전체의 삶의 수준에 심각한 영향을 미치고 있습니다. 2005년 통계청의 자료에 의하면 우리 나라의 상위국민 20%와 하위국민 20%의 소득은 7.5배나 차이가 난다고 합니다. 우리 사회에서 빈익빈 부익부의 문제는 비단 어제 오늘의 이야기는 아니지만 21세기 초입에 있는 현재 한국사회의 양극화는 심각한 사회문제로 대두되고 있습니다.

하위 20% 가구의 경우 버는 것보다 더 많이 쓰고 있습니다. 이들은 한 달에 평균 77만 7,300원을 벌어들여 114만 1,600원을 쓰고 있습니다. 달마다 36만 4,300원씩 빚을 지는 셈입니다. 빚이 연간 437만 원을 넘어서고 있는 것이지요. 이 사실은 결코 소수의 이야기가 아닙니다. 다섯 가구 가운데 한 가구가 이렇게 살고 있다는 말입니다.

반면 상위 20% 가구는 한 달에 571만 2,500원을 벌어들여 393만 4,900원을 쓰고 177만 7,600원을 저축하고 있습니다. 1년에 저축만 2,133만 원을 넘어서고 있습니다. 빚이 437만 원씩 쌓이는 하위 20%와 확연히 비교되는 것이지요.

우리 사회를 빈부의 등급으로 나누어 볼 때, 피라미드형이라고 하는 삼각형 구조가 이상적일 것입니다. 그러나 지금은 고도의 경제성장이 계속되고 있다고 하나, 오히려 실업자가 늘어나고 따라서 하층계층이 빠르게 증가하며, 허리 역할을 해야 할 중간계층이 급격히 붕괴되고 있습니다. 중간계층이 붕괴된다는 것은 우리 사회가 매우 불안한 방향으로 진행되고 있다는 것을 말합니다. 일부 상위계층이 우리 나라의 부를 대부분 차지하는 반면, 나머지 대다수는 하루의 끼니를 걱정해야 하는 왜곡된 사회가 심화되어가는 형편입니다.

80/20 파레이토 법칙이라는 것이 있습니다. 예를 들어 한 국가의 구성원 중 20%의 부자들은 전 재산의 80%를 소유하고, 가난한 80%의 사람들은 나머지 20%의 작은 재산만을 소유하여 생활한다는 것입니다. 그런데 정보화의 시대를 맞이하여 유통과정의 대변화(대형 할인마트, TV 홈쇼핑, 인터넷 상거래의 등장에 의한 소상인의 위기 상황), 고용형태의 변화(생산 라인의 자동화 공정, 사무실의 OA시스템, 금융결재의 무인화 등으로 어려워지는 취직과 조기 퇴직 현상), 생활 형태의 변화(남자에 의존되던 경제력이 부부 공동의 맞벌이 문화로 이동), 사회제도의 개혁에 따른 투명성 등으로 80/20의 법칙마저도 무너지고 있어서, 우리 사회의 양극화는 시간의 흐름에 따라 더욱 더 심화될 것입니다. 일본의 경우 이미 5 : 95의 비율로 이루어졌으며, 미국은 10 : 90으로 접어들었습니다. 글로벌화에 의하여 그 격차는 점점 심화될 것으로 생각됩니다.

쉽지 않은 노후대비

현재 국민의 노후를 보장하기 위해 시행하고 있는 국민연금은 일정한 연령에 도달한 가입자에게 노후를 경제적으로 보장받을 수 있도록 제도화한 국가 사회안전망 중의 하나로서, 액면상으로는 노후에 든든한 버팀목이 될 수 있는 훌륭한 보험 제도를 말합니다.

그러나 2007년 7월 3일 국회를 통과한 국민연금법은 9%인 현행 보험료율을 유지하되, 현행 평균소득 60%인 급여수준을 2028년에는 40%까지 낮추는 내용입니다. 결과적으로 내는 돈은 늘어나고 받는 돈은 줄어든다는 의미입니다. 정부의 입장으로서는 현재의 보험료율과 소득 대체율로는 2036년에 보험수지 적자가 발생하고, 적립기금도 2047년에 완전 소진될 것으로 조사되었기 때문에 달리 방법이 없다고 합니다.

국민연금을 소득의 40%만큼 준다는 것도 그나마 연금에 40년 가입했을 때의 얘기입니다. 정부가 예상한 가입자의 실제 가입기간은 평균 21년밖에 되지 않습니다. 대다수 가입자는 생애평균소득의 20%쯤만 받게 되는 것입니다. '용돈 연금'도 안 되는 수준이지요. 우리는 이러한 속사정을 알면서도 국민연금을 믿고서 노후를 안심할 수는 없습니다.

그렇다면 개인이 대비하는 노후대책은 현재 어떤 상황일까?

몇 년 전 어느 여배우가 모 카드회사 TV 광고에서 빨간 사과를 들고 '부~자되세요!' 라고 외친 후 우리 사회는 부자되기에 열광했습니다. 이후 '파란만장 미스 김 10억 만들기' 드라마가 공전의 히트를 하면서 10억 만들기 열풍을 불러 일으켰고, 그 후 금융기관들이 '집을 뺀 노후자금으로 10억 원 안팎이 필요하다'는 보고서를 잇달아 발표하면서 이 열풍을 부채질했지요.

그런데 노후자금으로 필요한 10억 원이 말처럼 개인의 노력만으로 가능할까요? 방송국에 근무하는 어떤 직원의 말에 따르면 그의 주위에는 10억 부자가 되려는 환상 때문에 대출받아 주식에 투자했다가 망해서 월급을 차압당한 사람도 있다고 합니다. 결혼 후 6년간 전세를 면치 못했던 어느 가장은 10억 열풍이 불면서 마음이 초조해졌습니다. 최소한 집 한 채라도 장만해야겠다는 마음에 그는 월급의 절반을 아내 몰래 주식에 투자하고, 사채에 회사 공금까지 손을 대다 결국 4천만 원이 넘는 빚을 지고 회사에서도 쫓겨났습니다.

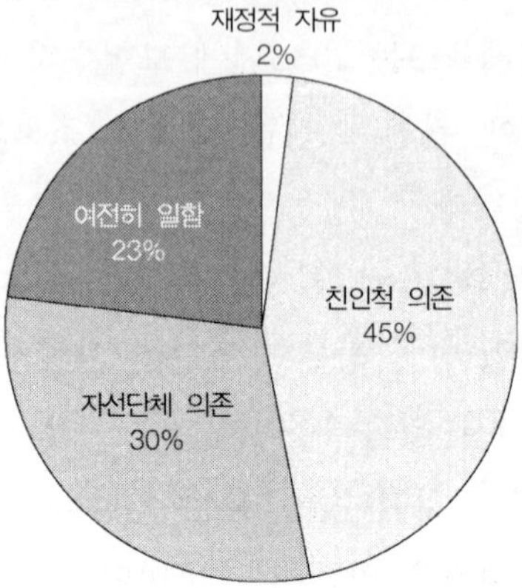

우리의 노인 생계에 대한 자료가 부족한 관계로 미국의 경우를 보겠습니다. 우리는 전반적으로 10년 정도의 차이를 두고 미국 사회를 닮아가고 있다고 합니다. 따라서 미국의 현재 모습이 10년 후 우리의 모습과 비슷하게 될 것으로 생각됩니다.

미국인들의 노후를 보면 100명 중 45명은 자식이나 친인척들의 도움에 의존하고, 30명은 자선단체의 지원을 받고 있으며, 23명의 경우 생계를 위해 계속 일을 하고 있다고 합니다. 나머지 2명의 노인만이 재정적인 자립을 하여 살고 있습니다. 전체 노인 인구의 극소수만이 자기의 노후를 제대로 준비하는 것입니다. 나머지 98%는 사회의 큰 위협이 될 수 있습니다.

2

자기 점검 및 반성

내면의 장벽들

이렇게 급변하는 사회 속에서 자기의 노후는 자기가 알아서 챙겨야 하는 상황이 되어버렸습니다. 그렇게 하기 위해서는 무엇인가 도전을 하여 성공해야 합니다. 우리 모두는 성공하고 싶어합니다. 그런데 성공하려는 사람들 중 극소수만이 뜻을 이룹니다. 그렇다면 성공을 가로막는 장벽은 무엇일까요? 우리들 대부분은 우리 안에 성숙한 관계를 방해하는 장애물을 갖고 있습니다. 정신분석학에서는 그 장애물을 '유년기의 상처' 혹은 '심리적 갈등', '마음속의 아이'라고 합니다. 내적 치유를 하는 사람들은 이것을 '쓴뿌리'라고도 합니다. 이러한 쓴뿌리는 대개 어릴 적 자라왔던 때로부터 뻗어있습니다. 여러 부정적인 영향을 직접 혹은 간접으로 받으며 자라났기 때문에, 그 마음 속에 자기도 모르는 이러한 쓴뿌리가 자라나게 된 것이지요.

가족 및 친지간의 불화, 학교생활에서나 사회생활에서의 조직 부적응 및 갈등, 이웃과의 생활상 부딪히는 일상사 등 여러 가지 상처들이 있습니다. 단 한 번도 갈등을 겪지 않는 사람은 없을 것입니다.

우리들 대부분은 자기가 생각하는 이상과 실제로 전개되는 현실과는 너무도 큰 차이가 있다는 것을 느낍니다. 성공하고 싶고, 남들보다 잘 살고 싶은데 코앞의 현실은 정반대에 가깝습니다. 그래서 국가에 대해서, 사회에 대해서, 이웃에 대해서, 그리고 가족에 대해서 불만이 커지게 되는 것이지요. 이 때문에 갈등이나 첨예한 대립과 같은 많은 문제가 발생하게 됩니다. 마음 속에서 미처 이루지 못한 꿈이나 상하고 틀어진 자존심들은 벽과 벽을 쌓아 올립니다.

그래서 사람의 마음 속에 각종 불만의 벽이 높게 또아리를 틀게 되는 것입니다. 이런 부정적인 장벽들이 우리의 성공을 가로막고 있습니다.

나의 선택의 결과

'나'라는 사람을 가장 잘 아는 사람은 과연 누구일까요? 물론 자기 자신입니다. 자신의 성격, 좋아하는 것과 싫어하는 것, 잘하는 일과 서툰 일, 그날의 몸상태나 기분에 대해서도 자신보다 더 잘 아는 사람은 없습니다.

외모, 성격, 일을 처리하는 능력, 인간 관계, 경제 수준 등 모든 기준에 대해 내가 판단한 것들이 그대로 현실의 결과로 나타나게 됩니다. 결국 누구나 '자신이 머릿속으로 생각하는 인생'을 살아가는 것입니다. 이것을 바꾸어서 말하면 자신의 인생을 자신이 원하는 대로 살 수 있는 기회는 모든 사람에게 평등하게 주어지는 것입니다.

현재는 바로 과거에 자신이 선택한 결과입니다. 우리가 하는 선택이 우리를 이루고 있습니다. 자신이 어떤 것을 선택하느냐 하는 것은 삶의 여정을 시작한 후 가지게 되는 타고난 권리이기도 합니다. 현재는 지난날에 자신이 선택한 것, 또는 자신이 택하지 않기로 선택한 것의 결과일 뿐입니다. 자신의 사고를 통제하는 것은 바로 자신이 운명의 결정자라는 것을 의미합니다. 현재의 상태는 남의 탓도, 환경 탓도 아니고 자기 탓입니다.

자기 인생은 자기가 결정

현재의 나는 이미 과거에 내가 결정하고 행동한 결과를 나타냅니다. 성공하기 위해서는 제일 먼저 그 생각을 성공하는 사고로 바꿔야 합니다. 아무리 생각해 보아도 지금까지의 삶이 만족스럽지 못합니까? 그것은 과거에 우리가 그렇게 원했기 때문입니다.

목수의 집

한 나이 많은 목수가 은퇴하여 자신의 가족과 여생을 보내고 싶어했다. 사장은 목수의 생계가 걱정되어 말려보았지만 막무가내였다. 그래서 할 수 없이 그 목수에게 마지막으로 손수 집을 한 채 지어줄 수 있는지 물었다. 목수는

"물론입니다."

라고 대답은 했지만, 그의 마음은 이미 일에서 멀어져 있었다. 또한 구태여 사장의 마음에 들게 일을 잘 할 아무런 이유도 없었다. 지어서 사장에게 주어버리기만 하면 될테니까 형편없는 일꾼들을 급히 모으고는 조잡한 자재를 사용하여 집을 대충대충 지었다. 집이 완성되었을 때 사장이 왔다. 그러나 그는 집을 자세히 살펴보는 대신, 목수에게 현관 열쇠를 쥐어주면서

"이것은 당신의 집입니다."

라고 말을 하는 것이었다.

"오랫동안 당신이 저를 위해 일해준 보답입니다."

이 순간 목수는 커다란 충격을 받았다고 한다.

만일 목수가 자신의 집을 짓는다는 사실을 알았더라면 그는 완전히 다른 방식으로 집을 지었을 것입니다. 아마도 그가 일생동안 꿈꾸어 온 최고의 작품을 만들었을지도 모르지요.

우리는 흔히 내가 내 삶의 주인공이라는 사실을 망각할 때가 많습니다. 누구 누구 때문에, 무엇 무엇으로 인하여 억지로 끌려 다니고 있다고 여기면서, 그저 자신의 삶을 방관하거나 아무렇게나 건축하고 맙니다. 열심히 살기보다는 단지 할 수 있는 만큼만 일을 하면서 차선책으로 견디려고 꼬리를 사리듯이 살아가곤 합니다. 그리고는 자신이 만들어 놓은 상황에서, 즉 '곡마단의 불길' 이야기처럼 자기 인생을 강건너 불구경하듯 무관심 속에 살아가곤 합니다. 주어진 운명이라고 입버릇처럼 얘기하면서 족쇄를 스스로 채우고 마는 것입니다. 그러나 운명은 한 번도 당신을 쓰러뜨린 적이 없습니다.

당신이 걷다가 돌멩이에 걸려 넘어진 이후, 아예 이 길은 원래부터 나를 싫어한다고 스스로 낙인찍어 버리고 마는 것입니다. 하지만 길은 절대 당신을 싫어한 적도 없으며, 길은 아무 잘못도 없습니다. 어느 누구에게나 공평하게 주어져 있는 길을 당신이 단지 그렇게 이름붙였을 뿐입니다. 누군가는 똑같은 그 길을 극복의 길이라고 이름붙인 채, 돌멩이를 치우기 시작하거나, 넘어진 무릎의 피를 닦아가며 씩씩하게 활보하고 있습니다.

삶을 이루는 것은 결코 환경 같은 외부적인 요인이 아니라, 자신이 선택하고 지어 나가는 건축물입니다. 그 사실을 망각하거나 깨닫지 못한다면, 대충 두들겨 맞춰 지은 어설픈 집에서 살아야 하는 안타까운 처지가 되고 맙니다. 만일 우리가 인생이라는 집이 애초부터 내가 만들고 세우는 내 집이라고 처음부터 알고 있다면, 우리는 전혀 다른 방식으로 집을 지을 수 있을 것입니다.

우리가 지금 짓고 있는 집과 이제껏 지어왔던 방식에 대해 생각해 봅시다. 당신이 못을 박고 판자를 대거나 벽을 세우는 매 순간마다 정직하게 빈틈 없이 지어가고 있습니까? 그렇게 만들어진 집은 바로 당신이 쌓아가는 인생과도 같은 것입니다.

이 세상에서 의사나 변호사, 회사 사장이나 고위공직자, 정치인, 장관 같은 성공자로 태어나는 사람은 없습니다. 그저 하나의 귀한 아이로 태어나는 것입니다. 그러나 동등한 조건에서 한 아이로 태어난 사람이 그의 노력 여하에 따라 이런 훌륭한 사람으로 죽을 수가 있는 것입니다.

"인생은 당신이 만들어 나가는 것이다."

라는 말이 있습니다. 여러분이 갑자기 어려움에 처해 있다고 봅시다. 평소에 그렇게 친하게, 가깝게 지내던 친구나 이웃, 친척들 그 누구가 여러분의 어려움을 대신해줄 것입니까? 누가 여러분이 어려운 상황에 처해 있을 때, 이러한 일을 해결해주기 위하여 발벗고 나서겠습니까? '어떻게 해결되겠지'라는 안일한 생각을 버려야 합니다. 자기밖에 없습니다. 자기 인생의 조종자는 자기 자신입니다. 자기 인생은 결국 자기가 결정해가는 것입니다.

나의 다이아몬드는 어디에?

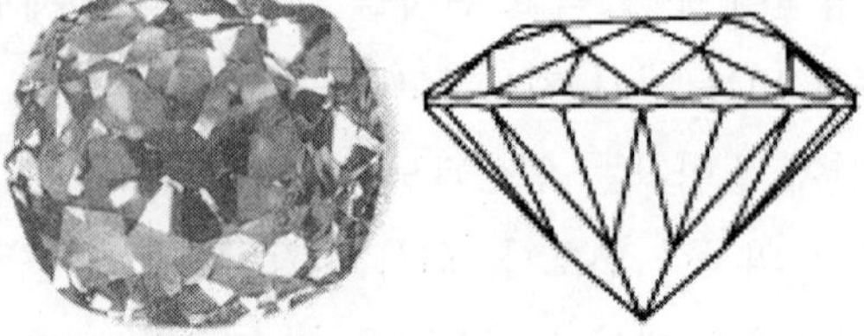

안뜰의 다이아몬드

먼 옛날, 남아프리카에서 넓은 농장을 경영하면서 여유로운 생활을 누리는 사람이 있었다. 농장주는 큰 부자는 아니었지만, 열심히 노력하여 나름대로 행복한 삶을 꾸려나가던 어느 날, 한 수도승이 농장주를 찾아와 흥미있는 이야기를 들려주었다.

"하얀 모래 위에 물이 흐르는 곳을 발견하면 즉시 파 보세요. 그런 곳에 다이아몬드가 묻혀 있는 경우가 많답니다. 여러 곳을 돌아다니면서 알게 된 이야기인데, 우리 나라 그 어딘가에 분명 값진 다이아몬드가 많이 묻혀 있을 것이라고 합니다. 운좋게 다이아몬드를 발견한다면 당신과 당신의 자녀들은 세상의 그 어떤 사람도 부럽지 않은 부귀영화를 누리게 될 것입니다. 아이들을 행복하게 만들어주고 싶은 게 바로 부모의 마음이지요. 뿐만 아니라 당신도 앞으로 남은 인생을 더욱 멋지고 행복하게 보낼 수 있을 것입니다."

이 말을 들은 농장주는 그날 밤 가슴이 두근거려 한숨도 자지 못했다. 값진 다이아몬드만 있으면 큰 부자가 되어 아무 걱정 없이 살 수 있다는 생각이 머리 속을 떠나지 않았던 것이다. 지금까지 살아온 생을 되돌아보니 온갖 고난 속에 이만큼 이루어 놓았는데, 앞으로 아이들만은 편하게 살 수 있도록 해주고 싶은 마음이 간절해졌다. 결국 농장주는 다이아몬드를 찾기 위해 길을 떠나기로 결심하고, 이튿날 가족들을 불러 모았다.

"모두들 걱정하지 말고 조금만 참고 기다려라. 꼭 다이아몬드를 찾아 돌아올테니."

며칠만에 그는 가족들을 이웃집에 맡긴 후, 유일한 재산인 농장을 팔아 다이아몬드를 찾아 어디론가 떠났고, 그 후로 소식이 두절되어버렸다.

수십년이 지난 어느 날, 옛날 수도승이 다시 그 농장을 찾아왔다. 하인으로부터 거실로 안내를 받은 수도승은 예전에 없었던 빛나는 돌멩이들로 만든 벽난로가 놓여 있는 것을 보고는 깜짝 놀랐다. 게다가 그것은 고급스러운 빛을 발하며 찬란하게 번쩍이는 것이 아닌가? 바로 그 때 집주인이 들어왔기에 수도승은 자리에서 일어나며 반갑게 말하였다.

"축하드립니다. 결국 찾아내셨군요."

주인이 그 옛날 자기가 이야기해준 대로 값진 다이아몬드들을 발견하여 풍요로운 생활을 하는 걸로 생각한 것이다. 그런데 주인은 멍한 표정으로 수도승을 바라볼 뿐이었다.

"무슨 말씀이신지요?"

"다이아몬드를 찾으러 여행을 떠나지 않으셨습니까?"

"아, 그거요? 아마도 제가 아니라 전에 이 집에 살던 사람일 겁니다. 그 분이 농장을 팔고 떠났을 때, 이 농장의 땅이 거칠다는 이유로 2년도 채 지나지 않아 주인이 또 바뀌었죠. 그러고 보니 제가 벌써 여섯번째 주인이군요. 하지만 저는 이 농장을 혼자 힘으로 열심히 일구었습니다."

"그래요? 제가 착각을 했군요. 죄송합니다만 이 벽난로가 다이아몬드로 장식된 것을 보고는 그 때의 주인이 다이아몬드를 찾은 줄로만 알았습니다."

"네? 이게 다이아몬드라고요? 당치도 않습니다. 이 돌들은 저희 집 안뜰에서 주운 거예요."

이내 사정을 알아챈 수도승은 어리둥절한 표정을 짓는 주인에게 다음과 같이 말하고는 다시 길을 떠났다.

"그건 진짜 다이아몬드입니다."

이 이야기는 남아프리카의 킴벌리 다이아몬드 광산이 개발되기 전 실제 있었던 사건입니다. 우리의 위대한 힘도, 가치 있는 것도 의외로 가까이에 있는 경우가 많다는 것을 말해주는 실화입니다.

우리가 찾아 헤매는 다이아몬드는 어디에 있는 것일까요? 아마도 우리의 성공 비결은 의외로 너무나 가까이, 우리가 너무도 잘 알고 있는 곳에 있는지도 모릅니다. 등잔 밑이 어둡듯이 너무도 가까이 있어서 아예 찾을 생각도 못하고 있는 것은 아닐까요? 우리는 다이아몬드를 찾느라 이리저리 헤매곤 하지만, 사실은 자기 자신 안에서 빛나고 있는지도 모릅니다. 이렇게 가까이에 두고 찾지 못하는 것을 우리는 마음 속의 소경이라고 표현하기도 하며, 솔로몬의 잠언(箴言)에서는 지혜의 부족이라고도 말하고 있습니다.

거기에 길이!

저는 국민학교 시절 크리스마스가 되기 몇 달 전쯤부터 시골 교회에 열심히 다닌 적이 있습니다. 하지만 그것은 단지 크리스마스 때 교회에서 주는 시루떡 한 조각이나 사탕 몇 개를 얻어먹기 위한 것이었지요. 고교 시절에는 별 생각 없이 친구 따라 교회를 다니기 시작했고, 그 후 20년 이상의 신앙적 방황 시절을 포함하여 40년 이상 그런대로 신앙생활을 하고 있습니다. 신앙심이 깊다고 할 수는 없지만, 부족한 대로 경건한 생활을 하려고 노력하고 있습니다. 빛과 소금이 되고자 힘쓰고 있습니다. 그런 과정을 거치면서 주위의 오해와 편견도 이겨내야 했습니다.

그런데 하나님을 믿는 사람들이 복잡다단한 이 세상에서 어떤 방법으로 살아가는 것이 성공이고, 어떤 성공이 참다운 성공이며, 어떻게 해야 성공하며, 그 성공을 어떻게 누려야 하는지 등의 해법도 《성경》에 나와 있는지가 항상 궁금하였습니다. 그동안의 습관적인 신앙생활을 비추어볼 때 아마도 그게 아닌 것처럼 여겨졌습니다. 《성경》에서 요구하는 것들은 세상의 성공과는 별개인 것으로 생각되었던 것입니다.

역사학자들에 의하면 서양 문명을 일으키고 발전시키는데 가장 중요한 역할을 하는 두 가지 큰 사상적 기둥이 있는데, 그 하나는 유대 · 기독교적 전통인 헤브라이즘(Hebraism)이며, 다른 하나는 그리스 · 로마적 전통인 헬레니즘(Hellenism)이라고 합니다.

헤브라이즘은 유일신 야훼(여호와)를 믿는 종교적, 초월적 사상으로, 인간은 '신의 형상'대로 태어난 신의 자녀이며, 선악을 분별하는 능력을 가진 존재로서 하나님의 뜻에 따라 경건을 추구하는 다분히 내세 지향적 존재인 것으로 본다고 합니다. 그런 의미에서 의지적, 윤리적, 종교적이라고 할 수 있습니다. 한편 헬레니즘은 합리적 인본주의 사상으로, 인간은 개체의 중요성과 존엄성을 가지고 있으며, 사회에서 일어나는 모든 문제들을 스스로 해결할 수 있는 존재로서, 이성적, 과학적, 미신적이며, 현세에서 행복을 추구하며, 보람있고 가치있게 살 권리가 있다고 합니다.

인류 역사를 보면 이 둘이 항상 공존하되, 시대 상황에 따라 어느 한 쪽이 다른 쪽에 비하여 강한 힘을 발휘하기도 하고, 또 약해지기도 합니다. 그러면서 역사를 이끌었습니다. 그렇다면 헤브라이즘과 헬레니즘은 상충관계일까, 보완관계일까, 아니면 대등관계일까, 종속관계일까? 야훼 하나님을 믿는 많은 기독교인들이 이러한 문제로 늘 갈등을 느끼고 있습니다. 즉, 현세 만족을 지향하는 현실과, 가르침에 따라 내세에 이르는 이상에 관한 갈등이지요. 이런 면에서 볼 때 헤브라이즘과 헬레니즘은 그 태생이 다르기 때문에 사회적인 갈등은 필연적이라 할 수 있습니다.

저는 하나님의 의도에 의해 우리가 속해 있는 이 세상은 나그네가 되어 단순히 거쳐 가는 과정으로서, 하나님을 정신적으로 잘 믿기 위한 보조 수단인 것으로 생각해왔습니다. 《성경》은 세상에 있는 우리가 세상과 구별되어 내세를 위하여 무엇을 해야 하는지를 기록해 놓은 하나님의 말씀으로만 여겨왔습니다. 저의 주위에도 이와 유사한 생활을 하는 사람들이 많습니다.

그런데 언제부터인가 《성경》에서 가르쳐주는 내용은 그게 아니라는 것을 깨닫게 되었습니다. 〈창세기〉에 의하면 하나님이 이 세상을 창조하실 때에 먼저 만물을 창조하시고, 그 만물의 주인공인 인간을 마지막 날에 하나님의 형상대로 창조하신 후에 아담과 하와에게 복을 주셨습니다. 그리고 그들에게 이르시되

"생육하고 번성하여 땅에 충만하라. 땅을 정복하라. 바다의 고기와 공중의 새와 땅에 움직이는 모든 생물을 다스리라."

고 하셨습니다. 세상 만물을 하나님의 뜻에 따라 적극적으로 잘 다스리도록 인간에게 지시하신 것입니다. 세상을 아름답게 창조하신 후에 그 주인인 인간에게 그것을 맡기신 것이지요. 가깝게 늘 접하는 《성경》 속에 이렇게 명확한 답이 있는데, 저는 다른 곳에서 다이아몬드를 찾아 헤매며 수많은 세월을 허비한 것으로 보입니다. 바로 그 다이아몬드가 《성경》 속에 있다는 사실을 모르고 살아왔던 것입니다. 성공을 향한 정확한 답은 바로 《성경》 속에 있습니다. 바로 이것이 제가 오랜 기간 동안 비싼 대가를 지불하고 발견한 다이아몬드인 것입니다.

인간은 하나님께서 정해 주신 동산지기이며, 보이는 모든 것들의 주인입니다. 이 땅 위에 창조 활동을 수행하는 하나님의 동역자인 것입니다. 하나님께서 사랑으로 이 모든 만물들을 창조하셨듯이 우리는 이들을 잘 다스려야 합니다.

하나님의 자녀인 인간은 하나님과의 조화, 자신과의 조화, 사람과의 조화, 자연과의 조화를 이루면서 온 세계의 만물을 아름답게 다스리도록 창조된 것입니다. 그러므로 우리는 신앙생활만 적극적으로 하고 세상사는 소극적으로 해도 되는 것이 아니라, 적극적으로, 능동적으로 활동해야 합니다. 이 세상의 주인이 되어 주도적으로 참여해야 하는 것입니다. 그래서 하나님의 영광을 나타내야 합니다. 빛나는 존재가 되어야 합니다.

우리는 이 세상에서 빛과 소금의 역할을 하면서 성화되어 가는

과정에서 필연적으로 물질을 추구하게 됩니다. 그러므로 현세에서도 성공해야 하는 것입니다. 아름답게, 선하게 창조된 이 세상에서 인간은 땀흘려 노력하여 성공하면서, 행복하게 세상을 지배하면서 살아가도록 예정된 것입니다. 이 세상에서 꽃피는 정신분야와 물질분야는 우리의 신앙생활에 방해되는 존재가 아니라, 충만하고, 정복하고, 향유하고, 다스리는 대상인 것입니다.

《성경》은 사랑입니다. 인간에 대한 하나님의 일방적이고, 무조건적이고, 무한한 사랑입니다. 실제로 사랑을 받는 우리 사람들은 그 사랑에 대해서 보답할 방법을 찾을 길이 없습니다. 잘한 일이 없는데 사랑을 무한정으로 받으니 그저 항상 감사하지 않을 수 없는 것이지요. 감사하니 우리도 그 몇만 분의 일이라도 베풀어야 합니다. 우리가 만 달란트(약 3조 원)의 사랑을 받았으니 백 데나리온(약 5백만 원)의 감사라도 해야 하고, 그만큼이라도 인간을 용서해야 하겠습니다. 용서해야 될 대상은 형제와 친지, 이웃이 될 수도 있고, 자신이 될 수도 있습니다.

우리에게는 어렸을 때부터 축적되어 이뤄진 쓴뿌리들이 많습니다. 이렇게 마음 깊숙한 속에 응어리진 원한을 감사함으로 정리하고 용서해야 합니다. 모든 것을 털어버리고 무조건 용서하면 그 안에 다른 좋은 것을 채울 수 있습니다. 용서하면 기쁨이 넘치고, 기쁨이 넘치면 마음 속에 비로소 비전과 꿈을 품을 수 있습니다. 큰 그릇을 준비하면 그 안에 큰 꿈을 담을 수 있고 큰 성공을 거둘 수 있습니다. 큰 꿈을 꾸면 크게 이루고, 작은 꿈을 꾸면 작게 이루며, 꿈을 꾸지 않으면 아무 것도 이루지 못합니다.

'사랑 없이 감사 없고, 감사 없이 용서 없으며, 용서 없이 꿈 없고, 꿈 없이 성공 없다'

라는 진리의 핵심이 바로 《성경》 속에 있습니다.

따라서, 이 세상에서 성공하기 위해서는 그것을 이루기 위한 꿈이 있어야 합니다. 꿈이 있기 위해서는 지금까지의 나를 중심으로 이뤄지고 뻗어나간, 나 자신을 포함한 주위 사람들과 환경 등에 대한 용서가 있어야 합니다. 또한 진정한 용서를 하기 위해서는 감사의 마음을 가져야 합니다. 감사의 마음을 가지려면 사랑이 있어야 합니다. 그런데, 정작 가장 중요한 이 진정한 사랑이라는 것이 인간에게 존재하는 것일까가 궁금합니다.

천하보다 귀한 나의 존재

이와 같은 배경으로 볼 때 이 세상에서 가장 중요한 것이 인간입니다. 그러므로 우선 자기 자신이 어떤 존재인가부터 살펴보는 것이 중요하다고 생각됩니다.

사람의 목숨은 이 세상 그 무엇과도 바꿀 수 없습니다. 사람이 온 천하를 얻고도 자기를 잃든지 빼앗기든지 하면 만사가 헛일입니다. 자기의 목숨이 없는데, 이 세상사가 무슨 소용이 있는 것입니까?

도대체 인간은 무엇일까요? 우리의 신체는 71%의 물과 18%의 탄소, 4%의 질소, 2%의 칼슘, 2%의 인, 1%의 칼륨, 0.5%의 황, 0.5%의 나트륨, 0.4%의 염소로 이루어져 있고, 거기에 한 술 분량의 필수불가결한 각종 희유원소(稀有元素)와 미네랄을 지니고 있습니다. 이와 같이 우리는 하나의 화학적 구조물이면서 굉장한 건축물입니다.

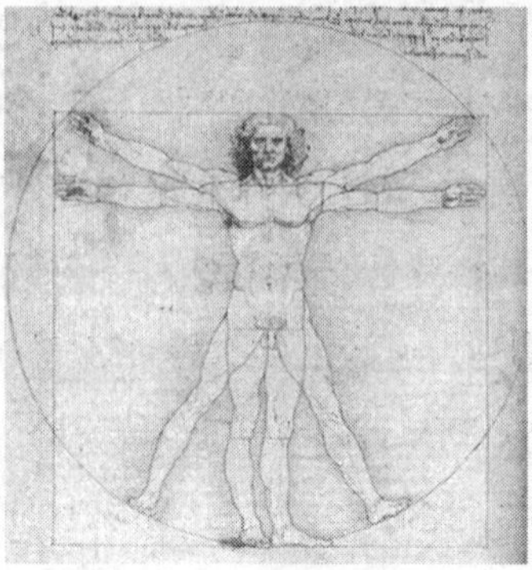

우리는 어떤 존재일까요? 우리는 우리가 생각하는 것보다 훨씬 더 대단한 존재입니다. 아담 이후 수없이 많은 사람들이 이 지구상에서 살았습니다. 오늘날에는 지구상에 65억 명의 사람들이 살고 있다고 합니다. 그 셀 수 없이 많은 사람들 중에 나와 똑같은 사람은 과거에도 없었지만, 지금도 없고, 앞으로도 없을 것입니다. 우리는 희귀하고 특별하며 유일한 존재입니다. 따라서 우리 모두는 쓸모없는 존재가 아니며, 모든 것은 저마다 의미를 가지고 있지요.

그리고 우리는 엄청난 경쟁을 뚫고 태어난 우수한 존재라는 것입니다. 성교 1회에 사정되는 정자의 수는 3억~5억 마리라고 합니다. 임신을 위한 전후 기간을 생각해보았을 때, 신비한 하나의 생명을 잉태하기 위해, 단 한 개의 난자와 결합하려 경쟁하는 정자의 수는 50억마리 이상이라 합니다. 적어도 50억 대 1의 경쟁률을 뚫고 우리가 태어난 것이지요. 미국의 맨하탄에서 북적대는 각양 종류의 색깔을 가진 사람과 인종, 서울의 지하철에서 매일 부딪히는 일상의 사람들, 스포츠 경기장에서 환호하는 수많은 군중, 2008년 올림픽 기대감으로 환호하고 있는 인산인해의 중국인들, 저 아프리카나 아마존 밀림 속에서 문명사회와 완전히 격리되어 사는 사람들, 이 모든 사람들을 합치면 엄청 많은 것 같은데, 이것을 모두 합친 것보다 몇십 배, 몇백 배 더 치열한 경쟁을 뚫고 우리가 태어난 것이지요. 아니, 불임 때문에 수년간 수없이 많은 각고 끝에 임신한 경우에는 그 생존 경쟁률을 감히 상상할 수나 있을까요?

그 수많은 정자들이 반쪽을 찾아 헤엄쳐 갔지만 '나'라는 하나를 위해 중도에서 희생하였다는 사실을 생각해봅시다. 오직 '나' 하나를 제외하고 말입니다. 그리하여 그 작은 세포를 발견한 후 결합하여 새로운 생명이 시작되었지요. 그런 어렵고 복잡한 과정을 거쳐서 태어난 우리는 너무도 귀한 존재입니다.

존재가치

자신의 존재가치에 대해 궁금해 하는 제자에게 스승은 보석을 하나 주며 세상에서 값을 알아보라고 하셨다. 제자는 먼저 야채가게에 들러서

"이 보석을 드리면 내게 무엇을 주겠소?"

하고 물었더니 그 가치를 모르는 야채가게 주인이

"배추 두 포기를 주겠소."

라고 말하는 것을 듣고 이번에는 대장간으로 갔다. 대장장이는 평소 보석에 관심이 많았기 때문에 상당한 돈을 주겠다고 제의했지만, 거절하고 한 보석상으로 들어갔다. 보석을 유심히 살펴 본 보석상 주인은 놀라움을 금치 못하며

"이 보석은 돈으로 계산할 수 없는 엄청난 가치를 지니고 있습

니다."

고 말했다. 제자는 이 말을 듣고 스승에게 돌아와 자초지종을 설명했더니 스승은 다음과 같이 말씀하셨다.

"사람은 자신의 가치를 하찮은 배추 두 포기에 비교할 수도 있고, 얼마만큼의 돈을 받고 팔아넘길 수도 있다. 그러나 자신이 원한다면 돈으로 따질 수 없을 만큼 고귀한 존재로 만들 수도 있는 것이다. 그 모든 것은 자신이 어떻게 생각하고 행동하느냐에 달려 있다."

단 한 장의 가치

몇 해 전 영국에서 세계에서 두 장밖에 없는 희귀한 우표가 경매에 부쳐졌다. 우표는 치열한 경쟁 끝에 한 부유한 상인에게 50만 달러에 낙찰되었다고 한다. 그런데 우표를 손에 쥔 그는 단상에 올라가서 갑자기 라이터를 꺼내들어 우표 한장에 불을 붙였다. 물론 경매장은 순식간에 경악속에 소란스러워졌다.

"아니, 50만 달러나 되는 우표를 태워버리다니! 돈 많은 유세라도 하는 거야 뭐야! 저런 고약한 사람이 있나."

그러나 그는 그저 웃기만 할 뿐이었다. 그리곤 주머니에서 작은 상자를 꺼내 열어 보였다. 거기에는 방금 태워버렸던 우표와 똑같은 또 다른 우표 한 장이 들어 있었던 것이다.

"방금 제가 태운 우표는 세상에 두 장밖에 없는 것 중 하나였습니다. 물론 여러분이 보신 바와 같이 한 장을 태워버렸으니 이젠 하나밖에 없구요. 그렇다면 이 우표의 값은 얼마이겠습니까?"

그렇습니다. 세상에서 가장 가치 있는 것은 세상에서 단 하나뿐인 것입니다. 세상에서 단 하나뿐인 나! 65억명 중의 하나인 나! 지금까지도, 앞으로도 단 한 명일 뿐인 나는 세상 무엇과도 바꿀 수 없는 소중한 보물임을 명심해야겠습니다.

3

사랑 / 감사 / 용서

사랑하자

범사에 감사

용서하여 털어버리자

자신을 용서하자

사랑하자

그렇다면 인생 성공의 첫 단추라고 하는 사랑이란 무엇일까? '에로스'는 정욕적 사랑이고, '필리아'는 우정적 사랑이며, '스톨게'는 동족 인연으로 인한 잠재적 사랑입니다. 그리고 '아가페'는 무조건적인 사랑을 말합니다. 이는 원수라도 축복하고 핍박자라도 사랑하는, 인간의 한계를 뛰어넘는 사랑을 가리킵니다. 이것이야말로 참사랑이고, 위대한 사랑입니다. 《성경》을 비롯한 모든 종교에서 말하는 사랑은 바로 이 아가페를 일컫습니다.

모든 인간은 누구나 행복해지고 싶어합니다. 그런데 우리는 제각각 행복을 추구하는 과정에서, 역시 행복을 추구하는 다른 사람들과 부딪히게 될 위험이 있습니다. 그것은 사람들이 각자의 욕구를 충족시키는 데에만 몰두하기 때문에 상대방과 끊임없이 상충하는 상태, 즉 '만인이 만인에 대하여 다투는 상태'로 될 수 있기 때문입니다. 토마스 홉스는 '인간은 인간에 대한 늑대'라고 했으며, '만인은 만인의 적'이라고도 했습니다.

그러므로 인간의 근본적인 속성을 보건대 사람은 스스로 자기의 이해관계를 떠나 타인을 '아가페 사랑'으로 사랑한다는 것을 기대하기 어렵습니다. 사람이 하나님과 접속되어 맞닿아야만 속성이 바뀌게 되고, 이기적인 마음이 사라지게 되는 것입니다. 우리는 하나님의 사랑을 받고, 깨닫고, 그 사랑에 대한 감화로 향기가 뿜어져 나올 때 진정으로 남을 사랑할 수 있는 존재가 될 수 있습니다.

밤에 우리가 자주 볼 수 있는 탐스런 달을 생각해봅시다. 달은 언제나 우리에게 친근감을 줍니다. 그래서 우리 민족은 예로부터 하늘의 그 무엇보다도 달에 대하여 노래하는 경우가 많았습니다. 그런데 그 달이 참 밝아서 좋기는 하지만 애석하게도 달 자체로는 빛을 내지 못합니다. 태양빛을 받을 때만 반사되어 밝게 빛납니다. 멀쩡하게 밝던 달이 지구의 그림자에 가려져 달이 없어짐으로써 세상이 갑자기 캄캄해지는 이른바 '월식현상'을 보면 그 사실을 확인할 수 있습니다. 달이 햇볕을 받으면 온도가 섭씨 120도까지도 상승할 수 있지만, 그늘이 지면 섭씨 영하 170도까지 하강할 수도 있습니다. 그만큼 달은 수동적이지요. 마찬가지로 우리 인간은 스스로 사랑할 수 있는 존재가 아닙니다. 인간은 태양처럼 스스로 빛을 발할 수는 없는 존재입니다.

톨스토이는 《사람은 무엇으로 사는가》에서 인간은 미래를 전혀 예측할 수 없고, 자기에게 필요한 것이 무엇인지를 알 수는 없지만, '사랑'에 의해서 살아갈 수 있다고 말하고 있습니다. 그러나 여기에서 말하는 그 '사랑'도 인간 속에 하나님이 있기 때문에 가능한 것이라고 했습니다.

시골에 가보면 여러 종류의 가축들이 있습니다. 양과 염소는 젖을 생산하고, 소는 매일 매일 부지런히 일합니다. 닭은 달걀을 낳아야 하고, 새벽마다 주인과 일꾼들을 깨웁니다. 돼지는 많이 먹고 하루 빨리 살이 쪄야 합니다. 그런데 개는 하는 일이 없습니다. 매일 빈둥거리기만 합니다. 그럼에도 불구하고 주인으로부터 사랑을 독차지합니다. 다른 가축들이 아무리 자기 임무를 잘 수행해도 사랑받지 못합니다. 그 이유가 무엇인지 아십니까? 개는 주인의 외모, 지위, 됨됨이에 관계 없이 무조건 주인에게 충성합니다. 주인에게 언제나 반갑고, 사랑하고, 복종한다는 표시로 꼬리를 치고 깡충깡충 뛰며 따르지요. 그렇게 사랑 받을 짓을 하니까 동물 중에서 개가 사랑을 가장 많이 받는 것입니다. 사랑이 얼마나 큰 힘을 가지고 있는지를 느낄 수 있는 다음과 같은 실화가 있습니다.

사랑의 기적

2차 대전 직후 이태리의 시칠리아 섬에 두 개의 고아원이 있었다. 하나는 연합군의 지원으로 시설이 좋고 음식도 영양가가 충분했으나, 반대로 다른 고아원은 비바람도 제대로 막지 못할 뿐만 아니라, 아기에게 분유도 마음 놓고 먹일 형편이 못되었다.

그런데 이상한 일은 시설 나쁜 고아원의 어린이 사망률이 시설 좋은 고아원의 사망률보다 훨씬 낮다는 것이었다. 학자들은 이 사실을 기이하게 여기고 많은 연구를 하여 그 원인을 밝혀냈다. 그것은 어이없게도 전쟁중에 자기의 세 아이를 잃고 실성한 한 40대의 여인 때문이었다고 한다.

이 여인이 어느 날 시설 나쁜 고아원에 들어왔다. 그리고 그 고아원의 고아들을 모두 자기 자식으로 착각하여 번갈아가며 안아주고 돌보아주었다. 수년동안 이 일을 계속한 덕분에 고아들은 튼튼하게 자랄 수 있었던 것이다.

우리들 대부분이 현재의 삶이 그렇게 만족하지 못하다고 느끼곤 합니다. 그 원인을 함께 대화하면서 짚어보면, 우리의 창의성과 열정이 다분히 꺾여 있고 접혀있는 것을 알 수 있습니다. 별 생각 없이 말로, 행동으로 툭툭 내던졌던 것이 돌멩이가 되어 비상할 날개를 다치게 했던 것입니다. 격려와 칭찬과 인정과 같은 빛살들은 사랑이라는 결정체로부터 나와 따스하게 비춰주고 감싸주는 귀한 역할을 합니다.

내가 사람의 방언과 천사의 말을 할지라도
사랑이 없으면 소리나는 구리와 울리는 꽹과리가 되고,
내가 예언하는 능력이 있어 모든 비밀과 모든 지식을 알고
또 산을 옮길 만한 모든 믿음이 있을지라도
사랑이 없으면 내가 아무 것도 아니요,
내가 내게 있는 모든 것으로 구제하고 또 내 몸을 불사르게 내줄지라도
사랑이 없으면 내게 아무 유익이 없느니라.
- 고린도 전서 13장 1절~3절 -

범사에 감사

우리들이 세상을 살아가며 겪는 일들이 바라보는 눈에 따라서 감사의 고백이 될 수도 있고, 원망과 불평의 비난이 될 수도 있습니다. 하나님으로부터 끊임없는 사랑을 받는 우리 모두는 늘 감사해야 합니다. 좋을 때도 감사하고 그렇지 못할 때에도 감사해야 합니다. 좋은 일이 있을 때에는 얼마든지 감사할 수 있습니다. 자녀가 시험에서 좋은 결과를 얻어 좋은 학교에 진학하면 환하게 웃으면서 감사할 수 있는 것이지요. 좋은 직장을 얻고 좋은 배필을 만나게 되는 것도 크게 감사할 수 있습니다. 하는 일들이 잘 풀리고 형통할 때에는 더욱 더 감사할 수 있는 법입니다. 이렇게 좋은 일이 있을 때 감사는 누구나 쉽게 할 수 있습니다.

그런데 인생에 생각치 못했던 어려움이 찾아오면 어떻게 될까요?

잘 풀려가던 사업이 꼬이기 시작할 수도 있고, 원치 않는 질병이 찾아올 수도 있습니다. 봄부터 땀흘리고 수고한 농작물이 불어오는 태풍으로 한 순간에 날아가 버릴 수도 있으며, 기껏 수고해서 가꾸어 놓았는데 농작물 가격이 폭락해서 수확조차 하지 못하고 눈물을 머금고 갈아엎어야 할 때도 있습니다. 그 때에는 입술에서 감사가 사라지며, 갑자기 원망과 불평이 가득하고, 낙담과 실망에 빠져 버립니다. 그런 때에도 감사합시다. 억지로라도 감사하면 역경이 감사한 일로 바뀌는 놀라운 경험을 하게 됩니다.

영국의 청교도들은 자기들의 신앙을 지키고자 처음엔 종교의 자유를 찾아 오늘날의 히딩그 조국인 네덜란드로 갔습니다. 하지만 그 곳에서도 뜻을 이루지 못하여, 미지의 세계인 미국으로 가기로 결심하고 7년 동안 열심히 일해서 배를 구입하게 되었습니다. 드디어 1620년 9월 16일에 180톤의 작은 메이플라워호에 102명이 타고 65일간 항해한 끝에 12월 21일 미국의 플리머스(Plymouth)에 도착하였습니다. 그때는 추운 겨울이 시작되는 시기여서 처음으로 정착하는 1년 동안에 추위와 굶주림으로 거의 반에 가까운 44명이 사망하고, 그나마 장례식도 제대로 못 치른 때가 많았습니다. 그러나 그들은 절망하지 않고 그 다음 해에 밭에 씨를 뿌려 농사를 지어, 1621년 10월에 첫 번째 수확물로 감격적인 추수감사예배를 드리게 되었습니다. 바로 이것이 하나님께 드린 첫 번째 추수감사절이 된 것이지요. 가장 고통스런 상황에서 감사할 수 있었던 백성들이 오늘의 미국을 건설한 것입니다. 감사는 고통을 기쁨으로, 불행을 행복으로 만드는 힘이 있습니다. 오늘을 감사할 줄 모르는 사람은 내일의 행복을 보장할 수 없습니다.

감사가 있는 사회는 밝은 사회입니다. 감사가 있는 관계는 계속 발전하게 됩니다. 감사하는 마음으로 가르치는 선생님은 훌륭한 사회인의 기초가 되는 인격교육을 할 수 있습니다. 감사하는 생활은 행복을 가져다 줍니다. 감사가 없을 때 봉사할 수 없으며, 발전할 수 없는 법입니다.

인류 최초의 인간인 아담은 빵 하나를 만들어 먹기 위해 얼마나 많은 일을 해야 했을까를 생각해봅시다. 밭을 갈고, 씨앗을 뿌리고, 잡초를 뽑고, 곡식을 거두어들이고, 빻아서 가루로 만들고, 반죽하고, 굽는 등의 적어도 열다섯 단계의 과정을 거쳐야만 했습니다. 그러나 지금은 빵집에서 원하는 만큼의 빵을 얼마든지 살 수 있습니다. 옛날에는 한 사람이 해야 했던 많은 단계의 일을 여러 사람이 나누어서 하기 때문입니다. 그러므로 빵을 먹을 때에도 수고한 사람들에게 감사하는 마음을 가져야 합니다.

또한 아담은 자기 몸에 걸칠 옷 하나를 만들기 위해서도 많은 노력을 기울여야만 했습니다. 양을 기르고, 그것을 잡아 털을 깎고, 실을 만들고, 옷감을 짜고, 그것을 다시 꿰매어 입기까지 어려움을 겪었습니다. 그러나 오늘날에는 옷가게에서 마음에 드는 옷을 마음대로 살 수 있습니다. 과거에는 혼자 해야 했던 일을 여러 사람이 나누어 하고 있기 때문입니다. 그러므로 옷을 입을 때에도 관련된 많은 사람에게 감사하는 마음을 가져야 하겠습니다.

어떤 노인이 작은 복숭아나무를 심고 있는데, 옆에서 이걸 보고 있던 손자가 말했습니다.

"할아버지, 건강하게 오래 오래 사세요. 그리고 할아버지가 심으신 복숭아나무 열매도 많이 드시고요."

손자 말을 들은 노인이 삽질을 멈추고 말합니다.

"아니다. 할아버지는 많이 살았단다. 할아버지는 이 나무의 열매를 따 먹을 생각이 없어. 이 나무를 심는 것은 너랑 또 다른 사람들을 위해서야. 난 일생동안 복숭아를 많이 먹었단다. 그것들은 모두 내가 심지 않은 나무에서 딴 것들이지. 아마도 나보다 먼저 산 사람들이 심었을 거야. 그래서 나도 보답하는 마음에서 이 나무를 심는 거란다."

이 할아버지가 나무를 심는 까닭은 자기 자신을 위한 것이 아닙니다. 나중에 복숭아를 따먹는 사람들을 위한 것입니다. 후세 사람들은 할아버지 덕분에 맛있는 복숭아를 먹는 즐거움을 누리게 될 것입니다. 이처럼 감사는 감사로 돌려지는 것입니다. 그리하여 더 큰 감사를 잉태하는 것입니다.

우리가 현재 많은 혜택을 누리는 것은 이전에 봉사와 헌신을 한 사람들이 있었고, 또 지금도 있기 때문입니다. 앞서서 헌신한 사람들의 수고에 감사하며 보답하는 손길이 아름다운 세상을 만듭니다.

용서하여 털어버리자

용서란 이미 저지른 잘못이나 죄를 꾸짖거나 벌하지 않음을 의미합니다. 완전한 용서란 '죄를 기억조차 하지 않는 것'이라 했습니다. 우리가 감사하는 마음이 들 때 비로소 그러한 용서를 할 수 있습니다. 산상수훈은 예수님이 마귀에게 시험을 받으신 후에 공생을 시작하시는 첫 가르침을 기록한 내용입니다. 그리하여 이 시대를 살아가는 모든 사람들의 삶의 기준을 설정해주는 매우 귀중한 가치를 지니고 있습니다. 이 귀한 산상수훈에서 '노하지 마라'는 것을 가르치고 계십니다. 인간에게는 그만큼 용서가 중요하다는 의미로 해석할 수 있습니다. '누가 네 오른편 뺨을 치거든 왼편도 돌려 대며, 네 속옷을 가지고자 하는 자에게 겉옷까지도 가지게 하며, 억지로 오리를 가자고 하면 그 사람과 십리를 동행하라'는 말이 있습니다. 자기가 당한 원한을 앙갚음하지 말고, 오히려 용서하고 사랑하라고 말하고 있는 것입니다. 정이 많고 다혈질인 베드로가 예수님께 물었습니다.

"주여 형제가 내게 죄를 범하면 몇 번이나 용서하여 줄까요? 일곱 번까지 할까요?"

예수님께서 대답하셨습니다.

"일곱 번 뿐 아니라, 일곱 번을 일흔 번까지라도 용서하라."

즉 무한대로 용서하라는 말씀입니다. 물론 대단히 어려운 일입니다. 하지만 예수님은 생애를 통하여 몸소 이것을 실천하셨습니다. 우리가 용서함 받은 것처럼 우리도 다른 사람을 기쁘게 용서해 주어야 합니다. 우리가 받은 사랑에 감사하는 마음이 있으면 진정으로 남을 용서할 수 있습니다.

예수께서 마지막 사역을 완수하기 위해 나귀를 타고 예루살렘에 입성하실 때에 사람들은 그들의 겉옷을 길에 펴고, 나뭇가지를 베어 길에 늘어 놓으며

"호산나! 다윗의 자손이여 찬송하리로다. 주의 이름으로 오시는 이여 가장 높은 곳에서 호산나!"

라고 소리 높여 환호했습니다. 하지만 그렇게 외치던 그들이 며칠이 못되어 예수님을 십자가에 처형하라는 저주의 무리로 돌변하고 말았습니다. 그리고 더욱 더 이해할 수 없었던 것은 3년간 자기와 동고동락(同苦同樂)했던 열 두 제자들의 배반이었을 것입니다. 특

히 마지막까지도 '모두 주를 버릴지라도 나는 결코 버리지 않겠다'고 맹세까지 하던 수제자 베드로가, 고난중인 자기 앞에서 세 번이나 저주까지 해가면서 배반하였을 때, 예수님의 심정은 어떠했을까요? 아무 잘못도 없는데 모함을 받아 십자가에 달리시고, 심지어는 같이 십자가에 매달린 강도까지도 저주를 퍼부었습니다. 이 세상의 온갖 더러운 죄를 다 뒤집어쓰고 돌아가실 때의 심정을 우리는 헤아릴 수 없습니다. 그러나 죽음에 임박해서도 자기를 배반하는 모든 이들과 자기를 못박는 자들까지도 용서하시며, 또한 용서해주시도록 기도하셨습니다. 부활 후에도 비겁한 제자들을 질타하지 않으시고 용서하시며 오히려 위대한 사도로 삼으셨습니다. 그 사랑과 용서때문에 악의 권세를 이기고 승리하셨으며, 온 인류의 영원한 희망이 되지 않았을까요?

우리는 흔히 용서를 우리가 다른 사람에게 베푸는 은혜라고 생각하는 경우가 많습니다. 그러나 용서는 자신에게 베푸는 최고의 선물입니다. 왜냐면 원한을 갖게 되면 그것이 우리의 마음을 위축시켜 어두운 곳으로 이끌어가는 갈고리와 같기 때문이다. 우리가 원한을 품을 때 사랑의 소통과 행복의 통로를 막아버리게 되는 것이지요.

자기 중심적 판단

한 부인이 비행기의 탑승시간을 기다리며 대합실에 앉아서 신문을 읽고 있는데, 그 자리에 앉기 전에 비행기에서 탄 뒤 먹으려고 간식상점에서 쿠키 한 봉지를 샀었다. 신문을 읽으며 곁눈질로 보니, 자기 옆에 앉아 있는 어떤 신사가 뭔가를 먹고 있는 것이

보인다. 부인의 눈에 자기기 산 쿠키가 열려져 있고, 그 신사가 그것을 먹고 있는 것이었다. 그리고 자기와 눈이 마주치자 살짝 미소까지 짓는 게 아닌가?

부인은 그 신사가 남의 쿠키를 허락도 없이 먹을 만큼 염치없는 사람이라는 것이 믿어지지 않았다. 그래서 부인은 자기의 쿠키를 다 빼앗길 수 없어서 봉지에 손을 넣어 자기도 먹기 시작했는데, 놀라운 것은 그럼에도 불구하고 눈치없이 그 신사가 계속해서 쿠키를 갖다 먹는 것이었다. 부인은 더욱 안달이 나서 봉지 속의 쿠키를 하나만 남겨두고 한 주먹에 모두 먹어치워 버렸다.

그런데 옆에 있던 신사는 손을 넣어 마지막 쿠키를 들더니 반으로 쪼개어 그 반 조각은 남겨두고 먹는 것이었다. 이것을 본 부인은 더욱 더 화가 나서 반 조각이 남은 빈 봉지를 홱 낚아채서 그녀의 백 속에 쑤셔 넣었다. 그때 그녀는 깜짝 놀랄 수밖에 없었다. 자기의 백 속에는 아직 개봉되지 않은 자기의 쿠키 봉지가 그대로 있었던 것이다.

아마도 그 신사의 관용은 참 따사로웠으나, 자기 중심적인 착각 때문에 쿠키를 다 먹는 마지막 순간까지 상대방을 마음 속으로 용서하지 못했던 부인은 한없이 부끄러웠겠지요. 마음이란 이런 것입니다. 남이 하는 일은 맘에 안들고 못마땅한 경우가 대부분이지요. 반면 내가 하는 일은 잘 하는 것뿐인 것 같고, 또 혹시 잘못 되었다 해도 그 핑계가 있습니다. 그리고 어쩌다가 한 번 실수한 것으로 치부해 버리지요.

때로 우리는 남의 이야기를 하곤 합니다. 주로 남을 비판하거나 비난하는 것이지요. 그런데 사실은 그것이 자기를 비판하는 것입니다. 남을 비판한다 해서 그 사람에게 불이익이 가는 것도 아닌데 말입니다. 오히려 비판하는 자신의 입만 더러워지며, 그것을 듣는 모든 사람들에게도 불쾌감을 주게 됩니다.

풀지 못한 응어리가 가슴 속에 있으면 결국 자기 자신이 제일 큰 손해를 보게 됩니다. 또한 더욱 외로워집니다. 미워하는 사람, 용서하지 못하는 사람이 단 한 사람이라도 있다면 당신은 가시를 당신 자신 안에 키우고 있는 것입니다. 결국 가시는 자기 자신을 공격하고 맙니다. 미워하는 그 한 사람 때문에 늘 괴롭고, 만족하지도, 감사하지도, 자유롭지도 못하게 되는 것이지요. 그러면 인생의 성공은 물건너 갑니다.

사랑할 수 없고 용서할 수 없는 누군가가 아직 우리 마음 속에 있습니까? 미움과 증오를 불러일으키는 대상을 마음 속에 품고 있습니까? 정말 위험한 일이 아닐 수 없습니다. 우리의 영혼을 잡아매는 올가미가 되기 때문입니다. 거기서 우리가 빠져나올 수 있는 방법은 그 사람을 조건 없이 용서하는 일입니다.

미래를 살고 싶으면 과거와 단절해야 합니다. 배가 부두에서 떠나려면 닻을 올려야 하고, 묶였던 밧줄을 풀어야만 하듯이 과거의 쓰라린 경험과 실패와 상처를 다 끊어야 합니다. 과거의 상처를 현재로 가져오지 맙시다.

"약한 자는 용서하지 못한다. 용서는 강한 자에게 부여된 특성이다."

강인한 평화 의지로 강대국들을 무릎꿇게 하고, 새로운 역사를 만들었던 인도의 성자 마하트마 간디의 말입니다. 용서란 다른 사람이 나에게 한 행동, 그것이 더 이상 나를 괴롭히지 못하도록 던져버린다는 것을 의미합니다.

자신을 용서하자

용서 중에서 가장 어려운 것이 자기 자신에 대한 용서라고 할 수 있습니다. 우리 자신들이 과거에 실수한 것이거나 한두 번 도전하여 이루지 못한 기억 속에 우리는 쉽게 좌절하곤 합니다. 그리고는 스스로에게 용서할 수 없는 사슬을 채워놓습니다. 그리하여 가슴 속에 담아두어 스스로 응어리를 만들며, 이 때문에 새로운 도전을 하지 못하도록 스스로 막고 있는 것입니다.

자신의 마음에 있는 장벽은 누구도 깨뜨리지 못합니다. 가장 무서운 적은 마음에 있는 셈입니다. 마음 속에서 패한 사람은 현실에서도 여지없이 패하기 때문입니다. 과거의 아픔들을 끌고 다니다 보면 낡아지고 피폐해져서 결국 살아나갈 힘을 잃고, 견딜 수 없게 되어 버립니다. 자기 자신을 용서하고, 과거의 아픔들을 깨끗이 청소하고 잊어버립시다. 그리고 뒤돌아보지 말고 현재를 용기있게 걸어서 앞으로 한 걸음 한 걸음 나아갑시다.

아브라함에게 롯이라는 조카가 있었는데 그 롯의 가족과 친지들은 환락의 도시 소돔에서 살았습니다. 온갖 음란과 죄악의 도시 소돔과 고모라를 하나님이 유황불로 멸하실 때, 롯의 가족들에게 뒤돌아보지 말고 도망치라고 말씀하셨는데, 롯의 아내는 불타는 자기들의 부귀영화와 재산에 대한 미련 때문에 뒤돌아보다가 소금기둥이 되었습니다. 과거에 미련을 가지면 앞으로 나아갈 수가 없습니다. 《성경》에 나오는 이 이야기는 그런 인생의 법칙을 단편적으로 잘 말해주고 있습니다.

'풀잎에도 상처가 있다. 꽃잎에도 상처가 있다'라는 시의 구절처럼 모든 사람에게는 상처가 있습니다. 지난날의 상처는 사람들의 마음을 아프게 합니다. 뉴스와 매체를 통해 수많은 청소년들이 과거의 상처에 발목이 잡혀있는 경우를 자주 봅니다. 그들은 자신의 잘못에 대한 죄책감, 못마땅한 이들에 대한 적개심에 사로잡혀 있습니다. 그들은 과거의 덫에 걸려 그들의 삶이 제한되고, 부자연스럽게 살아갑니다.

과거의 상처에 대한 충격의 후유증으로 방안에 틀어박혀 외부와 단절된 생활을 하는 사람들이 많습니다. 과거의 일로 모든 관계를 끊고, 자기를 폐쇄시킨 이러한 사람이 국내에서만 60만 명이 넘는다고 합니다. 그들은 대체로 이런 시절에 심각하고, 치명적인 경험을 겪은 공통점을 가지고 있습니다. 대인 관계는 물론, 심지어는 가족과도 관계를 단절하여 모두에게 고통을 더해줍니다.

많은 사람들이 과거라는 올무에 사로잡혀 자유로운 삶을 살지 못하고 큰 고통을 겪습니다. 과거의 덫에 매여 허덕인다면 더 이상 앞을 바라볼 수 없습니다. 어떤 새로운 각오를 가지고 계획을 짜 실천하려 해도 과거의 실패 기억, 비난, 잘못된 행동의 결과 등이 떠올라 주저하게 됩니다. 자기 자신을 용서하고 새로 태어나도록 합시다. 우리의 발목을 잡고 있는 쇠사슬을 끊어버립시다. 그리고 가뿐한 마음으로 성공을 향하여 나아갑시다.

4

변화하자

습관의 올가미

사회도 변한다

솔개의 변신

방향 선회

내가 먼저 변화

독서하자

습관의 올가미

사랑 속에 감사하고 용서하여 마음이 홀가분해지면, 그 다음에는 꿈을 키우기 위해 주도적으로 자신이 변해야 합니다. 변하지 않고 현재를 지키려 한다면 우리가 원하는 바를 이룰 수 없습니다. 우리에게는 무의식 중에 반복되고 있는 생활습관이 있습니다. 오랜 시간에 걸쳐 익숙해진 습관이라면 '계속 이렇게만 하면 되겠지'라는 생각이 마음 깊숙이 자리잡고 있을 것입니다. 익숙함은 인생을 안정시키는 좋은 역할을 하는 것 같지만, 어느 사이엔가 나도 모르게 이뤄진 일이 별로 내가 원하지 않는 일이라는 사실을 알아차릴 때가 옵니다.

변화를 싫어하고 현재의 상태를 유지하고 싶어하는 이러한 무의식의 반응을 '관성의 법칙'이라 부릅니다. 현재의 상태를 유지하고자 하는 이 관성의 법칙은 긍정적으로 발전하고자 하는 우리의 앞길에 큰 장애요소가 됩니다. 많은 사람들이 관성의 법칙 아래에서 과거의 습관대로 반복하면서 자신의 꿈을 펼치지 못하고 있습니다.

황금돌

먼 옛날 이집트의 알렉산드리아 도서관에 큰 화재가 발생했는데, 이 때 어떤 가난한 청년이 불에 타다 남은 '황금돌'에 대한 책을 발견하였다.

'황금돌이라는 마법의 돌이 흑해 연안에 있다'

'황금돌이 가진 신비한 힘으로 모든 광석을 순금으로 바꿀 수

있다'

주변에 얼마든지 널려 있는 철, 구리, 니켈, 납과 같은 금속을 모두 순금으로 바꿀 수 있다니 ! 청년은 마음이 들떠 황금돌을 찾으려고 길을 나섰다. 황금돌을 구별하는 방법은 단 한 가지, 겉보기에는 그냥 보통 평범한 돌과 같지만 만져보면 따뜻하다는 것이다.

그래서 청년은 해변에 천막을 치고 매일 돌을 줍는 데만 전념했다. 같은 돌을 두 번 만지는 일이 없도록 하기 위해 차가운 돌은 즉시 눈앞에 있는 흑해를 향해 던져버렸다. 이른 아침부터 늦은 밤까지 돌을 줍고 던지고, 또 줍고 던지기를 얼마나 반복했을까? 어느새 3년이라는 세월이 흘렀다.

그러던 어느 날 아침, 청년은 여느 때처럼 작은 돌멩이 하나를 주워들었다. 손에 전해지는 감촉은 보통 돌과 다르지 않은데, 어쩐지 따스한 기운이 도는 것 같았다. 그 돌멩이가 바로 청년이 찾던 황금돌, 어떠한 금속도 황금으로 바꿀 수 있는 힘을 가진 마법의 돌이었는데, 청년은 오랜 시간 몸에 밴 습성 때문에 그 온도 차이를 느낄 겨를도 없이 습관적으로 황금돌을 바다에 던지고 말았다. 던지는 순간에 따스함을 느꼈지만 돌은 이미 그의 손을 떠났다. 돌멩이는 '풍덩' 소리와 함께 바다 속으로 가라앉았고, 파도에 휩쓸려 멀리 가버렸다. "아차 !" 하는 순간에 일생의 꿈이 물속으로 사라져 버린 것이다.

무의식 중에 반복되는 습관은 그것이 올가미처럼 덧씌워져서 인생의 귀중한 것을 놓치게 할 수도 있습니다. 청년은 오랜 기간 동안 손에 쥔 돌멩이를 바다에 던지는 것이 습관처럼 굳어져 버렸지요. 그 때문에 좀처럼 만나기 어려운 좋은 기회를 바로 눈앞에서 놓치고 말았던 것입니다. 마음 속의 오래된 타성이 청년을 지배하고 있었던 것입니다. 마음의 습관이란 '어차피 이 돌도 아닐거야' 라고 단정짓는 체념적 사고이며, 사물을 항상 부정적으로 바라보는 의식의 습관인 것입니다.

책 한 권에서 자신의 꿈과 가능성을 발견하고, 실제로 흑해까지 찾아간 행동은 아무나 할 수 있는 일이 아닙니다. 그만큼 열정이 있어야 하는 것이지요. 하지만 다음이 문제였습니다. 단조로운 행위의 반복은 때때로 인간을 최면 상태로 만듭니다. 오감이 둔해지고 감성이나 사고력도 점점 흐릿해집니다. 청년은 자신의 안에 깊숙이 숨어 있는 안일한 태도와 습관을 곰곰이 돌이켜 보고, 낡고 빛바래고 녹이 슨 타성들을 없애는데 애썼어야 했습니다.

사회도 변한다

우리가 원하든 원치 않든간에, 알아차리든 알아차리지 못하든간에 끊임없는 변화가 계속 일어나고 있습니다. 당신은 현재 안정적인 직장에서 좋은 대우를 받으며 근무하고 있습니까? 당신의 직업이 전문 직업이라서 안심해도 좋다고 생각하고 계신가요? 그렇지 않습니다.

그동안 매우 부러운 직업에 속하던 변호사의 예를 들어 보겠습니다. 한국에서는 현재 약 8,300명 정도인 변호사의 수가 매년 약 1,000여 명씩 증가하고 있습니다. 그리하여 법률 서비스 시장에 점점 많은 변호사들이 참여하게 되어 경쟁은 더 심화되고 있습니다.

2007년 7월 3일 법학전문대학원(로스쿨) 법률안이 국회를 통과되어 사법고시 중심의 법조인 양성 제도가 해방 이후 처음으로 완전히 바뀌게 됩니다. 따라서 앞으로 신설되는 로스쿨에서 변호사를 대거 양산하게 되면 경쟁은 지금보다 더 치열해질 것입니다.

공무원의 경우도 마찬가지로 변화의 바람이 불고 있습니다. 지방정부에서 불기 시작한 '무능공무원 퇴출' 바람이 중앙정부에도 불어닥치고 있습니다. 또한 인천시도

"연말까지 퇴출을 포함한 능력과 성과 중심의 인사시스템을 구축, 2008년 1월부터는 일부 공무원이 퇴출될 수 있다."

고 했습니다. 경기 성남시는 인사평가에서 업무 부적격 판정자와 최하위 10%에 속한 공무원을 퇴출하는 '직무수행 향상제'를 시작했고, 과천시도 무능, 태만, 부정 공무원 퇴출제를 도입하기로 했답니다.

그러면, 사회적으로 가장 성공하고, 가장 안정적인 직업이라고 일컬어지던 의사의 경우는 어떨까요? 최근 들어 의사들이 경영난에 못 견디어 자살하는 일이 부쩍 늘어가고 있습니다. 2007년 들어 벌써 3명째입니다. 아마도 일반 사람들로서는 돈 잘 버는 의사들이 무슨 경영난이며, 자살이냐고 비아냥거리겠지만, 요즘 의사들은 모이기만 하면 폐업을 들먹일 정도로 실제로 심각한 경영난에 힘들어하고 있다고 합니다.

어느 소아과 전문의는 개업 후 6개월만에 파산을 하고 말았으며, 혹시나 하여 세군데나 자리를 옮겨가며 개원을 다시 했다고 합니다. 하지만 결과는 역시 마찬가지로, 실내장식을 하느라 여기저기에서 빌린 돈마저 다 날리고 말았다는 소식을 접하게 됩니다.

개인도 그렇지만 기업의 경우는 더욱 더 심각합니다. 20세기초 미국 플로리다주의 탬파는 세계의 엽권련(Cigar) 생산기지로 널려 알려져 있었습니다. 시가공장 사장의 이름을 따서 이름지어진 이보어(Ybor)시는 활기차고 번창한 마을로서 시민의 일터이자 삶의 터전이었습니다. 1920년대에는 60개가 넘는 시가 공장이 모여 있을 정도로 도시가 활기를 띠었습니다. 시가 공장 근로자들은 당시로서는 꽤 괜찮은 20달러의 주급을 받았습니다. 이런 수입원이 주민들에게 보장되어 있었기 때문에 이 곳에는 활발한 상권이 형성될 수 있었습니다.

그러나 2차 대전이 끝난 뒤 공장주들은 근로자들을 기계로 대체하기 시작했습니다. 훨씬 적은 시간과 비용으로 같은 일을 해낼 수 있기 때문이었지요. 무엇보다도 기계는 파업을 할 줄 몰랐습니다. 아프다고 결근을 하거나 임금 인상을 요구하는 일도 없었습니다. 설상가상으로 시가를 피우는 사람이 점점 줄어들어 무서운 변화의 물결이 온 이보어시를 휩쓸기 시작하였습니다. 평생을 시가 만드는 일에 종사해온 사람들이 도리 없이 일자리를 잃게 되어 버렸지요. 집을 차압당하고 아녀자들은 또 다른 일을 해야 했고, 남자들은 술독에 빠져 지내게 되었습니다. 가정파탄이 일어났고, 시내도 마을도 가정도 뒤숭숭하게 변하고 말았습니다. 그렇게 이보어시는 단 몇 십년만에 신흥도시에서 유령도시로 전락하고 만 것입니다.

변화가 휘몰고 간 이보어시의 많은 사람들이 어려움을 겪은 것입니다. 변화가 일고 있다는 사실을 알아차리지 못한 사람들이나, 알아도 인정하지 않은 사람들에게 변화는 가히 절망적이었습니다. 문제가 생기기 전에 대책을 강구하기 보다는 일이 벌어진 뒤에 전전긍긍하는 주민들이 가장 큰 고통을 당했습니다.

이렇게 변화의 바람은 거세고 폭풍처럼 모든 것을 휩쓸어 가버리기도 합니다. 하지만 반대로 변화에 능동적으로 대처하여 세계적인 기업으로 우뚝 선 삼성의 경우를 보겠습니다.

"마누라와 자식만 빼고 다 바꾸라."

1993년 6월 7일 이건희 삼성 회장의 이른바 '신경영 선언'입니다. 신경영을 선언하던 당시에도 삼성전자는 국내를 대표하는 기업이긴 했지만, 세계 시장에서는 아직도 부족한 상황이었습니다. 그렇다면 왜 신경영 선언이라는 것이 나왔을까요?

첫째로는 생존차원의 위기의식에서 나온 것입니다. 국경이 사라진 무서운 경제 전쟁과 기술 전쟁의 시대가 되어 일류가 아니면 생존이 불가하다는 것이지요.

둘째로는 초일류 기업으로 가기 위한 방법을 제시하고자 함입니다. 무엇이 문제이고 무엇을 고쳐야 할 지를 알아야 변화의 방법을 제시할 수 있는 것입니다.

셋째로는 다함께 잘 살자는 상생의 이론입니다. 즉, win-win의 정신을 심기 위해서입니다. 인간의 행복이 경영의 출발이면서 최종 목적지라는 생각을 중심에 두는 것입니다.

이렇게 변화의 활기찬 바람을 불어 넣은 삼성은 그로부터 14년 후 어떻게 달라졌을까? 삼성의 매출액은 신경영을 선언한 해인 1993년보다 3배 이상 증가했습니다. 그리고 세전 이익은 29배로 늘어났습니다. 삼성전자의 시가총액도 약 18배, 수출은 6배, 브랜드가치는 162억 달러로 세계 20위 도약, 임직원수는 15만 명에서 25만 명으로 늘어나게 되었습니다.

신경영 성과의 대표주자인 삼성전자는 2007년 포춘지(Fortune)가 선정한 세계에서 가장 존경받는 기업 34위(전자부문 4위), 비즈니

스위크(Businessweek) 선정 2007년 가장 혁신적인 기업 17위, 포브스 선정 2007년 세계 2,000대 기업 중 63위에 랭크되면서 글로벌 일류기업으로 성장하게 되었습니다.

솔개의 변신

하늘 높이 나는 솔개는 장수하는 조류로서 최고 70년 정도의 수명을 누릴 수 있다고 합니다. 그런데 그 솔개가 수명이 40년 정도 될 때쯤이면 발톱이 노화되어 사냥감을 효과적으로 잡아챌 수 없게 됩니다. 부리도 길게 자라서 구부러져 가슴에 닿을 정도가 되고, 깃털도 짙고 두껍게 자라 날개가 무거워 높이 날아오르기가 어려워집니다.

이때 솔개는 두 가지 중 하나를 선택해야 되는 기로에 서게 된다고 합니다. 그대로 죽을 날을 기다리든가, 아니면 새로 태어나기 위한 고난의 과정을 겪든가 하는 갈림길에 서게 되는 것이지요. 다시 살아가는 길을 택하기로 한 솔개는 있는 힘을 다 해 산 정상 부근으로 날아가 그 곳에 둥지를 짓고 머물며, 고통스런 갱생 작업을 시작합니다. 먼저 부리로 바위를 쪼아 부리가 깨져 빠지게 만듭니다. 그러면 얼마 후 새로운 부리가 돋아납니다. 새로 돋은 그 부리로 발톱을 하나씩 뽑아냅니다. 새로운 발톱이 돋아나면 이번에는 날개의 깃털을 하나하나 뽑아냅니다. 어느 정도의 시간이 지나면 새로운 깃털이 돋아납니다. 이렇게 약 반년간의 고통스런 세월을 거친 솔개는 지금까지와는 전혀 다른 모습으로 변신하게 된다고 합니다.

그리고 다시 힘차게 하늘로 날아올라 30년의 수명을 더 누리게 되는 것입니다.

솔개의 변신과정을 보면서 기업의 경우를 떠올려 봅니다. 1957년 포춘지(Fortune)가 선정한 '세계 500대 기업' 가운데 오늘날까지 생존해 있는 기업은 3분의 1밖에 되지 않는다고 합니다. 미국의 상위 500대 기업처럼 크고 건실한 기업의 평균수명이 고작 40년이며, 일본에서 100여년에 걸쳐 100대 기업에 오른 회사들의 평균수명 역시 대략 30년 정도라고 합니다. 국내 기업의 평균수명이 그리 길지 않은 것 또한 마찬가지입니다. 어느 기관에서 2005년 4월을 기준으로 국내의 전체 상장기업 1,584개를 분석해본 결과, 설립일 기준으로 기업의 평균수명이 23.9년으로 나타났습니다. 현재 잘 나간다고 안심하고 안주하기를 바란다면 그 기업은 얼마 못되어 쇠락의 길을 걷게 될 것입니다. 솔개의 변신처럼 피나는 변신, 쇄신 과정을 거쳐야만 장수할 수가 있는 것이지요.

우리 누구도 개혁을 스스로 좋아하기는 힘듭니다. 편안하게 현실에 안주할 수만 있다면 더 없이 좋을 것입니다. 그러나 이 세대는 근본적인 변혁을 필요로 합니다. 가만히 있으면 멀지 않아 도태되고 말 것입니다. 우리의 환경은 우리가 상상하는 이상으로 크게, 빠르게 변하고 있습니다.

과거에 아이디어를 구현하는데 10년 걸리던 것이 오늘날에는 1년이면 족할 정도로 기술은 빠르게 진화하고 있습니다. 미래는 지금도 끊임없이 진행되고 있습니다. 그 미래를 내다볼 수 없는 사람은 뒤처질 것이며, 격차는 점점 더 커질 것입니다. 모든 것이 너무 빨리 변해버려 결코 따라잡지 못할 지경에 처해 있습니다. 미래가 보이는 직종에서 현재 잘 나가는 최고가 아닌 이상, 어떤 일에서든 정상에 오를 확률은 몇 만분의 1도 되지 않습니다. 뒤처지는 사람들에게는 만족감이라고는 찾아볼 수 없는 저임금 뜨내기 직종만 기다리고 있을 뿐입니다. 아마도 활기차게 움직이는 현장에서 맹활약을 하는 유능한 인재들의 시중을 들며, 뒤치다꺼리나 하는 것이 고작일 것입니다. 변화는 우리의 삶 그 자체입니다! 따라서 변화가 일어난다는 것을 항상 염두에 두어야 할 것입니다. 변화에 신속히 대응해야만 합니다.

긍정적인 변화, 사회적인 부름을 잘 응용하고 소화하는 변화, 소통과 소명을 담은 변화를 해야 합니다. 그 무엇보다 긍정적인 의식, 스스로 변해야겠다는 내면에서 출발된 변화, 그리고 강한 의지의 실천은 참으로 중요합니다.

방향 선회

현대 사회에서 일어나는 변화는 가히 파괴적이며, 누구든 다가오는 변화를 피할 수는 없습니다. 우리가 살고 있는 시대의 유일한 생존 전략은 말 그대로 변화를 사랑하는 법을 배우는 것밖에 없습니다. '변함없이 한결같은 것은 변화뿐이다'라는 말이 있습니다. 오늘날의 현실을 그 어느 것보다도 잘 설명하는 말입니다.

함장과 일병

깊은 밤중에 함정 한 척이 조심스럽게 안개 낀 바다를 항해하고 있었다. 돌발적인 위험에 대비하여 긴장한 채 어둠을 살피고 있는 중에 초병이 바로 앞에서 강하게 빛나는 불빛을 발견하였다. 보고를 받은 함장은 다가오고 있는 배에게 급히 비상 무전 신호를 보냈다.

"나는 이 배의 책임자 제레마이어 스미스 함장이다. 당신의 방향을 남쪽으로 10도만큼 돌려라. 오버!"

그러나 안개 속에 비친 불빛은 움직이지 않고, 그 대신 무전기를 통해서 회신이 왔다.

"스미스 함장님. 저는 일병 토머스 존슨입니다. 부디 함장님께서 배를 10도 북쪽으로 돌리십시오. 오버!"

아니? 일개 사병(士兵) 주제에 감히 함장에게 항명하다니! 응답하는 일병의 당돌함과 대담성에 오싹해진 함장은 무전기를 통해 다시 소리쳤다.

"존슨 일병. 나는 스미스 함장이다. 다시 너에게 명령하겠는데, 지금 즉시 너의 항로를 10도 남쪽으로 돌려라. 오버!"

그런데 이번에도 불빛은 조금도 움직일 기미를 보이지 않고, 대신 다급한 일병의 목소리가 다시 들려왔다.

"존경하는 스미스 함장님. 그 배의 항로를 지금 당장 10도 북쪽으로 바꾸십시오. 오버!"

이 불손하기 짝이 없는 일병 때문에 자존심이 상할 대로 상한 함장은 화가 치밀어 무전기를 통해 으르렁거렸다.

"존슨 일병! 마지막으로 경고하는데, 나는 미합중국의 권위에 의해 너에게 명령한다. 너의 항로를 10도 남쪽으로 선회하라. 당장! 아니면 너를 군법재판에 회부하겠다. 이 배가 전함이라는 사실을 잊지 마라!"

이 때 일병의 다급한 마지막 목소리는 심하게 떨리고 있었다.

"스미스 함장님. 다시 한 번 존경심을 가지고 말씀드립니다. 함장님의 진로를 10도 북쪽으로 선회하십시오. 여기는 등대입니다."

이처럼 우리는 흔히 체면을 세우고 권위를 지키기 위해서 과거에 집착한 나머지 사리에 맞지 않는 고집을 피우는 경우가 많습니다. 그런 체면 차리기, 권위지키기만 내세우거나 쓸데없는 아집을 부리면 일을 그르치기 쉽습니다. 모든 일에 융통성을 가지고 유연한 자세로 우리의 생각을 바꾸도록 해야 합니다. 현재의 방향에 문제가 있다면 과감하게 방향을 바꾸어야 합니다.

지금 내가 가고 있는 길이 옳지 않다고 판단이 서면, 미련 없이 다른 길로 가야 합니다. 서울을 간다면서 부산행 열차를 탔다면 어떻게 되겠습니까? 빨리 내려서 서울행 열차로 갈아타야 되겠지요. 이만큼 왔다고 생각해서 이제는 돌이킬 수 없다고 고집을 부리면, 그만큼 실패할 가능성이 높아집니다.

대조된 운명

옛날 불우한 환경에서 자라난 어떤 불량 소년이 친구들과 어울려 방탕과 갈등의 세월을 보내고 있었다. 날마다 나쁜 친구들과 어깨를 나란히 하고 골목을 누비며, 술을 마시지만 그렇다고 술값을 내는 적도 없고, 걸핏하면 시비를 걸어 닥치는 대로 부수고, 파괴하는 것이 그의 일과였던 것이다. 그러던 어느 일요일 아침, 그 날도 나쁜 짓을 하려고 한 친구와 함께 다른 친구들을 만나러 가는 중에 어느 교회 앞을 지나가게 되었다. 그런데 무심코 그 교회 벽에 부착되어 있는 간판을 쳐다보니까

'죄의 삯은 사망이요, 하나님의 은사는 그리스도 예수 우리 주 안에 있는 영생이니라'

고 씌어 있는 것이다. 이 소년은 지금까지 죄만 짓고 다녔으며, 오늘도 그렇게 하려고 했는데, '죄의 삯은 사망'이라는 말씀이 그의 가슴을 예리하게 찔렀고, 그것이 마치 자신의 사형선고와 같았다. 그래서 친구에게

"야 ! 우리 놀러 가는 거 오후에 가고 교회 들어가서 예배나 드리자."

하자 그 친구는

"너 미쳤냐? 지금 친구들이 기다리고 있는데 무슨 소리야?"

라고 대답하며 반대하였다. 그래서 둘은 교회 앞에서 옥신각신하면서 다투었다. 결국 이 소년은 친구의 유혹을 과감히 뿌리치며

"그러면 너 혼자 가라 ! 나는 못가겠다."

하고는 그 교회에 들어가 '죄의 삯은 사망'이라는 설교를 들었다. 이 설교를 듣고 나서 그는 뜨거운 눈물을 흘리며

"나는 내 인생을 왜 이렇게 살고 있을까?"

라고 후회하고, 회개하며, 약속된 불량배들의 모임에 가지 않았다. 그 대신 그 날부터 크리스천의 창조적 삶을 살기 시작하였다. 자기의 잘못된 방향을 선회한 것이다. 그리고 죄악과 단절하고 새로운 생활로 접어들었다. 불량 친구들과의 관계를 모조리 청산하고 딴 사람으로 변신했다. 인생을 다시 시작하는 마음으로 모든

것을 처음부터 배우기 시작했다.

그와 같은 피나는 30년간의 노력 후에 미국의 역사는 이 불량 소년 그로버 클리블랜드(Stephen Grover Cleveland)를 미 합중국의 제22대 대통령으로 뽑았다. 그런데 그 때 어느 감옥의 죄수가 떨리는 손으로 대통령에 당선된 클리블랜드의 큼지막한 사진이 실린 신문을 읽고 있었다. 그리고 30년 전 바로 그 일요일 아침 '죄의 삯은 사망'이라고 씌어 있었던 그 교회벽의 간판을 기억하며 비탄의 눈물을 흘렸다고 한다.

똑같이 불우한 환경이었지만 과감히 방향선회를 했던 한 사람은 미국의 대통령이 되었고, 다른 한 친구는 그대로 현실에 젖어 있다가 영어(囹圄)의 몸이 되어

"클리블랜드 대통령은 그 옛날 나의 절친한 친구였다오."

라면서 통한의 눈물을 흘리는 신세가 된 것이다. 그 후 클리블랜드는 제 24대 대통령에 재선됨으로써 미국 역사상 유일하게 임기를 건너뛰어 연임한 대통령이 되었다.

현실과 타협하여 안일하게 살고자 하는 우리의 마음을 바꾸어야 합니다. 타인이, 그리고 사회가 변화할 것을 요구하기 전에 나 스스로가 방향을 바꾸어야 합니다. 내가 원하는 방향으로 세상이 변하는 것은 아닙니다. 우리 한 사람 한 사람은 각자의 삶을 책임지는 선장입니다. 지금까지 목적 없이 가던 길을 계속 고집한다면 커다란 재앙과 마주칠 수도 있는 법입니다. 그 방향이 정확하지 않음을 알면서도 내가 결정했다는 체면과 자존심 때문에 그대로 가야 한다고 고집을 피운다면 암초에 걸리거나 난파하게 될 것입니다.

내가 먼저 변화

현실에 불평을 가진 사람들은 대부분 그렇게 된 이유를 세상 탓, 환경 탓으로 돌리고 있습니다. 정치인들이 정치를 잘못해서, 대기업들이 강자의 횡포를 부려서, 공무원들이 부패해서, 경찰이 업자들과 밀착되어서, 법을 잘 지키는 사람들이 손해보는 세상이라서… 내가 성공하지 못한다는 것입니다. 그러나 잘 생각해봅시다.

세상이 전부 잘못된 것으로 가득 찼을까요?

모든 것이 그렇게 부조리하고 불합리한 걸까요?

물론, 부조리가 판을 치는 세상일 수도 있습니다. 하지만 대부분의 경우 우리는 우리의 장애를 극복하지 못한 채 우리가 성공하지 못하는 것에 대한 화풀이를 세상의 부조리 탓으로 돌리고 있습니다. 어차피 이 세상은 불공평하다는 것을 먼저 인정합시다. 우리 주위를 둘러봅시다. 세상이 불공평해도 이를 탓하지 않고 성실히 노력하여 성공한 사람들이 많습니다. 똑같이 불합리한 환경에서도 그들은 성공을 했습니다. 그러니 환경 때문에 내가 성공하지 못했다는 말은 비겁한 변명에 불과한 것입니다.

우리에게 일어나는 모든 부정적인 것은 남이 아니라, 나 때문에 생기는 것이 대부분입니다. 나 자신이 변하는 것은 쉽지 않습니다. 그러나 세상이 급박하게 변해가고 있는데 나만 가만히 있으면 어떻게 될까요? 어느 순간에 나는 몹시도 퇴보하여 도저히 따라갈 수 없을 정도로 뒤처진 것을 심각하게 느낄 날이 올 것입니다. 5년 전 희망에 차 있던 나의 모습을 생각해보고, 현재의 볼품 없는 모습을 점검해봅시다. 그리고 현재의 상황에 비추어볼 때 5년 후의 내 모습이 어떨까를 생각해봅시다.

긍정적이고, 적극적이고, 개방적이고, 자신감 넘치는 방향으로 나아가기를 주저하지 맙시다. 우리가 먼저 변합시다. 수동적인 태도를 능동적인 태도로, 환경을 탓하는 태도에서 내가 나서서 문제를 해결하는 방향으로 변화해봅시다.

내가 젊고 자유로워서 상상력에 한계가 없을 때
나는 세상을 변화시키리라는 꿈을 가졌었다
좀 더 나이가 들고 지혜를 얻었을 때 나는 세상이 변하지 않으리라는 것을 알았다

그래서 내 시야를 약간 좁혀
내가 살고 있는 나라를 변화시키겠다고 결심했다
그러나 그것 역시 불가능한 일이었다

황혼의 나이가 되었을 때
나는 마지막 시도로
나와 가장 가까운 내 가족을 변화시키겠다고 마음을 정했다
그러나 아아 아무도 달라지지 않았다

이제 죽음을 맞이하기 위해 자리에 누운 나는 문득 깨닫는다
만약 내가 내 자신을 먼저 변화시켰더라면 그것을 보고 내 가족이 변화되었을 것을

또한 그것에 용기를 얻어
내 나라를 더 좋은 곳으로 바꿀 수 있었을 것을
그리고 누가 아는가
세상까지도 변화되었을지 !

－ 성공회 주교의 묘비 －

독서하자

그러면 자기가 변화할 수 있는 가장 효과적인 수단은 무엇일까? 사랑하고, 감사하고, 용서를 하면서 자신을 용서하고 변화하여 성공의 길로 가기 위한 최고의 방법은 무엇일까? 그것은 바로 독서입니다.

우리는 누구나 성공하기 위해 스스로 성공 기준을 마련해 놓고, 이를 위해 부단한 노력을 하고 있을 수도 있습니다. 성공하기 위해서는 우선 먼저 세상을 배워야 합니다. 그러나 우리는 극히 제한된 시간과 공간에 갇혀서 살고 있기 때문에 다양한 세상, 복잡한 사회를 배우기란 쉬운 일이 아니지요. 성공에 대한 실험을 다 해볼 수도 없고, 성공자의 체험을 흉내내볼 방법도 없습니다. 이러한 직접적인 경험을 겪어볼 수 없는 한계 속에서 다른 사람들의 경험과 사고방식, 사상 등을 간접적으로 대할 수 있는 거의 유일한 방법이 독서입니다. 독서를 통하여 자기가 모르고 있던 세상을 배워야 합니다. 그리하여 안목과 시야를 넓혀야 합니다. 지식을 쌓아야 합니다. 자기가 직접 대하지 못하는 세계에 대한 이해를 해야 합니다. 그리고 모든 것을 포용해야 합니다. 이와 같이 자기 변화의 첫 단계는 독서입니다.

학자 또는 연구원의 길로 가든, 사회에 나와서 경제적인 성공을 거두든 간에 성공자들의 성공 원인은 독서에 있었다고 합니다. 우리도 성공하기 위해서는 많은 서적을 읽어야 합니다. 그리하여 경험을 키우고 마음을 변화시키도록 해야 합니다. 수많은 독서를 통해 현재의 나를 변화시키고 나를 성공의 길로 인도합시다.

독서의 중요성을 이야기한 송나라의 진종황제권학문(眞倧皇帝勸學文)에 '서중자유천종록(書中自有千種祿)'이라는 말이 나옵니다. '책 속에 저절로 천종의 봉록이 있다' 란 뜻이지요. 책 속에 많은 재물이 저절로 들어 있다는 말입니다. 과장하기 좋아하는 중국인들의 생각이 그대로 나타나 있습니다. 또한 당나라의 시인 두보의 시에서는 '남아수독 오거서(男兒須讀 五車書)'라고 해서 남자는 모름지기 다섯 수레의 책을 읽어야만 한다고 말하고 있습니다. 옛날이나 지금이나 성공한 사람들의 경우를 보면 예외 없이 독서를 많이 한 사람들입니다. 다음은 독서를 통해 성공한 사람들의 예입니다.

토크쇼의 여왕 오프라 원프리

요즘 토크쇼의 여왕이라 불리는 미국의 오프라 원프리는 미국을 움직이는 또 하나의 힘이자 막강한 브랜드이다. 표면상 '기회의 나라', '평등의 나라'라고 하지만 아직도 유색 인종에 대한 편견이 엄연히 존재하는 미국 사회에서 흑인인 그녀는 모든 악조건을 극복하고 당당하게 성공했다. 까만 피부의 흑인, 100kg의 뚱뚱한 몸매, 지독히 가난한 어린 시절, 결혼하지 않은 부모 사이에서 태어났고, 9살에 사촌 오빠로부터의 강간, 14세가 될 때까지 계속되던 친척들의 학대, 14살에 출산과 함께 미혼모가 되었고, 2주 후 아기의 죽음, 불행한 과거, 그러나 그녀는 지금 '인기-존경-돈' 모두를 얻었다.

시사주간 타임은 원프리를 '20세기의 인물' 중 하나로 선정하기도 했으며, 1998년 포춘지 선정 미국 최고 비즈니스 우먼 2위였을 뿐 아니라, 인콰이어러지 선정 '세계 10대 여성'의 선두 여성이다. 1997년 월스트리트저널 조사에서 미국인이 존경하는 인물 3위에 뽑히기도 했다.

어려운 환경에도 불구하고 그녀가 성공할 수 있었던 비결은 무엇일까? 그것은 끊임없는 지적 탐구때문이다. 윈프리는 어린 시절 아버지가 꼭 일주일에 책 한 권을 읽게 할 정도로 독서를 중요시 했다. 때문에 윈프리는 3년 전부터 '오프라의 북클럽'을 진행하면서 책을 소개하고 있다. 북클럽을 통해 그동안 연속적으로 총 30권이 넘는 베스트셀러가 탄생했고, 그녀가 출판업자들에게 안겨준 매출은 2억 달러에 달한다고 한다. 윈프리는

"미국이 다시 책을 읽게 만들겠다."

라고 다짐하고 또 실천하고 있다.

"독서가 내 인생을 바꿨습니다."

라는 그녀의 말마따나 수백만명이 책에 관심을 갖게 하고, 팬들은 그녀가 골라준 책에 몰려든다. 오늘날 그녀는 '출판업계의 마이다스'로 불리며, 그녀가 괜찮다고 추천하는 책은 순식간에 베스트셀러가 되는데, 이를 두고 '오프라 현상'이라고까지 할 정도로 오프라 윈프리의 책에 대한 독자들에 대해 미치는 영향은 어마어마하다.

아시아의 최고 갑부 리카싱

개인 재산만 188억 달러(약 18조 원)에 달하는 홍콩의 리카싱(李嘉誠) 청쿵그룹 회장은 아시아 최고의 갑부이자, 세계에서 열 손가락 안에 드는 부자이다. 한국 나이로 80이 다 된 이 사업가의 첫 출발은 우리 돈으로 고작 600만 원뿐이었다고 한다. 플라스틱 그릇 판매부터 시작한 리카싱 회장이 재신(財神)으로 추앙받는 현재의 위치에 도달하는 데는 적지 않은 위기와 고비가 있었지만, 그 때마다 리카싱 회장은 위기를 기회로 전환시켰고, 불가능하다는 비지니스를 성사시켰다. 그리고 이같은 성공의 비결로 단연 독서를 첫 손가락에 꼽는다. 그의 독서는 우리가 알고 있는 상식 수준의 책읽기와는 차원이 다르다. 60년이 넘도록 단 하루도 빼놓지 않고 자기 전에 30분씩 책을 읽었다고 한다. 이 30분의 시간이 그에겐 새로운 지적 충전의 기회였던 것이다.

리카싱 회장은 책을 통해 더 넓은 비전과 비판적인 사고 능력을 키웠다고 토로한다. 매일 저녁 30분이라는 짧은 시간이 60년간 지속되었을 때, 그의 머릿속에는 세계 정세는 물론이고 최첨단 IT 분야까지 소상하게 꿰뚫는 지식의 창고가 갖춰지게 되었다. 독서가 성공을 이끌었고, 독서가 그의 인생을 결정했고, 독서가 그를 아시아 최고의 부자로 만든 것이다.

독서 갈증자 링컨

미국의 유명한 대통령이었던 링컨은 켄터키주의 가난한 시골집에서 태어났기 때문에 교육을 제대로 받지 못했다. 그는 공부에 대한 관심이 많아서 책읽기를 좋아했으나 기회가 없었다. 그래서 자기가 원하는 책을 누가 가지고 있다는 것을 알게 되면 먼 곳이라도 찾아가 그 책을 빌려다가 읽고야 말 정도였다고 한다. 그는 자신의 마음 속에 책을 새겨 넣을 정도로 열심을 갖고 책을 읽었다. 그런데 중요한 곳을 적어놓고 싶었지만 필기도구조차 제대로 없었다.

한 번은 사전을 한 권 갖게 되었는데 얼마나 읽었는지 사전을 전부 외울 정도가 되었다고 한다. 어느날 《워싱턴 전》을 빌려서 초가 다 탈 때까지 읽은 다음 책장에 넣어두고 그만 잠이 들어버렸다. 그런데 그날 밤에 비가 많이 와서 책이 젖었다. 링컨은 책 주인에게 사정을 말하고 그 대가로 3일 동안 그 집에서 일을 해주었다. 그리고 나서 젖은 책이지만 그것을 갖게 되어 너무 좋아서 깡충깡충 뛰었다고 한다. 링컨이 남북전쟁을 승리로 이끈 것도 독서의 힘이었고, 노예해방을 하게 된 자신감을 얻게 된 계기도 《톰 아저씨》라는 책을 읽은 것이라고 한다.

CEO들의 독서열기

《CEO 책에서 길을 찾다》에 의하면 20년 동안 GE를 성공적으로 경영했던 잭 웰치, 앞선 사고방식으로 마이크로소프트를 이끌었던 빌 게이츠,… 이들의 공통점은 바로 독서를 게을리 하지 않

> 았다는 것이다.
>
> 이 책에 등장하는 13명의 CEO들은 그 이름만으로도 영향력을 짐작할 수 있을 정도로 각 업계에서 성공을 거둔 사람들이다. 독서가 자신의 인생을 변화시켰고, 오늘의 자신을 있게 한 원동력이었다고 말하는 그들. 기업경영의 지혜도 독서를 통해 책에서 구했고, 삶의 진리도 독서에서 찾았다는 그들의 이야기는 독서가 왜 인생에서 중요한 부분을 차지할 수밖에 없는지를 일깨워 준다.
>
> "끊임없는 책읽기가 나의 성공 비결!"
>
> "열심히 일하기도 했지만, 책 속에서 얻은 수많은 지식과 경험들이 쌓여 있었기 때문에 이 자리에 올 수 있었던 것이 아닌가 생각합니다."
>
> 이 책에 등장하는 CEO들은 자신의 성공 비결을 묻는 질문에 한결같이 이렇게 답했다. 고난이 닥쳐왔을 때 자신을 구원해 준 것이 한 권의 책이며, 난제를 만났을 때도 그 해결책을 독서를 통하여 얻은 지혜에서 구할 수 있었다는 게 그들의 말이다.

이처럼, 위인들은 독서를 게을리 하지 않았음을 알 수 있습니다. 그렇다면 우리 나라 일반인들의 독서 현실은 어떤 수준일까?

우리의 독서 현실

우리는 얼마나 책을 읽을까? 2006년 가계수지 동향에 따르면 2005년 우리 나라 전국 가구(2인 이상)의 한 달 평균 서적 및 인쇄물에 대한 지출은 10,288원으로 전년에 비해 2.8% 줄었다고 한다.

서적 및 인쇄물 지출비 중 서적(학습 참고서 제외)은 7,631원, 잡지는 271원, 일간신문은 2,256원, 지도, 악보, 카드 등 기타 인쇄물은 130원이었는데, 이에 따라 교양과 정보취득을 위해 구입하는 금액은 7,902원에 불과했다. 전국 가구가 한 달에 책을 한 권도 안사는 셈이다.

일본에 비친 독서하지 않는 한국

1988년 서울 올림픽을 통하여 세계적으로 대한민국의 위상이 한층 높아질 시절에 우리는 곧바로 인근의 라이벌 국가 일본을 따라잡을 수 있다는 환상을 가지게 되었다. 이대로 간다면 곧 추월할 수도 있다는 착각을 한 듯하다. IMF 사태가 발생하기 얼마 전, 한국과 일본의 국가 경쟁력 격차가 20년이라고 떠들던 시절이었으니, 일본의 입장에서 은근히 걱정이 되지 않을 리 없다. 내노라하는 일본 기업의 책임자들이 비공식으로 내한하여, 전국을 순회하며 그들이 알고자 하는 모든 분야의 것을 샅샅이 조사한 후 내린 결론은 다음과 같다고 한다.

'한국은 절대로 일본을 추월할 수 없다'

그런데 그 이유가 의외로 간단하다.

첫째, 한국 사람들은 독서를 하지 않는다. 공공장소 어디를 가도 독서하는 사람은 드물고, 기껏해야 스포츠 신문이나 주간지 정도를 읽고 있다.

둘째, 일의 마무리를 잘 못한다. 제품을 열심히 잘 만들고도 마무리가 엉성하거나 외형 디자인이 좋지 않아 제대로 값을 받지 못한다.

셋째, 자투리를 이용하지 못한다. 어떤 일이든지 자투리가 많이 생기기 마련인데, 이들을 재활용하지 못하고 그대로 버리는 것이다. 자원낭비가 너무 심하다고 한다.

또 일본의 한 유명인사가 얼마 전 한국이 일본을 따라 오지 못하는 이유는 양국의 독서량 차이라고 말했습니다. 도쿄의 지하철이 '이동도서관'인 반면, 서울의 지하철은 '달리는 침실'이라는 것입니다. 얼마 전 일본을 다녀온 한 과학자는 일본의 한 노숙자가 책을 읽고 있는 것을 보고 깜짝 놀랐다고 합니다. 이 과학자는 책읽는 노숙자에게 섬뜩함과 두려움마저 느꼈다고 합니다.

책 속에 길이 있고 생명이 있습니다. 책은 읽는 이로 하여금 미래를 꿈꾸게 합니다. 비전을 제시합니다. 위의 예에서 보듯 어느 분야를 막론하고 성취한 사람의 뒤에는 독서가 있었다는 것이 정설입니다. 독서를 통하여 우리가 긍정적으로 변화될 수 있습니다.

5

정체성 확립

나를 개방하자

단점 인정 및 자기 통제

긍정적이 되자

긍정적인 말

절대 정직

시간 약속 철저하게

금전관계 확실하게

자존심 세우기

가치 창조

나를 개방하자

자신이 먼저 변화하면서 우선 자기의 정체성을 확립하는 것이 중요합니다. 성공할 수 있는 정체성을 구축해야 합니다.

당신은 당신 자신을 진정으로 좋아하고 있는지요? 당신 자신을 진심으로 사랑하고 있습니까? 자기 자신을 좋아하지 못하는 사람이 어떻게 다른 사람을 좋아할 수 있겠습니까? 그리고 다른 사람을 좋아하지 않는 사람에게 어느 누가 좋은 기회를 줄 수 있을까요? 혹, 당신이 스스로를 그다지 사랑하지 않는다면, 도대체 왜 그렇게 되었을까요? 그것은 아마도 내가 잘 아는 나 자신의 단점만 생각하기 때문일 것입니다. 스스로에게 자신을 가질 수 없게 되고, 결국에는 자신을 좋아할 수 없게 되는 것이지요.

사람에게는 누구나 장점과 단점이 동시에 있습니다. 장점만 있고 단점이 없는 사람이 없듯이, 단점만 있고 장점이 없는 사람도 없습니다. 모든 인간은 불완전한 존재입니다. 그런데 사람들은 장점만을 나타내어 자기의 본래의 모습들을 숨기려 하는 성향이 있습니다. 우리는 자신의 실패나 결점, 약점을 말하는 것에 대해서 일종의 공포감을 느끼곤 합니다. 내가 지닌 단점을 상대방이 알게 되면 내 자존심이 깎이고, 무시를 당하거나, 상대방이 나를 하찮은 사람으로 생각하게 될까봐 숨기기를 원하는 것입니다.

차라리 장점과 단점을 그대로 인정하고 떳떳이 밝히는 편이 낫습니다. 단점이 있다고 해서 상대방에게 무시당하는 것도 아니며, 내 자존심이 상하는 것도 아닙니다. 서로간에 장점, 단점이 공유되어도 문제가 되지 않을 때 진정한 인간관계가 이루어질 수 있습니다.

'친해지고 싶으면 같이 목욕탕에 가라' 는 말이 있습니다. 그만큼 서로가 상대에게 숨김없이 모든 것을 노출시켰을 때 동질성을 느끼고 애정이 가며, 동시에 신뢰를 쌓을 수 있기 때문입니다. 똑같이 벗으면 지위나 신분 그 무엇도 거리끼지 않고 인간 존재 그대로를 나타낼 수 있는 법이지요. 사회적인 얼굴로 쓰고 있던 가면과 자존심을 높게 세운 탓에, 시시때때로 가지게 되는 수치심 따위는 훌훌 벗어던지는 것이 필요합니다.

과거에 실패한 경험담이라든지, 키가 작다거나 살쪘다고 하는 육체적인 결점, 허영심으로 거짓말을 한 일 등 남들에게 이야기하고 싶지 않은 것들을 표현해 봅시다. 그렇게 용기를 내어 공개하면 거리낌이 없어지며 비로소 자기 자신을 정확히 보여주는 효과가 있습니다. 솔직하게 자신의 잘못을 인정하고 단점이 빚어낸 실수까지 털어놓게 되면, 정직한 사람으로 인식되어 오히려 신뢰를 얻게 됩니다. 일단 알몸이 되면 아무 것도 무섭지 않지요. 있는 그대로의 모습으로 자연스럽게 남들과 접촉할 수 있게 되며, 자신을 포장하는 불필요한 일로 신경을 쓰지 않아도 됩니다.

자기 개방을 한다는 것은 정신이 그만큼 건강하다는 증거입니다. 자신의 약점을 감추고 덧씌우고 있는 것은 여전히 단점의 무더기 속에 파묻혀 살아간다는 뜻입니다. 자기의 단점까지 나타낼 수 있는 사람은 참으로 용기 있는 사람이며, 떳떳한 사람입니다. 실수가 없는 사람이 어디 있겠습니까? 실수를 인정하는 것은 건강한 것입니다. 실수 자체를 아예 인정하지 않고 파묻어두려 급급할 때, 찌꺼기들이 썩어 부패한 균을 퍼뜨리게 되는 것입니다. 작은 빈틈이 마음 문을 열게 합니다.

나카지마 카오루는 《단순한 성공법칙》에서 단점이란 피부에 난

점과 같은 것이라고 말했습니다. 사람들이 "그거 점 아냐?"라고 물으면 "응 맞아."라고 인정해버리면 그걸로 끝난다는 것이지요. 단점이란 얼굴에 난 점처럼 누구든 몇 개는 가지고 있으므로 거기에 일일이 신경쓰며 안타까워할 필요가 없다는 것입니다.

영어 속담에 '그에게 결점이 있기 때문에 오히려 그를 좋아한다'라는 말이 있습니다. 너무 완벽한 사람은 다른 사람들에게 열등감을 느끼게 만듭니다. 또 사람들은 결점을 드러내지 않는 사람에 대해 위선적이고 인간미가 없다는 고정관념을 갖게 됩니다. 우리는 대개 상대가 틈을 보일 때 마음의 문을 열게 됩니다. 스펀지 자체가 많은 공간을 갖고 있기 때문에 물을 흠뻑 빨아들이듯이 우리는 누군가 다가오고 스며들게 하려면 상대방이 들어올 수 있는 빈틈을 마련해 두어야 합니다.

단점 인정 및 자기 통제

미국의 1달러짜리 지폐에 나와 있는 초대 대통령 조지 워싱턴은 침착하고도 자신감이 넘치며, 자기를 잘 통제하는 리더로서, 독립전쟁이 끝난 후 미국 국민들이 그를 왕으로 추대하려 했습니다. 그만큼 존경받는 지도자였습니다. 그러한 그도 젊은 시절 무슨 일에나 발끈하는 성미의 소유자였습니다. 만약 조지 워싱턴이 자기의 그런 나쁜 버릇을 고치려 하지 않고, 자기 통제로 이것을 바꾸지 못했다면 미국의 초대 대통령이 되지 못했을 것입니다.

벤자민 프랭클린은 미국이 낳은 가장 위대하고, 가장 큰 영향력을 발휘한 사람입니다. 팔방미인으로서 과학자, 작가, 외교관, 발명가, 인쇄기술자, 철학자였습니다. 독학으로 스페인어, 이탈리아어, 라틴어를 공부했으며, 그의 탁월한 지도(指導)가 없었다면 미국의 독립은 물 건너갔을지도 모릅니다. 그런 그에게도 나쁜 버릇이 있었습니다. 그러나 보통 사람들과 달리 그것을 고치겠다는 굳은 결심을 하고, 참된 성공을 위해 필요하다고 믿는 13가지의 덕목을 작성했습니다. 그리고 마법의 처방을 통하여 단점을 극복하고, 그 단점마저 장점으로 끌어 올렸다고 합니다.

역사적인 1865년 4월 15일 아침, 에이브러험 링컨 대통령은 포드 극장에서 존 윌크스 부스로부터 저격당한 후, 그 극장 바로 길 건너편에 있는 싸구려 하숙집의 침대에 대각선으로 누워서 죽음을 기다리고 있었습니다. 이 가슴 아픈 광경을 지켜보고 있던 스탠튼 국방장관은 아래와 같이 말했다고 합니다.

"여기에 이 세상에서 가장 완전하게 인간을 다스렸던 사람이 누워 있다."

그 정도로 탁월한 인솔력과 촉망받는 인격을 지닌 링컨도 젊었을 때는 남을 비판하기 좋아했다고 합니다. 비꼬기를 좋아하던 그는 한 때 허영심이 많고 싸우기를 좋아하는 제임스 쉴즈라는 정치가를 비방의 대상으로 삼았습니다. 그리고 1842년 가을, 스프링필드 저널에 익명으로 편지를 보내 그를 인신공격하였습니다. 이 글이 보도되자 사람들이 온통 쉴즈를 비웃었지요. 그로 인해 예민하고 자존심이 강한 쉴즈는 화가 머리끝까지 났다고 합니다. 이 사건으로 인하여 링컨은 쉴즈와의 내키지 않는 결투를 할 상황에 이르렀습니다. 그와 쉴즈는 미시시피강의 모래사장에서 목숨을 건 결투를 할 찰나 제3자의 중재에 의하여 가까스로 중지되었습니다.

이 사건이 링컨의 생애에 있어서 가장 끔찍한 악몽으로 기억된 것입니다. 이로 인하여 그는 사람을 다루는 귀중한 교훈을 얻게 되었으며, 그 뒤로 두 번 다시 남을 모욕하거나 비웃지 않았습니다. 어떠한 일이 있어도 남을 비난하거나 욕하지 않게 되었다고 합니다. 남북전쟁 당시 휘하 지휘관들의 계속되는 무능력과 실책에 대해서도 전혀 책망하지 않았습니다. 그렇게 자기를 잘 통제하였기에 후세에 그는 미국이라는 나라에 진정한 민주주의가 뿌리내리도록 잘 인도한 위대한 대통령이라는 평을 받게 되었습니다.

긍정적이 되자

우리가 세상에서 살면서 대하게 되는 사람의 인상이 처음에 매우 좋다가도 일단 부정적인 정보를 한 번만이라도 접하게 되면 쉽게 부정적인 인상으로 바뀝니다. 그런데 한 번 마음 속에 박힌 이러한 부정적인 인상은 먹물처럼 번져서 후에 그 사람이 아무리 잘 해도 좀처럼 긍정적으로 바뀌기 힘들다는 것입니다. 그만큼 우리들은 긍정적이기보다 부정적이기 쉽습니다. 아인쉬타인의 분석에 의하면 사람이 한 번 정보를 부정적으로 잘못 받아들이면 이것을 바로 잡기 위해 11번 이상의 긍정적인 정보 입력이 필요하다고 합니다.

미국의 심리학자인 쉐드 헴스터디 박사에 의하면, 우리는 하루에 대략 5만에서 6만 가지의 생각을 하면서 지낸다고 합니다. 그런데 그 생각 중에서 85%가 부정적인 생각이고, 단 15% 정도만이 긍정적인 생각이라는 것입니다. 즉, 우리는 하루의 대부분을 부정적인 생각과 부정적인 언어, 부정적인 행동 속에서 산다는 것이지요.

그리고 어니 젤린스키에 의하면 우리가 하는 걱정거리의 40%는 절대 일어나지 않을 사건들에 관한 것이고, 30%는 이미 일어난 일들이며, 22%는 사소한 사건들이고, 4%는 우리가 바꿀 수 없는 것들입니다. 그리고 그 나머지 4%만이 우리가 대처할 수 있는 진짜 사건입니다. 즉 96%의 걱정거리가 쓸데없는 것이라는 것이지요. 따라서 불필요한 걱정을 하지 말고 긍정적일 필요가 있습니다.

항상 긍정적인 마음을 가지면 자신이 원하는 인생을 실현할 수 있습니다. 생각이 긍정적으로 바뀌면 말이 바뀌고, 말이 바뀌면 행동이 바뀌고, 행동이 바뀌면 습관이 바뀌고, 습관이 바뀌면 인생도 바뀝니다. 숙명이 바뀐다는 것은 곧 실패만 하던 인생이 성공하는 인생으로 변한다는 뜻입니다.

쓸데없는 걱정을 버리고, 긍정적인 자세를 기르며, '무엇이든지 할 수 있다'는 마음가짐을 가지도록 합시다. 긍정적인 사람들과 어울립시다. 그렇게 할 때 믿을 수 없을 만큼의 힘이 생기는 것을 체험하게 될 것입니다. 긍정적인 사람은 당신에게 긍정적인 힘을 불어넣어줄 수 있습니다. 반대로 부정적인 사람은 당신을 부정적인 사람으로 박제시킬 것입니다.

상대방을 축복하면 그 축복이 나에게 돌아오고, 상대방을 저주하면 그 저주가 나에게 돌아오게 됩니다. 사람들이 자기 잘못을 비판해주거나 충고해주면 고맙고 감사하게 생각할 것 같은데 실은 그게 아닙니다. 아무도 충고를 좋아하는 사람은 없습니다. 축복해주고 칭찬해주어야 합니다.

옆집에서 당신이 살고 있는 집의 현관 앞에 악취 나는 한 무더기의 쓰레기를 버렸다고 합시다. 당신은 어떤 반응을 보일건가요? 그대로 옆집 사람과 아무렇지 않게 미소를 지으면서 인사하고 대화하면서 지낼 것인가요? 아마 당장에라도 옆집으로 뛰어가서 주먹으로 문을 두드리며 빨리 치우지 않으면 가만히 있지 않겠다고 호통을 칠 것입니다. 그런데 당신의 마음 속에 쓰레기 같은 생각을 부어주는 사람들에 대해서는 어떤 반응을 보이나요? 그런 사람들에게는 너무도 관대하거나, 어쩌면 같이 동조하여 더 큰 부정적인 생각을 만들지도 모르겠습니다. 그래야만 순간적으로 카타르시스를 느끼며 더 즐거울 수 있기 때문입니다.

현관 앞의 쓰레기는 치워버리면 깨끗해지지만, 마음 속의 쓰레기는 평생 마음 속에 자리잡고 앉아서 여러분의 인생을 부정적인 곳으로 이끌고 갈 것입니다. 한 번 마음 속에 부정적인 생각이 자리잡게 되면 그것이 잊혀지는데 평균 19년을 간다고 합니다.

우리 나라의 유명 가수 100명을 전문적으로 연구한 어느 학자의 발표에 의하면, 그 중 91명이 자기가 부른 노래대로 되었다는 것입니다. 어떤 여가수는 오랫동안 노처녀로 있다가 '만남'을 부르고 나서 좋은 배필을 만났습니다. '독도는 우리 땅'을 부른 가수는 독도의 명예군수가 되었습니다. '쨍하고 해뜰 날'을 불렀던 가수는 이 노래를 부른 후, 별 볼 일 없던 그의 인생에 쨍하고 해가 떠서 지금까지도 잘 나가고 있습니다. 반대로 '죽음의 찬미'를 부른 우리 나라 최초의 여가수 윤심덕은 현해탄에서 애인과 투신 자살을 했고, '영시의 이별'과 '마지막 잎새'를 부른 어떤 가수는 30세에 요절을 하였으며, '목포의 눈물'을 부른 불세출의 여가수는 늘 눈물을 흘리다가 병으로 일찍 죽었습니다. '낙엽 따라 가버린 사랑'을 부른 가수는 29살의 젊은 나이에 낙엽 따라 가버렸습니다. '산장의 여인'을 부른 여가수는 평생 산장에서 외롭게 혼자 살다가 황혼기에 병마와 싸우고 있다 합니다. 그러므로 우리 모두는 모든 면에서 긍정적이어야 합니다.

새벽종을 치며

적막감마저 감도는 산골교회에서 마을에 새벽기도를 알리는 종을 치고 눈물 어린 기도를 드렸던 한 소년은 어느덧 60이 넘은 나이가 됐고 한국교회와 전세계 교회에서 유례를 찾을 수 없을 정도로 부흥된 교회를 성공적으로 이끌게 된다. 그가 바로 지금 '한국의 새벽을 깨우는 교회'인 명성교회를 담임하고 있는 김삼환 목사다. 김삼환 목사의 온화한 표정은 늘 사람을 편안하게 만들고 목소리는 부드럽다. 김삼환 목사의 머슴목회는 고난을 삶으로 체험하며 이미 뼈 속에 깊이 박혔다.

명성교회의 놀라운 성장의 원인은 크게 '오직 주님', '새벽기도', '목회자의 영적 통달'로 요약된다. 오직 주님은 예수님 지상주의다. 이 세상 그 무엇도 예수님보다 우선할 수 없다. 예수님 안에서만 사랑하고, 감사하고, 찬미하며, 그래서 모두 행복하다. 새벽기도는 하나님과의 첫 대화이다. 현재에 자만하지 않고 항상 심령이 가난한 자가 되어 첫사랑을 잃지 않으며, 새벽종을 치는 심정으로 영적으로 깨어있기를 원한다. 항상 부족한 머슴의 자세로 새벽부터 기도하고 갈구한다. 심령이 가난하고, 애통하며, 의에 주리고, 목마른 자세로 새벽기도를 통하여 주님께 매달림으로써 영적인 공급을 받는다. 그러므로 목회자가 영적으로 항상 통달한 상태로 말씀을 전하는 것이다.

이 외에도 명성교회가 부흥된 중요한 두 가지가 더 있다. 그것은 목회자의 미래 지향적인 비전과 긍정적인 자세다. 김삼환 목사는 예나 지금이나 한결같이 우리 모두에게 주어질 비전을 제시하고 희망을 불어넣는다. 하나님께서 인간을 축복하실 미래의 큰 꿈을 제시한다. 긍정적인 태도에 의해서 교인들이 복을 받고 또 명성교회가 부흥한다. 교인들에게 위대한 비전과 희망을 준다. 목회를 통하여 한 번도 과거를 끄집어내어 교인들을 질타하거나 책망하는 경우가 없다. 지나간 과거는 그저 역사일 뿐 그것이 현재를 발목 잡아서는 안된다는 것이다.

우리는 세상에서 매일매일 어려움에 부딪히며, 상처를 받는다. 일주일간 받은 상처를 가지고 교회에 간다. 그런데 교회에서조차 질책을 받으면 그 심령이 어떻게 될까? 우리 모두는 이러한 심령을 위로해주고 감싸주는 목회자를 원한다. 그렇게 위로해주고, 용기를 주고, 비전을 제시해주며, 꿈과 희망을 주는 목회자가 김삼환 목사인 것을 모두가 믿는다. 그런 낙관적이고 긍정적이고 미래 지향적인 것이 명성교회 부흥의 큰 요인이 된다.

대통령 부인이 된 소녀

10세 소녀로 고아가 되어 한 끼의 식사를 위해 혹독한 노동을 해야 했던 여인이 있었다. 그녀는 돈을 '땀과 눈물의 종잇조각'이라고 표현할 정도로 가난에 시달려야 했다. 그런 그녀였지만 다른 사람이 갖지 못한 자산을 가지고 있었는데 그것은 긍정적이고도 낙관적인 인생관이었다.

그녀의 이름은 엘리너 루스벨트. 다름 아닌 프랭클린 루스벨트 대통령의 부인이다. 루스벨트 여사는 어떤 절망적인 상황에서도

결코 부정적인 언어를 사용하지 않았다. 심지어 여섯 자녀 중에 하나가 세상을 떠났을 때도

"아직도 내가 사랑할 수 있는 자녀가 다섯이나 있는 걸."

이라고 말할 정도였다. 인생 말년에 남편 루스벨트가 관절염으로 휠체어 인생이 되었다. 어느날 남편의 휠체어를 밀어주고 있을 때, 루스벨트가 그녀를 불러 그윽이 응시하면서

"아직도 나를 사랑하오?"

라고 물었다. 엘리너는 지극히 따뜻하고 확신에 찬 음성으로

"그럼 내가 사랑하는 것이 당신의 다리뿐인 줄 아셨습니까? 당신 전체를 사랑합니다."

라고 말했다.

이런 긍정적인 삶을 사는 사람들에게는 시험이 시련으로 다가올 수 없습니다. 우리들의 주변 상황이 아무리 좋지 않다고 하더라도 사랑하는 마음과 기도를 포기하지 않는 믿음을 가지고 살면 밝고 아름다운 삶의 주인공이 될 수 있습니다.

긍정적인 말

긍정적이고 밝은 말은 사람을 살리는 반면에, 부정적 언어는 사람을 파괴하게 됩니다. 불평 대신 감사의 말을 해야 합니다. 남의 단점보다 장점을 말하도록 합시다. 비판하는 말보다 칭찬하는 말을 하도록 힘써야 합니다. 파트리크 쥐스킨트의 《깊이에의 강요》라는

소설에 다음과 같은 내용이 나옵니다.

한 여류 화가가 열심히 그림을 그려 전시회를 열었습니다. 그런데 어느 평론가가 작품을 구경한 후 그림에 대하여

"당신의 작품은 재능도 보이고 마음에도 와 닿으나, 아직 깊이가 부족하다."

라고 평합니다. 그리고 이틀 후에 이런 취지의 비평이 신문에 났습니다. 이것을 접하는 순간, 그 여류 화가는 다른 평론가들이 했던 긍정적인 말은 다 잊어버리고 말게 됩니다. 사실 다른 평론가들은 그녀가 재능도 보이고 마음에 와 닿는다는 격찬을 했습니다만, 그녀는 깊이가 부족하다는 한 평론가의 말이 기억 속에 치명적으로 남게 된 것입니다. 결국 그녀는 '깊이'라는 두 글자에 집착을 합니다. 그리고 깊이 있는 작품을 만들어야 한다는 집념에 사로잡히지만, 깊이를 진전시키지 못하는 자신을 비관하여 술과 약물로 세월을 보냅니다. 아름다웠던 모습은 고뇌와 집착으로 엉망이 되어갑니다. 살아갈 의욕을 잃어버린 그녀는 결국 깊이 없는 자신의 그림들을 전부 찢어버리고, 1백 39m의 텔레비전 방송탑에서 깊이를 알기 위하여 몸을 아래로 던져버리고 맙니다. 부정적인 말 한마디가 그녀를 파멸로 몰고 가버린 것입니다. 말 한마디가 얼마나 무서운 힘을 가지고 있는지를 잘 보여주는 이야기입니다. 그 수많은 칭찬의 말보다 비판을 가하는 말 한마디를 극복하지 못하고 무력해지고 마는 인간의 나약함을 보게 됩니다.

우리의 말은 자신에게 하는 예언입니다. 우리가 패배를 생각하고 말로써 그것에 생명을 부여하면, 우리 행동은 그대로 따라갑니다. 우리가 생각, 특히 말을 신중히 해야 하는 이유가 바로 이것입니다. 말에는 엄청난 힘이 숨어 있고, 좋은 말이든 나쁜 말이든 간에 우리는

자신의 의지와 상관없이 말에 생명을 부여하게 되지요. 그러나 애석하게도 많은 사람이 부정적인 말을 함으로써 실패의 삶을 삽니다.

우리에게 '말이 씨 된다'라는 말이 있습니다. 말은 씨앗과 비슷합니다. 입 밖으로 나온 말은 우리의 무의식 속에 심어져 생명력을 얻어서 뿌리를 내리고 자라서 그 내용과 똑같은 열매를 맺지요. 우리가 긍정적인 말을 하면 우리의 삶은 긍정적인 방향으로 펼쳐집니다. 부정적인 말은 부정적인 결과를 낳습니다. 패배와 실패를 말하면서 어떻게 승리의 삶을 원합니까? 자동차 운전중에 운전대를 좌측으로 돌리면서 어떻게 우회전하기를 기대합니까? 뿌린 그대로 수확합니다.

모든 사람에게 공짜로 주어지는 것이 두 가지가 있는데, 그것은 바로 시간과 말입니다. 시간을 어떻게 활용하는가에 따라 그 사람의 인생이 달라지듯이, 말을 어떻게 하느냐에 따라 천냥 빚을 갚을 수도 있고, 미움을 받을 수도 있지요. 성공하는 사람은 말투부터 다릅니다.

성공인은 남의 말을 잘 들어주지만, 실패인은 자기 이야기만 한다.

성공인은 '너도 살고 나도 살자'고 하지만, 실패인은 '너 죽고 나 죽자'고 한다.

성공인은 '해보겠다'고 하지만, 실패인은 '무조건 안 된다'고 한다.

성공인은 '난 꼭 할 거야'라고 말하지만, 실패인은 '난 하고 싶었어'라고 말한다.

성공인은 '지금 당장'이라고 하지만, 실패인은 '나중에'라고 한다.

성공인은 '왜, 무엇'을 묻지만, 실패인은 '어떻게, 언제'를 묻는다.

성공인은 '지금까지 이만큼 했다'고 하지만, 실패인은 '아직 이것밖에 못했다'고 한다.

어려운 조건 속에 있다 해도 사랑의 말, 감사의 말, 존경의 말, 적극적인 말, 소망의 말, 은혜의 말을 하면 우리가 살아가는 모든 만남, 분위기도 길도 함께 그렇게 열려질 것입니다. 우리의 언어 속에는 인간이 발전할 수 있는 무궁무진한 에너지가 있습니다. 토마스 에디슨은 우리가 현재 사용하고 있는 전구 하나를 완성하기 위해서도 14,000번이나 실패를 거듭했는데, 한 친구가

"자네는 실패를 14,000번이나 되풀이할 작정인가?"

라고 물었습니다. 그러자 에디슨은

"나는 실패를 거듭한 게 아니야. 그동안 전구를 만들지 못하는 14,000가지의 방법을 발견했을 뿐이야."

라고 대답했다고 합니다. 수없이 많은 실패를 경험하면서도 이러한 긍정적인 태도를 가지고 있어서 위대한 발명왕이 될 수 있었던 것입니다. 말은 우리의 마음과 마음을 이어주는 다리 역할을 합니다. 정다운 인사 한 마디가 하루를 멋지게 열어줍니다. 짧지만 한 마디 정다운 말이 우리를 행복하게 해줍니다.

"사랑해."

"고마워."

"보고 싶었어."

"잘 했어!"

"기도해줄게!"

"넌 항상 믿음직해."

"넌 성공할거야!"

"네가 내 친구여서 참 좋아."

라는 말들이 우리들을 살맛나게 해줍니다. 벤자민 프랭클린은

"성공의 비결은 남의 험담을 하지 않고 상대의 장점을 드러내는

데 있다."
라고 말했습니다. 우리의 말 한마디 한마디가 얼마나 중요한지 모릅니다. 그 사람이 사용하는 말은 그 사람의 삶을 말해줍니다. 우리도 주위 사람들을 행복하게 해주는 말을 해봅시다. 우리 곁에 있는 사람들이 행복할 때 우리는 더욱 더 행복해집니다. '말 한마디에 천 냥 빚을 갚는다'는 우리가 너무도 잘 아는 속담이 있습니다. 말의 힘이 대단한 위력을 가지고 있음을 강조하고 있는 속담입니다.

인간 생활에서 말은 자기가 생각하고 있거나 가지고 있는 뜻을 전달하는 중요한 수단입니다. 사람은 감정의 동물로서 상대가 내뱉는 말에 따라 기분이 하늘을 찌를 듯이 좋아지기도 하고, 또 예리한 칼 이상의 날카로움을 지녀 의기소침은 물론 죽음에 이르기도 합니다.

절대 정직

정직이란 머리로 하는 차가운 생각, 가슴으로 하는 뜨거운 사랑, 입으로 하는 부드러운 말, 행동으로 하는 실천이 모두가 동일하게 일치함을 의미합니다. 정직은 생명과도 같습니다.

인류 역사에서 야훼 하나님을 믿건 안 믿건 사람들이 《성경》의 내용을 절대적으로 신뢰하는 이유는 무엇일까? 한마디로 말해서 그것은 역사적으로 발생된 사건을 숨김 없이 그 속에 정직하게 기록하고 있기 때문입니다. 좋은 일이건 나쁜 일이건 그대로 나타낸 것입니다. 예를 들어 이스라엘은 다윗을 자기들의 역사상 가장 위대한 왕으로 칭송하고 있습니다. 그래서 그들은 자기들의 국기 가운데 삼각형 두 개를 엇갈려 만든 육각형의 다윗의 별을 그려 넣었습니다. 《성경》에 기록된 사람 중에서 다윗처럼 하나님의 마음에 합당한 사람도 극히 드뭅니다. 그러나 이렇게 위대한 왕도 큰 죄를 저지르게 됩니다. 아름다운 여인과 간통을 하고 또 이것이 두려워 그녀의 남편을 죽음으로 몰아세웁니다. 그럼에도 불구하고 《성경》은 이러한 다윗의 부정적인 면을 자세하고도 정직하게 기록하고 있습니다. 이런 이유로 《성경》이 사람들의 절대적인 신뢰를 받고 있는 것입니다.

그러나 일반적으로 우리는 어떻습니까? 자기 생애에서 큰 일을 이룬 것으로 생각하는 사람들은 회고록이니 자서전을 쓰는 경우가 많습니다. 그런데 다분히 주관적이고 자기 중심적으로 자기에게 유리한 방향으로 기록하게 됩니다. 좋은 부분은 강조하고 나쁜 부분은 숨기거나 미화하게 됩니다. 그래서 일반 독자들이 그 내용을 별로 신뢰하지 않는 것이지요.

어린 조지 워싱턴

조지 워싱턴의 아버지는 많은 땅을 소유한 대지주였는데, 어느 날 자기가 아끼는 벚나무가 잘려 있는 것을 보고 무척 화난 목소리로 어린 조지에게 물었다.

"조지! 어떤 녀석이 이런 몹쓸 짓을 했는지 알고 있니?"

워싱턴은 화가 난 아버지가 무섭긴 했지만

"그 나무는 제가 잘랐습니다."

라고 정직하게 대답했다고 한다.

"내가 아끼는 나무를 잘라? 벌받을 준비는 되어 있겠지?"

라고 했고, 조지는 다시 대답했다.

"조금 두렵습니다. 하지만 저는 벌을 피하기 위해 거짓말을 하는 비겁한 행동을 하지 않겠습니다."

어린 워싱턴의 당찬 대답에 아버지는 깜짝 놀랐지만, 워싱턴의 정직함에 도리어 칭찬을 했다고 한다. 잘못을 숨기지 않고 정직하게 용감하게 말하는 워싱턴이 대견했던 것이다.

정직함의 보답

톰과 폴린 부부는 어떤 이유로 인하여 모두 직장에서 실직하고 말았다. 어느 날 궁핍한 이 부부는 열한살 된 아들과 어떤 쇼핑몰을 지나게 되었다. 가진 돈이라고는 저녁식사용 고추캔을 살 단돈 75센트밖에 없어서 쇼핑을 할 수 없었는데, 아들이 계속 졸라대는 바람에 마지 못해 쇼핑몰에 들어갔다. 아들이 장난감 놀이를 하는 동안 폴린은 가게 앞에서 여기저기를 구경하는 중에 장난감 무더기 위에 큰 회색 돈지갑이 있는 것을 보게 되었다. 지갑을 들여다보니 돈이 얼핏 보아도 200~300 달러는 족히 되어 보였다. 폴린은 기뻤다. 하늘이 궁핍한 우리를 돕는구나. 너무도 감사했다. 그러나 잠시 후에 남편 톰과 진지하게 논의하고 나서 생각해보니 하나님이 그들에게 돈을 맡기신 것이지, 주신 것이 아님을 확신하게 되어 근처의 경찰서에 신고하였다. 경찰관이 지갑을 확인해보니 그 안에는 신용카드와 여권, 1,500달러 상당의 비행기표, 현금 2,394달러가 들어 있었다.

당직 경찰관이 그 쇼핑몰에 전화연락하여 얼마 후에 한 손님이 분실한 자기의 물건을 찾아갔다. 톰 가족은 보상을 요구하지 않았으며, 보상이 있지도 않았다. 그날 밤 한 방송국 기자가 이러한 훌륭한 정직성을 텔레비전의 저녁뉴스에 방송하였다. 방송되자마자 경찰서의 전화교환대는 이들의 정직성을 칭찬하는 시청자들의 전화가 폭주하였다. 며칠 후 격려의 편지와 엽서가 경찰서에 답지하기 시작했다. 그 다음에는 어떤 익명의 독지가가 경찰서로 찾아와 지갑속의 현금액에 해당하는 2,400달러를 톰 가족에게 전해주라고 수표를 써주고 갔다. 한 부동산회사가 톰과 폴린에게 그들이 자립할 때까지 작은 아파트를 무료로 사용하라고 제안했고, 이 두 부부는 훌륭한 사람들의 도움으로 다시 직장을 구했다.

"숙련된 일을 하는 사람은 많지요. 그러나 저는 옳은 일을 할 것이라고 믿는 사람을 원합니다."

그들을 고용한 매니저가 한 말이다.

거짓말은 남이 아닌 나를 먼저 속이는 것입니다. 나 자신의 가치를 깎아내리는 행위인 것입니다. 거짓말을 하면 양심이 께름직합니다. 또 그 거짓말이 탄로 나는 것을 막기 위해 다른 더 큰 거짓말을 해야 합니다. 그래서 항상 불안해집니다. 이 사람에게 이 말, 저 사람에게 저 말을 하다 보면 누구에게 언제 어디까지 거짓말을 하고 누구에게 정말을 했는지 헷갈립니다. 그러다 보면 언젠가는 그 거짓말이 밝혀지고, 그러면 결국 내 인격이 깎여지게 됩니다. 그리고 신용이 없어집니다. 우리는 참으로 정직해야만 합니다. 그럼으로 해서 마음이 떳떳해지고 자유로워지게 됩니다.

고결한 인격을 위한 첫 번째로 중요한 구성요소인 정직은 진실을 이야기하는 것을 말합니다. 한 마디로 하자면 생각과 말을 일치시키는 것이라고 설명할 수 있습니다. 고결함이란 도덕적 가치를 철저히 지키는 것이며, '온전한 혹은 분열되지 않은 상태'를 의미합니다. 따라서 고결함을 지닌 사람들은 분열되어 있지 않고 특정한 상황마다 서로 일치되어 있습니다. 시시각각 다른 가치관을 적용하는 기회주의적인 것이 아니라, 자존심이 있고 중심이 곧은 삶을 살아갑니다. 특수한 상황마다 서로 다른 가치관을 적용하는 분열된 삶을 살지 않는다는 말입니다.

진리는 반드시 따르는 자가 있고
정의는 반드시 이룰 날이 있다
죽더라도 거짓이 없으라
- 도산 안창호 -

시간 약속 철저하게

시간 약속을 지키느냐, 못 지키느냐 하는 것은 그 사람의 인격과 직접 관련이 있습니다. 시간 약속 하나 제대로 못 지키는 사람이 과연 무슨 일을 확실하게 해낼 수 있을 것인가요? 5분 정도 약속시간이 늦은 것을 보고

"그까짓 5분 늦은 걸 가지고 뭘 그러느냐? 우리가 만나서 이야기할 몇 시간에 비하면 아무 것도 아닌데."

이렇게 생각한다면 오산입니다. 약속시간을 지키지 않으면 기대를 하고 기다리던 사람은 맥이 빠집니다. 그리고 배신감을 느낍니다. 무시당한 느낌이 듭니다. 약속을 우습게 여기는 상대방을 무성

의하고 불성실한 사람으로 평가하게 됩니다. 약속시간이란 사람과 사람의 구두계약입니다. 구두계약은 인간관계의 신뢰에 있어서 문서계약보다 더 중요합니다. 문서계약은 강제 사항이니까 결정적일 때 반드시 지켜야 하겠지만, 구두약속은 이러한 강제 사항이 없습니다. 그렇다고 약속을 어겨도 좋은가요? 강제하는 것만 지키고 그렇지 않은 것은 지키지 않아도 된다는 사람과 어떻게 일을 같이 할 수 있단 말인가요? 이러한 사람은 사람의 향기를 스스로 소멸해 가는 사람입니다. 강제 조항이 없으니까 무시해도 문제가 없다는 사람을 어떻게 신뢰하고 마음에 있는 이야기를 나눌 수 있단 말인가요? 시간 개념이 없는 흐릿한 사람이라는 인식을 주게 되면 그가 무슨 말을 해도 사람들이 신뢰하지 않을 것입니다.

약속은 반드시 지키도록 합시다. 실수로 약속을 했더라도, 손해가 나더라도 이미 했던 약속은 지킵시다. 그것이 우리의 신뢰를 높이는 방법입니다. 시간 개념이 없는 사람과는 사업을 하지 않는 것이 좋습니다. 그 사람 때문에 항상 전전긍긍하게 될 것이기 때문입니다.

금전관계 확실하게

인간관계에서 민감한 것 중 하나가 금전관계일 것입니다. 아는 사람끼리, 더군다나 친한 친구끼리 금전관계를 하지 말고, 특히 보증은 서주지 말라는 말도 있습니다. 사람이 살아가면서 금전 문제에 부딪히지 않는 경우는 거의 드물 것입니다. 인간관계에서 돈 문제는 참 민감한 문제인 것입니다. 돈 때문에 친구와의 관계가 끊어질 뿐만 아니라, 가까운 사람끼리 돌이킬 수 없는 관계로 발전하는 경우를 자주 봅니다. 그만큼 돈이라는 것이 무서운 것입니다. 돈 때문에 문제가 생기지 않기 위해서는 어떻게 해야 할까요? 정확히 약속하고 지키려고 노력하는 것이 좋은 방법 중 하나입니다. 그리고 이것은 인간관계를 정확히 하는데도 도움을 줍니다.

한 친구가 어떤 친구에게 돈을 빌렸는데, 그것을 깜빡 잊고 갚지를 않았다고 합니다. 돈을 빌려준 친구는 빌린 친구에게 갚으란 말을 차마 못하고 속으로 끙끙거리게 되었습니다. 그런 상황에 처하자 빌려준 친구는 빌린 친구에게 좋지 않은 감정을 가지게 되었지요. 이럴 때에는 한 순간 민망하더라도 빌린 친구에게

"저번에 빌려준 돈 갚을 사정이 되니?"

라고 먼저 말을 하는 것이 좋을 것입니다. 이런 식으로 빌린 친구가 기분 나쁘지 않게 상기시켜 주는 것이 서로의 감정을 상하지 않는 현명한 해결책입니다. 그렇게 해야만 빌린 친구나 빌려준 친구 모두에게 좋습니다. 물론 그러기 전에 빌린 친구는 돈을 정해진 시일 내에 정확하게 갚는 것이 가장 좋은 방법이겠지요.

유산 문제 같은 경우에는 애초부터 유서를 써서 분배를 해두든지, 그게 아니면 그 전에 이 재산은 아무개의 것이라는 확인을 하여 자식들이 넘볼 수 없도록 해두는 편이 나을 것입니다. 금전 문제는 분명할수록 좋습니다. 정확하게 해두어야 나중에 문제가 발생하지 않기 때문입니다.

돈 때문에 사람 사이의 관계가 어색해지고 다시 만나기 꺼려지는 경우가 많이 생기게 됩니다. 하지만 철저하고 정확한 금전관리를 통하여 문제를 줄여나갈 수 있을 것입니다. 세상 살아가면서 가장

민감한 부분이라고 할 수 있는 금전문제만 확실하게 하더라도 인간관계에서 현명하게 살아가고 대처해가는 기본적인 방법 하나를 터득하게 되는 것이지요.

우리는 금전적으로 깨끗해야 합니다. 돈에 대해서는 아무리 작은 금액이라도 정확하게 계산을 하고, 분명하게 해야 합니다. 능력 밖의 돈을 무리해서 꾸어가는 것을 예사로 하다보면 결국에는 친구, 형제관계라도 깨지기 십상인 것입니다.

자존심 세우기

자존심이란 '남에게 굽히지 아니하고 자신의 품위를 스스로 지키는 마음'을 말합니다. 언제 어디서든지 마음에 조금이라도 거슬리는 일을 당할 때

"아이, 자존심 상해!"

라는 말을 상습적으로 하는 사람들이 있습니다. 그리고는 즉석에서 발끈합니다. 이럴 경우 대개는 그 사람이 아주 자존심 강한 사람인 것으로 생각합니다. 그래서 말을 붙이는 것조차 어려워지는 것이지요. 과연 그 사람은 건강한 자존심을 가진 사람일까? 진정한 자존심이란 무엇일까?

커피잔 속의 커피만한 자존심이 있는 사람과, 강이나 바다만큼 큰 자존심이 있는 사람을 비교해봅시다. 커피잔에는 비난이나 사소한 손해와 같은 아주 작은 돌멩이 하나가 떨어지더라도 풍파가 생기기 마련입니다. 그릇이 깨질 염려도 있지요. 그러나 강이나 바다

에는 집채만한 바윗덩어리가 떨어지더라도 그때 그 뿐입니다. 별다른 큰 동요나 풍랑이 생기지 않습니다.

자존심을 가진 사람은 자기가 중요하기 때문에 남도 자기만큼 중요하다는 것을 알고 있습니다. 한나라의 명장(名將) 한신이 어렸을 때, 동네 깡패의 가랑이 사이를 기어갔다 하여 남들이 비난을 많이 해도 그는 태연했다고 합니다. 후에 대장군이 되었을 때, 그 깡패를 오히려 장수로 임명했답니다. 이것이 진정한 자존심입니다. 남이 자기를 알아주지 않더라도 의연하게 대처하는 것입니다.

아버지의 명예

시카고의 이지 에디는 알 카포네(Al Capone)의 변호사로서 카포네가 법률망에 걸리지 않도록 온갖 수단을 동원하는 역할을 했다. 카포네는 그런 고마운 에디에게 상당한 돈을 지불하고, 특별 수당도 주었으며, 경호원까지 딸린 대저택을 주었다고 한다. 에디는 폭력조직 밑에서 갑부로 살면서 고객인 카포네의 잔인성에 대해서는 별 감정을 가지지 않았다.

그러나 그런 에디를 꼼짝 못하게 만드는 한 사람이 있었는데, 그가 바로 자기 아들이었다. 자기는 뭐 그렇다 치더라도 아들에게는 선과 악을 구분하는 방법을 분명하게 가르치고 싶었다. 자기보다 아들이 훨씬 훌륭한 사람이 되기를 바랬는데, 아들에게 두 가지 중요한 자산을 물려 주지 못하는 자신의 처지를 비관하기 시작하였다. 그것은 아버지의 좋은 이름과 좋은 행실이었다.

이러한 문제로 오랫동안 고민한 끝에 아들에게 이 세상의 부를 물려주는 것보다 아버지의 좋은 이름을 물려주는 것이 훨씬 가치 있는 일이라는 판단을 한 후, 검찰청에 자진 출두하여 목숨을 걸고 알 카포네의 비행과 불법행위를 모두 폭로하였다. 아들에게 떳떳한 아버지가 되고 싶었던 것이다. 그 일이 있은지 1년도 안되어 에디는 어두컴컴한 한적한 거리에서 암살되었다.

그 10년 쯤 지나서 제2차 세계 대전에 참전한 미국의 남태평양 함대 소속 부대에 버치 오헤어란 애국심에 불타는 전투기 조종사가 있었다. 어느 날 함대 소속의 전투기가 모두 출동하였는데, 버치 오헤어는 비행중에 계기판을 보다가 정비사들이 자기 비행기에 연료를 채우지 않은 것을 알았다. 그래서 연료를 채우기 위해 급히 모함으로 돌아가고 있었는데 그때 일본의 편대가 함대의 모함을 향해 날아가고 있는 것을 발견하였다. 모함 소속 전투기가 모두 출동한 상태이므로, 그대로 둔다면 일본기 편대의 공격에 속수무책으로 당할게 뻔하였다.

오헤어는 언제 연료가 바닥날지 모르는 전투기로 목숨을 걸고 일본기 편대를 향하여 돌진하면서 기관총으로 공격을 퍼부었다. 불시에 기습을 당한 일본기들이 깜짝 놀라 대열에서 이탈하기 시작했고, 오헤어가 모함으로 접근하려던 일본전투들을 끝까지 추격하자, 근방에 상당한 수의 전투기가 있는 것으로 착각한 일본 전투기들이 방향을 돌렸다. 전투로 인하여 만신창이가 된 비행기로 간신히 모함에 돌아온 오헤어는 물론 모함을 위기에서 구한 최고의 영웅이 되었다. 아울러 이를 기념하여 세계 최대의 공항에 자신의 이름이 붙여지는 영예를 안게 되었다. 시카고 '오헤어 공항'이 바로 그 공항이다. 그 버치 오헤어는 '아버지의 명예'를 위해 목숨까지 버린 알 카포네의 변호사 이지 에디의 자랑스런 아들이다.

재물을 잃는 것은 적게 잃는 것이다
건강을 잃는 것은 크게 잃는 것이다
명예를 잃는 것은 전부 잃는 것이다

가치 창조

어느 경매장에서 각종 골동품을 경매하고 있었습니다. 그 중에는 비싸게 경매되는 것도 있었고, 또 어느 것은 싸구려 취급당하는 것도 있었지요. 어느 정도 경매가 진행되었을 때, 볼품 없는 헌 바이얼린 하나가 경매에 부쳐졌습니다. 그런데 그 누구도 관심을 가지지 않아 결국 1달러까지 호가가 내려가고 있었습니다. 그 때 관중석에서 한 노인이 "잠깐만!"하고 경매를 중지시킨 다음, 그 바이얼린을 받아서 약간의 조율을 거친 후, 아름다운 음악을 연주하기 시작했습니다. 아름다운 바이얼린의 선율에 사람들이 잠시나마 긴장된 마음을 풀고 감상에 젖었습니다. 연주가 끝난 후 그 노인은 관중석으로 사라졌습니다. 지금까지 무관심하게 바라보고 있던 경매 참여자들이 갑자기 술렁거리며, 여기저기서 손짓으로 바이얼린의 호가를 높이기 시작했습니다. 계속 높아진 호가는 결국 2,000달러의 경매가를 만들어냈지요. 너무나 멋진 연주 덕분에 헌 바이얼린은 매력적인 선율을 지니게 되었고, 사람들의 귀와 마음을 열게 된 것입니다. 조금 전까지 쓸모없는 것 같던 바이얼린이 여러 사람 앞에서 그 가치를 인정받음으로써 경매가가 급상승하게 된 것입니다.

우리가 매일 TV를 켤 때마다 젊고, 아름답고, 생기발랄한 여자 모델이 밝은 미소를 띠며 상품을 선전하는 것을 볼 수 있습니다.

그래서 우리 일반인들은 그 선전하는 상품이 좋을 것으로 믿고 구매하게 됩니다. 별로 따지거나 검토하지 않고, 자기가 호감을 가지는 모델이 선전하니까 그 내용을 믿는 것입니다. 상품은 보통 20초 전후동안 선전을 하는데 그 선전모델에 지불하는 대가는 보통 몇억 대가 되고, 어떤 비싼 모델의 경우에는 32억원도 한다 합니다. 우리 일반인들로서는 상상조차 하기 힘든 금액이지만 상품회사는 한 개인에게 이렇게 큰 돈을 아낌없이 지불합니다.

그런 회사가 막상 자기네의 종업원들에게는 월급 몇 만원 올리는 문제로 매년 노사분규를 겪습니다. 그런데 자기 소속의 종업원 중에는 조금만 신경써서 가꾼다면 상기 모델에 비하여 손색이 없는 외모를 가진 사람이 몇 명 정도는 있다고 합니다. 그런 종업원을 써서 광고선전을 하면 비용을 덜 들이고 좋을텐데, 구태여 큰 돈을 들여가면서 유명 모델을 쓰는 이유가 무엇일까요? 물론 그 모델의 상품가치 때문입니다. 자기네 종업원은 자기의 가치를 높이는데 별 신경을 쓰지 않은 것이지요. 이에 비해 모델들은 자기의 가치를 높이기 위해 오랫동안 노력했다는 것입니다. 우리는 모두 이 세상에 살아가면서 자신의 가치를 높이도록 노력해야 합니다.

"그의 열매로 그들을 알지니 가시나무에서 포도를, 엉겅퀴에서 무화과를 따겠는가? 이와 같이 좋은 나무가 아름다운 열매를 맺고, 못된 나무가 나쁜 열매를 맺나니, 그의 열매로 그들을 알게 될 것이다."

라고 합니다. 어떤 열매를 맺느냐에 따라 가치가 달라집니다. 미움, 시기, 질투, 분냄, 교만, 게으름 등을 버려야 합니다. 사랑과 용서, 화평 등의 열매를 맺읍시다. 과수원 주인은 과일나무가 열매를 맺지 못하면 그 나무를 찍어내고, 그 곳에 다른 좋은 과일나무를 심을 것입니다. 열매를 원하는데 열매가 없고, 꽃을 원하는데 풀만 무성하다면, 그것은 무가치한 것이지요.

콘라드 힐튼은 힐튼 호텔을 만든 사람으로서 인생에서 성공한 대표적인 인물 중 하나입니다. 그에게 성공의 비결을 물었을 때, 평범한 쇠막대기 하나를 가지고 이렇게 대답했다고 합니다.

"이 볼품없는 쇠막대기는 그대로 두면 아무 쓸모없는 싸구려 막대기지만, 그것을 사용하여 문을 고정시키는 막대로 사용하면 1달러의 가치가 있을 것입니다. 이것을 불에 달구었다가 담금질을 해서 두들겨 말발굽을 만들면 10달러 50센트를 벌 수 있고, 더 세밀하게 가공해서 바늘을 만들면 3천 2백 5십 달러를 벌 수 있으며, 고급시계의 정밀부속품을 만들어서 시계를 조립하여 팔면 2백 5십만 달러를 벌 수 있습니다."

자신이 지닌 것에 대한 최고의 가치를 세워가는 것으로 인해서 성공할 수 있었던 것입니다. 우리 모두에게도 주어진 환경과 재능을 어떻게 활용하는가에 따라 성공도 실패도 할 수 있으며, 크게 성공할 수도 작게 성공할 수도 있습니다.

나에게 감춰진 가치가 무엇일까요? 자기의 가치를 업그레이드하기 위해서는 그 가치를 찾아내야만 합니다. 자기를 사랑하지 못하는 사람이 너무도 많습니다. 어떤 사람들은 열등감에 쌓여 있으며, 심지어 자신을 비하시키기도 합니다. 열등감은 자신을 비굴하게 만듭니다. 이 세상 그 누구도 여러분의 허락 없이 여러분에게 열등감을 줄 수 있는 자격을 가진 사람은 없습니다. 수많은 사람들이 세상을 살아가고 있지만, 그 중 필요없는 사람은 한 사람도 없습니다.

그런데 내가 나를 존귀하게 여기지 않으면 아무도 나를 존귀하게 여겨주지 않습니다. 내가 나를 사랑해주지 않으면 아무도 나를 사랑해주지 않습니다. 내가 나를 가치 있게 여기지 않으면 아무도 나를 가치 있게 여기지 않는다는 말입니다. 우리의 가치를 찾아야 합니다. 자신의 브랜드를 가꾸어야만 합니다. 당신이 스스로의 가치를 드높이기 위해서는 먼저 자신 안에 분명히 존재하는 가치를 찾아내야만 합니다. 자기의 가치를 향상시킬 수 있는 방법을 찾아내어 연구하고 노력해야 합니다.

남하고 똑 같으면 삼류밖에 안됩니다. 자신의 개성을 살려 브랜드를 개발해야 합니다. 그리고 자신의 브랜드를 만들어 능력을 끊임없이 키워야 합니다. 당신의 가치를 인정하십시오. 자신을 깍듯이 사랑하고 존경하십시오. 내가 나를 가치 있게 여기는 만큼 나는 가치 있는 사람이 되는 것입니다. 이 걸작품인 자기를 존중하며, 인정하며, 사랑합시다. 나의 달란트(재능)를 발견하고 그 브랜드를 업그레이드시키도록 합시다.

6

원활한 인간관계 구축

먼저 베풀자

미소와 웃음으로

봉사와 희생

신뢰를 쌓자

잘못한 사람이 없다

다름을 인정하자

상대방의 입장에서

칭찬하고 중요감을 주자

상대를 인정하는 대화

더불어 어울리면서

먼저 베풀자

사람은 누구나 좋은 삶, 좋은 열매를 맺고자 합니다. 그러기 위해서 우리는 먼저 베풀어야 합니다. 남에게 대접을 받고자 하는 대로 남을 대접합시다. 진심으로 사랑해주고, 귀여워해주고, 칭찬해주고, 도와주고, 이해해주고, 불쌍히 여기고, 나눠주고, 은혜를 베풀고, 긍휼을 베풀고 합시다. 물질이든 마음이든 주는 자는 성공하는 자요 복있는 자입니다. 주는 자는 잘 되게 되어 있습니다.

"주어라. 그리하면 너희에게 줄 것이다."

라고 합니다. 먼저 베풀면 손해일 것 같은데 그 반대로 큰 이익이 되어 돌아옵니다. 뿌리면 언젠가는 크게 거두게 됩니다. 세상 사람들이 진정으로 성공한 것으로 평가하는 성공자들의 원인을 살펴보면 그들은 하나같이 자기가 받기 전에 먼저 베풀었다는 것을 알 수 있습니다.

사랑의 실천

독일의 성자 알버트 슈바이처 박사는 아프리카를 위해 일생을 내주었다. 목사이면서 교수, 철학, 신학, 의학 박사이며 문필가로 노벨 평화상까지 받은 그가 모든 것을 내던지고 아프리카에서 봉사하고 있을 때 어떤 사람이 이렇게 질문을 했다고 한다.

"박사님같은 사람이 왜 여기서 생명을 바쳐 일하십니까?"

슈바이처는 이렇게 대답했다.

"저는 말로 사람을 감동시킬 만한 재주가 없습니다. 사랑을 아무리 내 말로 설명하고 싶어도 설명할 도리가 없습니다. 그래서 행동으로 사랑을 실천하려고 이 곳에 온 것입니다. 저는 사랑을 실천하면서 건강과 행복도 선물로 받았습니다."

실로 슈바이처는 91세까지 사랑을 실천하다가 1965년 아프리카 가봉 땅의 한 병원 묘지에 묻혔다. 이와같이 알버트 슈바이처 박사는 아프리카를 위해 일생을 내주었다.

마법의 사과

어느 나라의 임금님에게 외동딸이 있었는데, 그 공주가 병에 걸려 좋다는 약을 다 썼는데도 낫지를 않았다. 그래서 임금님은 최후의 수단으로 공주의 병을 고쳐주는 사람을 사위로 삼고 다음에 왕위를 물려주겠다는 방문(榜文)까지 써 붙였다.

한편 이 왕궁에서 멀리 떨어진 아주 먼 시골에 삼형제가 살고 있었는데, 그 삼형제는 각각 세상에서 단 하나뿐인 보물들을 한 개씩 가지고 있었다. 첫째는 아무리 먼 거리에 있는 물체라도 눈 앞에 있는 것처럼 정확하게 볼 수 있는 망원경을, 둘째는 아무리 먼 거리라도 타고 순식간에 날아갈 수 있는 양탄자를, 셋째는 어떤 병이라도 먹기만 하면 낫는 마법의 사과를 가지고 있었던 것이다.

그런데 어느 날 첫째가 망원경으로 이 방문(榜文)을 보고 나서 급히 서둘러 세 사람이 둘째의 양탄자를 타고 왕궁으로 날아가, 셋째가 가지고 있던 마법의 사과를 먹이자 공주의 병이 거짓말처럼 금방 나았다. 임금님은 대단히 기뻐하여 삼형제 중 한 명을 택하여 큰 잔치를 베풀고 새로운 왕위계승자를 발표하겠노라고 말하였다. 이 때 첫째가 나서며 말하였다.

"나의 망원경이 아니었더라면 우리는 공주가 아픈 사실도 몰랐을 것입니다."

둘째 역시 다음과 같이 주장했다.

"내 마법의 양탄자가 아니었더라면 도저히 이렇게 먼 곳까지 단숨에 올 수가 없었을 겁니다."

형들의 말을 들은 막내도 말했다.

"내 사과가 아니었더라면 공주의 병은 고치지 못했을 겁니다."

그런데 임금님은 사과를 가졌던 막내를 택했다고 한다. 망원경을 가진 첫째나 양탄자를 가진 둘째는 공주가 나은 후에도 그것들을 변함없이 자기의 보물로 가지고 있을 수 있으나, 사과를 가지고 있던 막내는 공주의 생명을 구하기 위해 단 하나뿐인 귀중한 소유물을 아낌없이 포기한 것이므로, 막내가 포상의 주인공이 된 것이다.

'주라. 그리하면 곧 후히 되어 눌러 흔들어 넘치게 해서 안겨 주리라'는 교훈이 있습니다. 내가 남을 사랑하면 사랑이 반드시 내게 돌아옵니다. 내가 남을 위해서 희생하면 나중에 희생의 결과로 축복이 내게로 돌아오게 되는 것입니다. 무언가가 부족하거나 필요하다고 느낄 때마다 먼저 원하는 것을 주십시오. 그러면 그것이 푸짐하게 돌아올 것입니다. 이것은 돈과 미소, 사랑, 봉사, 희생, 그리고 우정에 대해서도 같습니다.

제가 어릴 적 이야기입니다. 시골에서 큰 부자라 하면 읍내에는 양조장이 있고, 동네에는 방앗간이 있었습니다. 동네 가운데에 위치한 이 방앗간에 작두펌프라는 것이 있었습니다. 선풍기도 없던 그 시절에 사람들이 뜨거운 여름날 더위에 헉헉거리면서 걸어서 읍내를 왕복하는 도중에 나무 그늘이 있는 이 곳에 들립니다. 그리고는 이 작두펌프에 마중물을 붓고 펌프질하여 상큼한 물을 실컷 마십니다. 여름날에 그 시원한 물이라도 양껏 마시면 배고픔과 갈증이 해결되곤 했습니다. 그러나 아무리 갈증이 나도 먼저 물을 붓고 펌프질을 하지 않으면 물이 뿜어 올라오질 않습니다. 물을 붓고 지하수가 나올 때까지 펌프질을 해야만 음용수를 얻을 수 있는 것입니다. 내가 몹시 덥고 급하니 시원한 물로 갈증을 먼저 해소시켜주면 물을 부어주겠다고 해봤자 소용없습니다.

마중물처럼 먼저 베풀어야 합니다. 금전이나 물질이 아니더라도 우리가 베풀 것들은 너무 많습니다. 병원에서 갑갑한 상태로 갇혀 있는 환자들을 방문하고 케이크를 선물하는 것도 좋습니다. 노인들을 방문하여 안마를 해주고 말벗이 되어 주는 것도 아름다운 일이고요. 외출을 해야 하는 젊은 어머니들을 위해 아이를 돌보아 주는 일도 좋습니다. 길을 건너는 아이들을 도와주면 얼마나 좋을까요? 고아들을 위해 부모나 형제가 되어 주는 일은 정말 너무나 귀하고 아름다운 일입니다. 집 잃은 아이들을 인도해주는 일도 그러하지요.

미소와 웃음으로

임옥인의 〈여성과 미소〉

"나는 오늘 참 마음이 즐거워요. 층층대에서 어떤 젊은 미국 여성과 지나치게 되었습니다. 체격도 용모도 어떻게 아름다운지 염치없이 바라보았지요. 자연 눈이 마주칠 게 아닙니까?"

"그래서요."

하고 나는 흥미를 느끼며 그 분의 얼굴을 바라보았더니 그 남성은 말할 수 없이 행복한 표정을 띠고 이야기를 계속하는 것이었다.

"아, 그랬더니 살짝 미소를 짓지 않아요? 말할 수 없이 부드럽고 맑은 미소를…… 아, 가슴이 다 훈훈해집니다. 거 여성의 미소란 다 좋은 것이더군요."

그렇게 말하면서 그 분은 마치 봄날의 호수 속에 잠긴 듯한 조용하고 평화스러운 분위기에 싸여 있는 것 같았다. 나는 그 분에게 대답했다.

"그게 그 사람들의 에티켓이거든요. 모르는 사람과도 시선이 마주치면 아는 체를 하는 것, 미소짓는 것 말씀이에요. 유치원이나 초등학교 어린애들까지 낯모른 사람에게라도 미소를 던지는 것은 그들의 상식이요, 생활이랍니다."

그렇게 중얼거리면서 나는 생각했다. 한국의 남성은 여성의 미소에 굶주리고 있다는 것을. 낯모를 이국 여성이 뜻없이 던진 단 한 번의 부드러운 미소가 이다지 사람의 마음을 즐겁게 할 수 있으니 미소의 효능이야말로 큰 것이라 하겠다.

미소를 지을 수 있는 표정이란 따뜻한 심정에서만 우러나올 수 있거니와 또한 생활의 습성, 다시 말하면 훈련에서도 빚어질 수 있는 것이다. 우리는 다른 것으로 남을 즐겁게 할 수는 없을지라도 '밝은 미소'로써 대할 수 있는 훈련을 해야 할 것이다.

세상을 살면서 미소를 주고받는 것은 즐거운 일입니다. 더구나 바삐 뛰어가는 출근길에 주고받는 미소는 하루를 즐겁게 시작하게 합니다. 아무리 크고 화려한 고관대실에도 슬픔이 있을 수 있고, 초가삼간이라도 웃음이 있을 수 있습니다.

미소를 지을 줄 아는 사람은 경영이나 가르치는 일이나 세일즈를 보다 효과적으로 할 수 있으며, 아이들을 더욱 행복하게 기를 수 있습니다. 찡그린 얼굴보다 미소 띤 얼굴이 훨씬 더 큰 의미를 가지고 있지요.

미소의 효과는 강력합니다. 미국의 전화기 회사들은 '전화의 힘'이라는 프로그램을 가지고 있는데, 이 프로그램은 전화를 이용하여 제품 또는 서비스를 팔고자 하는 사람들에게 제공됩니다. 이 프로그램에서 그들은 전화로 이야기할 때 미소를 지으라고 권하고 있습니다. '미소'가 전화의 목소리를 타고 전달되기 때문이랍니다.

여러분도 미소의 효과를 시험해봅시다. 아침에 상쾌하게 세수를 하고 거울을 보면서 '오늘도 승리하자'라고 외칩시다. 그리고 식탁에 앉아서 부인에게

"여보, 잘 잤소? 좋은 아침이야. 오늘 아침 된장 냄새가 구수한데, 역시 당신은 최고야!"

라고 말하며 미소를 지어봅시다. 아내에게서 어떤 반응이 나올까가

궁금하지 않습니까? 아마도 놀랄만한 반응을 보게 될 것입니다. 아내는 당황하며 충격을 받을 것이 틀림없습니다. 그리고 감사해서 어쩔 줄을 모르겠지요. 이 방법을 계속하면 우리의 가정은 행복으로 가득찬 천국이 될 것입니다.

출근할 때는 지하철에서 만나는 사람들에게, 사무실로 들어갈 때는 정문의 경비에게, 엘리베이터의 안내양에게 미소를 지어보세요. 사무실에 가서 최근 들어 한 번도 웃어본 일이 없는 직원에게도 미소를 짓고요. 여러분의 미소는 호의를 전달하는 심부름꾼입니다. 여러분의 미소는 그동안 인상을 찌푸리며, 외면하는 얼굴을 보아온 사람들에게 마치 구름 속을 뚫고 나오는 햇빛과도 같은 역할을 합니다. 특히 직장의 상사나 고객, 선생님이나 부모님, 아이들에게 시달리는 사람들에게 있어서 미소란 사막의 오아시스와 같은 것이지요. 미소는 아무런 대가를 치루지 않고도 많은 것을 이룹니다. 받는 사람의 마음을 풍족하게 해주지만, 그렇다고 주는 사람을 가난하게 만들지도 않지요. 순간이지만 이 효과는 영원히 지속됩니다.

미소 없이 살아갈 수 있을 만큼 부자인 사람은 없고, 그 혜택을 누리지 못할 만큼 가난한 사람도 없습니다. 가정에서는 행복을 만들어내며, 사업에서는 호의를 만들어주는 활력소이고, 우정의 표시가 되기도 합니다. 지친 사람에게 안식이며, 절망에 빠진 사람에게 햇빛이고, 슬픈 사람에게 희망이며, 모든 문제에 대한 자연의 묘약입니다. 미소는 살 수도 없고 구걸할 수도 없으며 빌리거나 빼앗을 수도 없습니다.

한편 웃음은 질병을 치료하는 데에도 큰 효과가 있다고 합니다. 웃을 때 분비되는 엔케팔린이라는 호르몬은 몰핀의 진통효과보다 300배나 효과가 있다는 것이 밝혀졌습니다. 웃을 때는 스트레스 호르몬인 코티졸을 줄여줍니다. 한 번 웃을 때마다 이틀을 더 살 수 있다고 합니다. 한 번 웃는 것이 에어로빅을 5분간 한 것보다 효과가 더 크다고 합니다. 에어로빅은 우리 몸의 기능을 활발하게 해주기는 하지만 마음이나, 정신이나, 영적인 것에는 전달되지 않습니다. 웃음은 뇌의 기능을 활발하게 하여 정신건강에도 좋다고 합니다.

미국의 메릴랜드 대학 메디컬센터에서는 웃음이 심장병을 예방하는 데 큰 효과가 있다고 발표했으며, 캘리포니아의 로마린다 의과대학에서는 웃을 때 병균을 막는 항체인 인터페론 감마호르몬이 많이 분비된다는 것을 밝혀냈습니다. 신경계에서는 웃음이 신체 모든 기관의 긴장을 완화시켜 암환자의 통증을 경감시킨다고 하며, 호흡기계에서는 웃을 때 산소 공급이 두 배나 증가되어 머리가 좋아진다고 합니다. 소화기계에서는 기분이 좋을 때 소화호르몬이 촉진되어 음식물의 소화를 돕는다고 합니다. 근육계에서도 웃으면 우리 몸의 650개 근육 중 231개가 움직인다고 합니다.

'웃지 않는 사람은 장사를 하지 마라'라는 말이 있습니다. 일소일소 일로일로(一笑一少一怒一老), 즉 한 번 웃으면 한 번 젊어지고, 한 번 노하면 한 번 늙어진다는 말입니다.

봉사와 희생

봉사와 희생은 오른손이 하는 일을 왼손이 모르게 할 때 진정한 의미가 된다고 합니다. 혼신을 다해 봉사와 희생을 하는 사람들에게는 모두 공통점이 있습니다. 다들 자신이 했던 일들이 별로 자랑할 만하지 않다는 것입니다. 당연히 해야 할 일이라서 했을 뿐이라는 것입니다. 그런 겸손이 밑바탕에 있을 때 더욱 그 일들과 마음이 빛나게 되는 것이지요.

인도의 성자 선다싱

선다싱은 1889년 인도 펀자브 주의 람푸르에서 태어났으며, 부유한 시크교 집안에서 자랐다. 장로교 선교사가 세운 기독교 학교에서 교육을 받았으나, 기독교에 대한 심한 반감을 가지고 있었다. 그러나 1905년 신비로운 체험을 통해 예수님을 만난 후 회심했으며, 집을 떠나 무일푼의 사도가 되어 순례 생활을 시작했다. 그는 23년 동안 네 개 대륙의 스무 나라를 순례했다. 강연과 저술은 물론 많은 사람들과의 직접적인 만남을 통해 큰 영향을 미친 그는 20세기 전반에 동방에서 가장 잘 알려진 영적 스승이다.

그 선다싱이 어느 추운 겨울날 동료 수도사와 함께 산을 넘어 수도원으로 가고 있었다. 그 때 가던 길에 한 사람이 추위 속에 병들어 쓰러져 있는 것을 보았다. 가슴을 만져보니 아직 살아 있다. 그래서 동료에게 말했다.

"우리 번갈아가면서 업고 갑시다."

그런데 함께 가던 수도사는 뜻밖에도

"저렇게 죽는 것도 저 사람의 운명이니까 우리는 갈 길이나 갑시다."

라고 말하는 것이었다. 그러나 선다싱은

"아닙니다. 하나님께서 나로 하여금 이 길을 지나가게 하신 것은 저 사람을 도우라고 하는 부르심이라고 생각합니다."

라고 대답하면서 그 사람을 업었다. 이것을 보고 있던 동료 수도사는 추위에 못 이겨 덜덜 떨면서 혼자 바삐 길을 재촉했다. 선다싱은 자신도 힘이 없고 배가 고픔에도 불구하고 그를 긍휼히 여겨 어려운 길을 동행하였다. 생명을 건 모험이었던 것이다. 산을 넘는데 너무 힘이 들었다. 그런데 놀라운 것은 조금 전까지 차갑던 선다싱의 몸이 점점 뜨거워지기 시작하며, 등에 업혀 있는 사람도 그 온기 때문에 살아나고 있는 것이었다. 어렵게 업고 가니 힘들어서 땀도 나지만 두 사람이 하나 되어 체내의 열을 방출하는 표면적을 줄여 체온저하를 방지했던 것이다. 땀을 뻘뻘 흘리며 죽을 고생을 다해 수도원 가까이 왔다. '이젠 살았구나'하고 안도의 숨을 내쉬는데 무엇인가가 발에 걸린다. 자세히 보니 앞서 가던 수도사였다. 혼자 가다가 너무 추운 나머지 얼어죽었던 것이다.

그 이후 선다싱에게 사람들이 인생에서 가장 어려운 것이 무엇이냐고 질문할 때면 이렇게 대답을 했다고 한다.

"내가 지고 가야 될 짐이 없을 때 나는 가장 어려웠습니다."

선다싱! 그는 그 길을 택하지 않아도 얼마든지 세상에서 유복하게 잘 살 수 있었으나, 이를 버리고 자기 인생을 바꿔 남을 위하여 평생을 희생한 성자입니다. 그런 희생의 길을 택했으므로 인도의 성자, 나아가서 동양의 성자로 추앙받게 된 것입니다.

신뢰를 쌓자

믿을 수 있는 대상이 된다는 것은 뿌듯한 일입니다. 누군가가 당신이 없는 자리에서 당신을 가리켜서

"아! 그 사람이라면 믿을 수 있어."

라는 말을 스스럼없이 할 수 있다면 당신은 정말 성공한 사람일 것입니다. 누군가 당신을 인정해준다는 것은 당신이 그만큼 인정받을 만하기 때문입니다. 살아오는 동안 인정받을 수 있도록 노력했기 때문입니다. 믿을 수 있는 대상이 되기 위해서는 스스로 계획을 세워 지켜나가도록 힘써야 합니다.

아주 작은 약속이라도 잘 지키고 또한 시간을 정확하게 지켜야 합니다. 약속을 잘만 지켜도 믿음이 가는 성실한 사람이라고 일컬어질 것입니다. 약속을 등한시하는 사람이 어떻게 큰 일을 할 수 있을까요? 사람들은 대개 약속을 지키지 않는 사람에게는 큰 일을 의뢰하거나 의논할 생각을 하지 않기 마련입니다.

또한 믿음을 가진 사람이 되려면 도덕적이어야 합니다. 남녀관계, 금전관계, 옷차림 등이 뭇사람들의 얼굴을 찌푸리게 한다면 절대 사업의 동업자를 얻지 못합니다. 개인에게나 조직에게나 신용은 생명과 같은 것입니다.

총각네 야채가게

서울 강남에 있는 '총각네 야채가게'는 18평의 조그만 청과물 가게이다. 이 조그만 가게는 한국에서 평당 최고의 매상고를 올리고 있는 대단한 가게이기도 하다. 연간 매출액이 무려 30억 원에 이른다. '채소 장수' 하면 그날 벌어 그날 먹고 사는 사람들이 하는 일이라고 생각했던 사람들의 인식과는 다르다. 총각네 야채가게의 대표 이영석씨는 채소장사를 해서 현재 8개의 공동 브랜드점을 운영하고 있으며, 80여명의 총각직원이 근무하는 회사의 사장이다. 또 대기업에서 그의 노하우를 배우기 위해 줄을 설만큼 사회적 명성도 얻었다. 이 가게가 이처럼 잘 되는 데는 나름대로의 몇 가지 특별한 비결이 있다고 한다.

첫째, 한국에서 가장 신선하고 맛있는 과일과 야채를 판다. 이영석 사장은 새벽 2시가 되면 가락동 농수산물 시장에 나가 최고의 품질을 고르기 위해 동분서주한다. 오랜 경험을 통하여 좋은 과일과 채소를 고르는 노하우를 가지고 있기 때문에 한 번 맛을 본 고객들은 다시 찾는다.

둘째, 고객만족을 최우선으로 한다. 이 가게의 모든 직원들은 스스로가 즐겁게 열정적으로 일하며, 그 즐거움을 장사에 그대로 적용시켜 고객들에게 신선한 농산물과 함께 즐거움까지 덤으로 판매한다. 또한 고객으로부터 상품에 대한 불만이 제기되면 즉시 해결해줌으로써 고객 서비스에도 만전을 기한다.

셋째, 매일 재고율 0%라는 원칙을 철저히 지킨다. 그날 들여온 과일이나 야채 생선은 반드시 그날 다 처분하며, 물건이 일찍 다 팔리는 날이면 더 이상 장사를 하지 않고 문을 닫는다.

이와 같이 오랜 기간에 걸쳐 철두철미하게 주민들에게 신뢰를 쌓고 믿음을 주었기 때문에 주민들이 다른 가게에 가지 않고, 이 가게의 단골이 되어 가게가 번창하고 있는 것입니다.

기적을 이룬 친절

폭풍우가 몰아치던 깊은 밤, 어떤 노부부가 비바람을 피해 필라델피아의 작은 호텔 로비에 들어섰다.

"하룻밤 묵어갈 방이 있습니까?"

노신사가 묻자 프런트의 직원은 미소를 지으면서

"저희 호텔에는 현재 빈 방이 없습니다. 이 근처에는 다른 세 곳의 호텔이 더 있습니다. 그런데 지금 시간이 새벽 1시인데, 어른들을 비가 몰아치는 밖으로 내몰 수는 없고… 어떠세요. 제 방이라도 주무시겠습니까? 객실처럼 안락하지는 않지만 하룻밤 정도는 불편 없이 지내실 수 있을 겁니다."

그러나 노부부는 자기들 때문에 그 직원이 불편을 겪을까봐 그 제의를 받아들일 수가 없었다.

"제 걱정은 하지 마십시오. 제가 방을 깨끗이 정돈해 드리겠습니다."

직원의 호의에 노부부는 고개를 끄덕였다. 다음날 아침 노신사가 방값을 지불하면서 직원에게 사의를 표했다.

"당신은 정말 친절한 매니저군요. 당신 같은 사람은 미국에서 가장 좋은 호텔의 사장이 되어야 마땅합니다. 언젠가 내가 당신을 위해 호텔을 지을 겁니다."

그 말에 직원은 미소를 지었고, 세 사람은 한바탕 웃으면서 헤어졌다. 노부부는 차를 운전하며 호텔에서 멀어지면서도, 요즘 보기 드물게 친절하고 남에게 도움이 되는 매니저를 만난 것이 흐뭇하였다.

그 2년 정도가 지났을까? 그들을 까맣게 잊어버린 그 프런트의 직원에게 한 통의 편지가 배달되었다. 노부부가 보낸 편지에는 2년 전의 친절에 다시 한 번 감사한다는 말과 함께 뉴욕행 왕복비행기 티켓이 들어 있었다. 자기를 꼭 방문해달라는 내용이었다.

뉴욕에서 만난 그 노신사는 하늘을 찌를 것 같은 망루가 있는, 아름답게 치장된 호화로운 새로운 빌딩으로 그를 데려가서 말했다.

"자네가 사장으로 일할 수 있게 내가 지은 호텔일세."

"하하 ! 농담도 잘하시는군요."

"나는 농담이나 하기 위하여 자네를 여기까지 부르는 그런 실없는 노인이 아니라네."

"네?"

놀라는 직원에게 노신사는 갑작스럽게 놀라게 한 것을 미안해하면서 미소를 지었다. 이 노신사의 이름은 윌리엄 월도프 아스톨이고, 그 호텔은 세계적으로 유명한 월도프 아스토리아이다. 그리고 그 호텔의 초대 사장으로 취임한 젊은이의 이름은 조지 C. 볼트라고 한다.

비바람 치던 날 자신이 베푼 작은 친절로 인하여 세계에서 가장 유명한 호텔을 운영하게 된 것이지요. 그리고 그 노신사 정도의 지위라면 주위에 호텔사장으로 적합한 인물도 많았을 텐데, 농담으로 흘려도 될 것 같은 지나가는 약속도 철저하게 지키는 소수의 미국인들의 신뢰성이 그저 놀랍기만 합니다.

잘못한 사람이 없다

자기의 잘못을 인정하는 사람은 거의 없습니다. 잘못을 지적당하여 좋아하는 사람은 더욱 더 없습니다. 잘못을 충고해준다 해서 그것을 인정하고 흔쾌히 고치고자 하는 사람도 없습니다. 그러므로 아예 충고란 하지 않는 게 좋습니다. 자기의 약점을 잘 알고 있으며, 남에게 입버릇처럼 그것을 되뇌는 사람들도 막상 그 약점을 다른 사람이 지적해주면 충격을 받고 불쾌하게 생각합니다. 모든 사람들이 자기의 잘못을 인정하지 않는다는 사실을 인식해야 합니다.

범죄자의 착각

"나는 내 생애의 황금기 전부를 사회를 위하여 희생하였다. 그런데, 그 결과로 나에게 돌아온 것은 차가운 세상의 시선, 비난, 그리고 범죄자라는 낙인이 전부다."

라며 자기 자신을 강변한 사람이 있다. 자기는 범죄자가 아니라, 독지가나 자선가라고 생각하고 있는 것이다. 이것은 얼마 전에 산업현장의 데모대를 과잉 진압한 경찰 때문에 지휘책임을 지고 물러나던 우리 나라 경찰총장의 불만 어린 고별사가 아니다. 미국 역사상 가장 악명 높은 알 카포네가 탈세 혐의로 체포되어 법정에서 항변한 말이다.

알 카포네는 초등학교 6학년 때 학업을 때려치우고 악명 높은 '파이브 포인트 갱단'에 들어가 범죄를 일삼았다. 금주법 발효와 함께 시카고의 정계 인사와 경찰을 매수하여 1927년에는 1억 달러가 넘는 소득을 올렸다. 또한 1929년 2월 '성 발런타인데이 대학살' 등 수많은 폭력 · 살인 사건을 배후에서 지휘하기도 하였다.

당시 그는 엄청난 매수로 정치, 경제, 경찰에까지 손을 댔으며 그 비리의 더러움을 알기에 '위에서 사는 것들은 훌륭한 사람인 척하며 합법적인 공갈을 일삼는 뻔뻔한 놈들'이라고 주장하였다. 그에 비하면 자신이 더 양심적이라는 것이다. 금주법 위반에 대해서도

"나는 시민이 바라는 것을 공급했을 뿐이다. 내가 범죄자라면 선량한 시카고 시민들 역시 유죄다."

라고 강변하였다.

자기 죄를 전혀 인정하지 않은 것입니다. 자기는 수많은 사람들을 위해 일하는 자선가라고 착각한 것이지요.

유전무죄(有錢無罪), 무전유죄(無錢有罪)

알 카포네만 그럴까?

서울올림픽이 갓 끝난 1988년 10월의 어느 날 충격적인 뉴스가 전 국민에게 전해졌다. 영등포 교도소에서 상습절도죄 등으로 인해 17년의 징역형을 선고받고 복역중이던 지강헌 등이 뜻을 같이하는 재소자들과 탈주를 계획하여, 공주교도소로 이감되는 토요일, 주말이어서 이들에 대한 감독이 허술한 점을 이용해 탈주에 성공한 사건이다. 곧 전국은 검문과 검색으로 전 도로가 통제되는 등 상당한 혼란을 겪었지만, 탈주범들은 가정집 등에 침입하여 8

일 동안 잡히지 않고 유유히 돌아다닌다. 결국 어느 일요일 서울 남가좌동의 한 주택에서 인질극을 벌이다가 최후를 맞이하게 되었다는 것이 세간을 놀라게 했던 탈주극의 주요 내용이다.

전국으로 생방송된 이 인질극은 그들이 마지막까지 부르짖었던 '유전무죄, 무전유죄'라는 명언을 남겼고, 탈옥과 인질극으로 이어지는 엄청난 화제를 뿌렸다. 결국 탈주범들이 대부분 사살 또는 자살함으로써 마치 영화의 한 장면처럼 막을 내렸지만, 국민들의 가슴에 큰 상처를 남긴 사건이었다.

실제 이 사건은 '홀리데이'라는 이름으로 영화화되기도 했습니다. 자기들은 죄가 없음에도 불구하고 돈이 없어서 재판에서 유죄가 되었다는 것이지요. 그들 누구도 자기들이 죄가 있다는 것을 인정하지 않았습니다. 돈이 없다는 사실만 인정하였습니다. 즉 똑같은 일을 저질렀어도 그 사람에게 돈이 있으면 무죄가 되고, 돈이 없으면 유죄가 된다는 말로, 황금만능인 요즘의 세태를 풍자한 말입니다.

모두가 잘 한 사람뿐

1997년 IMF 위기의 도화선이 되었던 국내 모 그룹의 도산사태에 대해서 그 많은 정치인이나, 공무원, 유력자 중 누구도 자기가 이 사태와 관련이 있다고 고백하거나 자백한 사람이 없다. 모두 발뺌한다. 적어도 그 사태에는 수많은 사람들이 비리에 연루되어 있는 것을 일반인들은 알고 있었는데 말이다. 그 당시 '오죽 못난 정치인이면 정회장한테 정치자금도 못 받았나?'라는 말이 시중에 유행할 정도였다. 뇌물을 준 사람은 있는데, 받은 사람은 없다.

반대로 1987년의 민주항쟁에 의하여 쟁취된, 대통령 직선제를 골자로 한 6.29선언의 경우를 보면, 선언문의 성격상 보안을 유지하기 위하여 극소수의 사람들만이 관여했을 것이다. 그런데 매스컴에 나오는 그 당시의 여러 유력 인사들마다 자기가 아이디어를 제공했고, 자기가 결심하도록 했고, 자기가 자료를 수집했고, 자기가 초안을 만들었고, 또는 자기가 최종문을 작성했다고들 주장한다. 모두가 자기의 공을 내세운다. 분명히 잘못된 일이 많은데 잘못한 사람은 아무도 없고 전부 잘한 사람들 뿐이다. 누구도 자기의 잘못을 인정하지 않는다.

다름을 인정하자

이 세상 누구도 나와 같은 생각을 가진 사람은 없습니다. 생각하는 것, 생활 방식, 가치관, 지위, 신분 등이 모두 다릅니다. 친구가 다르고, 부모가 다르고, 이웃이 다릅니다. 남녀가 다르고, 노소가 다릅니다. 각자 살아온 환경과 경험한 내용이 다릅니다. 그러므로 가치관이 서로가 다르다는 것은 너무도 당연합니다. 사람은 당연히 서로 다를 수밖에 없습니다. 서로 다른 환경에서 서로 다른 사고방식을 형성해 왔기에 성격뿐만이 아니라, 인생 자체가 다른 것이지요. 오히려 다른 것이 자연스럽고 서로 다른 사람끼리 만나는 것이 이치에 맞는 것이지요. 그런데 많은 사람들은 나와 추구하는 바나 의견이 다르다는 이유만으로 상대방을 부정적으로 생각합니다. 그런데 만약 이 세상 사람들이 동일한 외모를 가졌다면 어떻게 될까요? 모든 사람들이 같은 생각을 하고 같은 선택을 한다면 어떻게 될까요?

다른 것은 나쁜 것이거나 틀린 것이 아니라, 다양한 것입니다. 모든 사람들의 사고방식이 각각 다르기 때문에 사회가 고루 발전하는 것입니다. 타인의 가치관이나 선택을 당신의 것과 동일하게 존중해 주어야 합니다. 그들의 가치관을 인정하고 선택의 자유를 주어야 합니다. 자기 자신의 선택에 대한 책임과 권한을 가지고 임하게 될 것입니다. 이것이 인간관계에서 중요한 요소입니다.

"나는 당신의 말에 동의하지 않습니다. 하지만 당신이 그 말을 할 수 있는 권리를 위해 끝까지 싸울 것입니다."

똘레랑스(tolerance) 정신을 표현할 때마다 인용되는 유명한 프랑스 작가 볼테르의 말입니다. 여기서 똘레랑스란 단순히 관용의 정신을 의미하는 것이 아니라 '용인'이라고 할 수 있습니다. 받아들일 뿐만 아니라 그것을 인정해주겠다는 적극적 의지의 표현이지요. 당신의 의견에 동의하지는 않지만, 당신이 그 의견을 가지는 것에 대해 받아들이고, 그러한 의견을 가질 수 있음을 인정해주겠다는 것입니다. 나에게 나의 의견이 소중한 만큼, 그리고 그 의견을 가지고 살아갈 권리가 있는 만큼, 당신에게 당신의 의견 역시 소중하며, 그 의견을 가지고 살아갈 권리가 있음을 인정한다는 것입니다.

관용정신은 다름을 인정하고, 상대방을 인정하며, 조화를 추구하는 것입니다. 관용은 나와 다른 생각이나 사상, 신앙의 차이를 인정하는 것입니다. 나와 다른 남을 인정하는 것에서 관용이 시작되는 것입니다. 관용 정신이 있을 때만이 다양성이 평화롭게 어울릴 수 있는 사회가 됩니다. 이런 사회가 바로 열린사회인 것입니다.

상대방의 입장에서

무슨 일이든지 다른 사람과 논쟁을 하지 않는 것이 가장 좋은 방법입니다. 논쟁에서 이기는 유일한 방법은 논쟁을 피하는 것입니다. 논쟁이란 이기고 지는 일이 없는 것이 당연하지만 이겼다고 봅시다. 이긴 사람은 순간적으로 기분 좋을지 모르지만 상대방은 어떨까요? 자존심이 상하고 불쾌할 것입니다. 게다가 언젠가는 복수하겠다는 앙심을 품을 수도 있습니다. 반대로 졌다면 어떨까요? 진 사람의 기분은 어쩐지 씁쓸하고 비참해질지도 모릅니다. 결과적으로 둘과의 관계는 서먹서먹해지며, 더 나아가서는 원수처럼 변하게 될지도 모릅니다.

〈정신의 발달 과정〉에 다음과 같은 내용이 나옵니다. '논쟁에서는 지는 것이 이기는 것이다. 우리는 아무런 저항이나 감정 없이 스스로 우리의 생각을 바꾸는 경우가 자주 있다. 그러나 만일 다른 누군가가 우리의 잘못을 지적하기라도 하면 몹시 분개하며 고집을 부린다. 우리는 믿음을 형성하는데 있어서는 놀라울 만큼 경솔하지만, 누군가가 우리의 믿음을 빼앗아가려 할 때에는 그 믿음에 쓸데없이 집착하게 된다. 우리에게 소중한 것은 그 생각 자체가 아니라, 다른 사람들에게서 도전받는 우리의 자존심이다.'

또한 《어린왕자》의 저자인 프랑스의 선구적 비행사이자 작가인 생텍쥐베리도 다음과 같은 말을 했습니다.

"나에게는 누구에게라도 자신을 과소평가하게 하는 말이나 행동을 할 권리가 없다. 중요한 것은 내가 그 사람에 대해서 어떻게 생각하느냐가 아니고, 그가 그 자신을 어떻게 생각하느냐 하는 것이다. 사람의 존엄성에 상처를 주는 것은 죄악이다.”

설령 우리가 옳고, 상대편이 분명히 잘못했다 하더라도 그 사람의 체면을 잃게 하면 곧 그 자존심에 상처를 주게 됩니다. 누군가와 언쟁을 벌이면서 도저히 그의 의견에 동의할 수 없다는 생각이 들 때가 있습니다. 그럴 때 한 번쯤은 자신이 확고한 만큼이나 상대방 또한 자기 입장이 확고부동하다는 점을 생각해보도록 합시다. 우리는 대개 한쪽 편만을 보는 버릇이 있습니다. 즉 자신의 입장만을 생각하는 것이지요. 그 이유는 내 안을 이루는 것에만 집중하기 때문입니다. 그래서 나와는 다른 새로운 것을 배척하여 밀어내고 있는 것입니다.

‘역지사지(易地思之)’라는 말이 있습니다. 내가 상대가 되어 상대의 마음을 내 안에 두며 살펴보는 것이지요. 그렇게 된다면 공격하고 싶은 말이 나오다가도 움찔 놀라게 됩니다. 상대방이 반대로 나에게 그런 독단적이고 듣기 싫은 말을 한다면 나는 어떻게 반응하며, 내 안의 감정은 얼마나 출렁일까 하고 생각하는 것입니다.

남의 입장이 되어 문제를 살펴보려고 노력하면 상대방에게 상처를 주지 않게 될 것입니다. 오히려 그 반대 의견을 가진 사람과 더 가까워지는 기회가 될 수도 있습니다. 누군가의 생각이 틀리다는 것을 증명하거나, 그의 시각을 수정하는 것이 뭐가 그리 중요합니까? 그가 자신의 생각이 옳다고 여기고 만족을 느끼도록 그냥 내버려두면 어떤가요?

객관적으로 보아 상대방이 지니고 있는 가치 철학들이 분명 문제가 있다고 판단되면 다른 방법을 써봐야 합니다. 몇 마디의 말들로 그동안 살아오면서 쌓아 올렸던 상대방의 생각이 한 순간에 바뀌지는 않기 때문입니다. 몇 마디의 우격다짐이나 언성 높임으로는 상대방을 결단코 바꿀 수 없습니다.

상대방은 한 번도 당신에게 자신을 엄격하게 비판이나 비난을 해달라며 부탁한 적이 없을 것입니다. 당신의 의견을 물어보며 나무람을 감당하겠다는 의사를 비춘 적도 없습니다.

"제발 저를 야단 좀 쳐주세요."

라고 부탁한 적이 있었습니까? 상대방은 비난 대신 오히려 칭찬에 굶주려 있는 것입니다. 그렇지만 우리는 솔직하게 얘기를 해준다는 구실로 사람들의 마음에 상처를 주는 비난을 퍼붓곤 합니다. 그렇게 비판과 비난을 해주면 상대방이 미처 생각 못했던 것을 지적해 주어 대단히 감사하다고 할까요?

가장 가깝다는 부부사이를 놓고 생각해 봅시다. 부인이 남편에게, 그리고 남편이 부인에게 좋은 충고랍시고 비난에 가까운 말을 했을 때, 얼마나 많은 언쟁이 발생하고, 가정불화가 일어나게 되는지 아십니까? 우리 주위에는 그런 의견다툼으로 인해 결국 마음에 금이 가서 헤어지는 부부들이 수없이 많습니다.

계속해서 자신의 입장을 옹호하고 변명하는 데는 많은 에너지가 소모됩니다. 반면 옳다고 생각하게 내버려두는 일에는 전혀 힘이 들지 않습니다. 상대의 말을 가로막는 것은 상대를 더욱 완고하고 방어적으로 만들 뿐입니다. 보다 부드러운 태도로 다가선다면 당장 변화되지는 않겠지만 상대방 역시 언젠가는 그 마음을 알아주는 시기가 다가올 것입니다. 자신만이 옳아야 한다는 욕심을 초월해 논쟁중인 사람마저도 진심으로 존중하게 되는 것이지요.

당신이 상대의 말에 귀기울이지 않을 경우 상대 또한 당신의 말에 주목하지 않을 것입니다. 용서와 관용의 손길은 내 안이 풍성한 사람만이 내밀 수 있는 힘입니다.

혹 다른 사람들의 생각이 전부 틀릴 수도 있습니다. 하지만 그들은 그렇게 생각하지 않습니다. 그것을 고쳐주려고 애쓰지 말고, 이해하려고 노력하는 것이 중요합니다. 상대방이 자기 방식대로 생각하고 고집하고 행동하는 데에는 또 그만한 이유가 있을 것입니다. 그것을 이해해주어야 합니다.

칭찬하고 중요감을 주자

한 생명 한 생명이 천하의 그 어느 것보다 소중합니다. 그런데 사람들 각자는 이 세상 그 무엇보다도 특히 자신이 소중합니다. 예를 들어 우리가 여행중에 단체 사진을 찍었다고 봅시다. 현상한 그 사진에서 맨 먼저 찾아보는 인물은 누구입니까? 바로 자신입니다. 그만큼 모든 사람은 자기 자신에게만 관심이 있습니다. 이 지구상에서 지금 일어나고 있는 사건들을 다 합친 것보다도 자신의 사소한 문제가 더 중요합니다. 모든 사람은 자신이 다른 사람들로부터 인정받기를 원합니다. 누군가를 대할 때 그 사람이 참 중요한 사람이라는 느낌이 들도록 대해주는 것이 필요합니다. 성공하는 사람들의 비결은 그 어느 누군가를 만나더라도 상대방이 흐뭇하고 유쾌한 느낌이 들도록 해준다는 것입니다. 그것은 바로 상대하는 사람 스스로가 '내가 참 중요하구나'라는 느낌이 들도록 배려하고, 존중해주기 때문입니다.

미국의 심리학자인 윌리엄 제임스는

"인간 본성의 가장 끈질긴 욕구는 다른 사람으로부터 인정받고 싶은 것이다."

라고 했습니다. 모든 사람은 주위 사람들로부터 인정받고, 칭찬듣기를 원하며, 자신의 진정한 가치를 평가받고 싶어합니다. 진심에서 우러나오는 칭찬을 간절히 원하는 것입니다. 주위에서 누군가가 진심어린 칭찬을 해주면 그 순간부터 그 사람의 인생이 달라질 수도 있습니다.

그리스 신화에 나오는 피그말리온은 키프로스의 왕이자 뛰어난 조각가로서, 심혈을 기울여 자기가 원하던 완벽한 여인의 나체상을 조각하였습니다. 그리고 그의 소원대로 신이 그 조각을 아름다운 여인으로 만들어주었습니다. 그래서 피그말리온은 그녀와 결혼을 하고 파포스라는 딸을 낳았다고 합니다.

교육학 용어에 이 신화에서 따 온 '피그말리온 효과'라는 것이 있습니다. 교사가 어떤 학생을 '우수할 것이다'라는 기대로 가르치면 그 기대를 받은 학생은 다른 학생보다 더 우수하게 될 확률이 높다는 이론입니다.

어느 교육학자 두 명이 1968년 샌프란시스코의 한 초등학교에서 전교생을 대상으로 지능검사를 하였습니다. 그리고는 이 검사의 결과와 관계 없이 무작위로 뽑은 학생들의 명단을 해당 학교의 교사들에게 알려주면서 '지적 능력이나 학업성취의 향상 가능성이 높다고 객관적으로 판명된 학생들'이라는 거짓 정보를 함께 주었습니다. 몇 개월 후에 이들은 다시 전체 학생들의 지능검사를 실시하여 처음 것과 비교해 보았는데, 놀라운 점이 발견되었다고 합니다. 명단에 속한 학생들은 다른 일반 학생들보다 평균점수가 높을 뿐만 아니라 예전에 비하여 성적이 큰 폭으로 향상된 것입니다. 그것은 처음에 명단을 받아든 교사들이 그 아이들의 지적 발달과 학업성적이

향상되리라는 기대를 가지고 정성껏 돌보고 칭찬한 결과입니다. 그러한 사랑을 받은 아이들은 선생님이 자신에게 관심을 보여주니까 공부하는 태도도 변하고 공부에 대한 관심도 높아져, 결국 능력까지 변화된 것입니다.

'칭찬은 고래도 춤추게 한다'라는 말이 있습니다. 도대체 말이란 무엇이길래 사람을 죽일 수도, 살릴 수도, 춤추게 할 수도 있게 하는 것일까요? 1921년에 미국의 철강왕 앤드루 카네기에 의하여 채용된 찰스 슈와브는 불과 38세의 나이에 연봉 1백만 달러 이상을 받았습니다. 보통 사람이 연봉 2천불도 받기 힘든 때에 거액을 받는 사장이 된 것입니다. 그런데 이 사람이 철강계의 최고 권위자이어서 그랬을까요? 그보다 우수한 권위자는 얼마든지 있었습니다. 그는 사람들을 다루는 능력이 뛰어났던 것입니다. 그의 말을 들어보겠습니다.

"사람들이 최고 능력을 발휘하도록 하는 것은 격려와 칭찬입니다. 상사로부터 꾸지람을 듣는 것만큼 인간의 발전성을 해치는 것은 없습니다. 나는 결코 누구도 비판하지 않습니다. 대신 사람들에게 일을 하도록 동기를 부여해야 한다고 믿고 있으며, 따라서 나는 칭찬하려고 노력하며, 결점을 들추는 것을 싫어합니다. 그 사람이 한 일이 마음에 들면 진심으로 찬사를 보내고 아낌없이 칭찬합니다."

그러나 보통 사람들은 어떻게 합니까? 정확히 반대로 합니다. 부하가 수행한 일이 마음에 들면 아무런 반응도 보이지 않은 채 무뚝뚝합니다. 그러나 마음에 안 들면 묵사발이 되도록 몰아세웁니다.

꽤 오래 전에 엔리코 카루소라는 열 살짜리 소년이 이탈리아의 나폴리 어느 공장에서 공원으로 일하고 있었습니다. 그 소년은 가수가 되는 것이 꿈이었으나, 학교의 첫 번째 담임 선생님은 그의 의

지를 여지없이 꺾어놓고 말았습니다.

"너는 가수가 될 수 없어. 가창력이 전혀 없다고. 네 목소리는 마치 문틈으로 새나오는 바람소리 같단 말이야."

그 소리를 듣고 어린 소년은 기가 죽었습니다. 그러나 가난한 그 소년의 어머니는 아이의 어깨를 감싸주며 그의 재능을 격려했습니다. 아들이 노래를 잘한다고 생각하고 있었으며, 노래솜씨가 전보다 훨씬 좋아졌다고 매일 칭찬해주었지요. 온 정성을 다해 열심히 일하여 아들에게 음악수업을 시켰습니다. 그 어머니의 계속된 칭찬과 격려가 이 소년의 생애를 긍정적으로 바꾸어 놓고 말았습니다. 그로 인해 그 소년은 당대의 가장 훌륭하고 유명한 성악가가 되었던 것입니다.

그보다 60년 전 쯤에 작가가 되기를 원했던 런던의 한 소년이 있었습니다. 하지만 가난한 그에게 모든 일이 그렇게 수월하지가 않았지요. 학교도 겨우 4년만 다녔으며, 공무원으로서 낭비벽이 심한 아버지는 빚 때문에 교도소에 들어가 있었습니다. 12살짜리 이 소년 가장은 쥐가 득실거리는 창고에서 구두약 용기에 상표를 붙이는 일을 하게 되었고, 밤에는 음침한 다락방에서 빈민가의 부랑아들과 같이 잘 수밖에 없었습니다. 그러나 그는 꿈을 가지고 밤마다 《로빈슨 크루소》, 《실낙원》, 《동키호테》, 《걸리버 여행기》 등을 읽었습니다. 그리고 밤에 쓴 글들을 수차례 여러 잡지사에 보냈지만 모두 거절되었습니다. 중간에 형편이 나아져 빈민굴을 빠져나오기도 했지만, 구두약 공장의 공원 신세는 면하기 어려웠습니다. 청년기에 접어들면서 그의 계속되는 노력으로 어느 출판사에서 첫 작품 《보즈의 스케치》를 출간하게 되었습니다. 이 한 편의 글이 발표되면서 이 청년에게 많은 찬사가 쏟아졌습니다. 이 때문에 그는 큰 용기를 얻었습니다. 그 때 받은 칭찬과 인정은 그의 인생을 한 순간에 바꾸어놓았습니다. 우리에게 《올리버 트위스트》의 저자로 잘 알려진 찰스 디킨스라는 이 청년에게 이런 격려와 칭찬이 없었더라면 그는 아마도 허드렛일이나 하면서 방황하는 삶을 살았을지도 모릅니다.

한 폴란드 소년이 피아니스트가 되기를 원했습니다. 그러나 음악학교 교사는 그를 반가워하지 않았다고 합니다. 그의 손가락이 피아노를 치기에 너무 굵고 짧다는 이유에서이지요. 그래서 소년은 코넷을 사서 배우게 되었습니다. 그러나 코넷 역시 그에게 맞지 않는다는 말을 듣고는 크게 실망하였습니다. 다시 피아노를 배우게 된 이 소년의 마음은 상처를 입고 좌절에 빠지게 되었습니다. 그때 마침 소년에게 유명한 피아니스트인 루빈스타인을 만날 기회가 주어졌다고 합니다. 소년은 루빈스타인 앞에서 피아노를 쳤습니다. 피아노 연주가 끝나자 루빈스타인에게서 대단한 격려와 칭찬을 받았습니다. 너무나도 기뻤던 이 소년은 앞으로 매일 7시간씩 피아노 연습을 하겠다고 결심하였고, 이 약속을 지켰습니다. 이 소년이 바로 리스트 이후로 그를 따를 수 있는 사람이 없다고 찬사를 받은 세계 최고의 피아니스트 파레데부스키입니다.

칭찬은 가장 빠르게 자신감과 행복감을 갖게 하고, 자석처럼 끌어당겨 하나가 되게 할 뿐만 아니라, 불가능도 가능으로 만드는 위대한 힘이 있습니다. 칭찬을 받으면 바보도 천재로 바뀌어집니다. 고구려의 온달을 장군으로 만든 것은 평강공주의 애정어린 칭찬 때문인 것이지요. 칭찬을 하면 칭찬받을 일을 하고, 비난을 하면 비난받을 짓을 하게 됩니다. 사람을 바꾸는 유일한 방법은 칭찬밖에 없습니다. 칭찬은 태양처럼 밝은 기운을 가지고 있어 인생이 밝아지게 마련입니다. 돈을 주면 순간의 기쁨이 만들어지지만, 칭찬은 평생의 기쁨을 안겨줍니다.

칭찬을 주고받는 사회가 성공하는 사회입니다. 칭찬이 상생효과를 만들어 살맛 나는 세상을 만들어줍니다. 만날 때 칭찬하고 헤어질 때 칭찬합시다. 99%의 단점이 있는 사람도 1%의 장점은 있게 마련입니다. 그 하나만이라도 바라보고 칭찬하는 연습을 해봅시다. 그런 방법이 성숙해지면 타인보다 내가 그런 장점이 두드러지는 사람으로 변화하게 됩니다. 칭찬은 적군도 아군으로 만든다는 말이 있습니다. 남의 약점은 보지도, 듣지도, 말하지도 맙시다. 그런 노력을 하면 성공을 향한 발판에 이미 서 있게 되는 것입니다.

상대를 인정하는 대화

듣기는 말하기와 함께 대화의 대부분을 구성하는 요소이지요. 야구를 예로 들어봅시다. 야구는 수비와 공격을 반복하여 승부를 결정하는 게임입니다. 수비력이 없어서는 안 되겠지요. 수비력이 좋으면 상대의 공격을 최소득점으로 억제할 수 있습니다.

대화에서도 마찬가지입니다. 말하는 힘이 공격력이고 듣는 힘이 수비력이라고 할 수 있는 것입니다. 우리는 대개 습관적으로 말하는 힘을 얻고자 노력할 뿐, 듣는 힘에는 관심을 두지 않습니다. 그러나 사실은 듣는 힘이 더욱 중요합니다. 듣는 힘이 있으면 다양한 정보를 얻을 수 있기 때문입니다.

듣는 힘을 높이면 보다 좋은 대화를 할 수 있으며, 필연적으로 인간관계도 좋아집니다. 그렇게 되면 당연히 원하던 일을 이룰 수 있게 됩니다. 잘 들어주는 사람은 이야기를 많이 하지 않아도 좋은 인상을 남깁니다. 그리고 상대방으로부터 호감을 사게 되지요. 잘 말하는 것보다 잘 듣는 것이 우리의 인생에 큰 도움이 됩니다. 잘 듣게 되면 별다른 이야기를 하지 않음에도 불구하고

"그 사람과 이야기하면 재미있다."

"그 사람과 대화하면 마음이 편해진다."

라는 평을 듣게 될 것입니다. 그리고 상대방의 협력을 얻어내기가 쉬워집니다. 인간관계도 원만해져 추진하는 일이 원활해집니다. 왜 그럴까요? 모든 사람은 말하기를 좋아하여 자기 말을 들어줄 사람이 필요하기 때문입니다. 이야기를 들어준다는 것은 자신의 존재를 확인할 수 있고, 자존심을 채워줄 수 있는 방법이기 때문에 그렇습니다.

상대방을 행복하게 만들어줄 때 나도 덩달아 행복해집니다. 우리는 단지 귀를 기울였을 따름인데, 상대방은 봄날의 훈기를 느끼며, 움츠렸던 다리를 쭉 뻗게 되는 것입니다. 그러면서 고마운 대상으로 바로 당신을 지목하게 될 것입니다.

사람들은 옳은 말을 하는 사람보다 자신을 이해해주는 사람을 더 좋아합니다. 관계로 인해 불거지는 문제는 말을 하지 못해서가 아니라, 제대로 듣지 못해서 생기는 경우가 훨씬 많습니다. 누구나 말을 잘하는 사람보다 잘 들어주는 사람을 더 좋아합니다. 누군가 자신의 이야기를 들어주면 슬픔이나 분노가 해소되고, 마음이 후련해지기 때문입니다. 또 존중받고 이해받는다는 느낌이 들게 되지요.

더불어 어울리면서

우리는 가끔 밤하늘을 떼지어 나는 기러기 행렬을 보게 됩니다. 그런데 그 기러기들이 V자 형태를 지니며 나는 것을 알 수 있습니다. 왜 그럴까요? 캘리포니아 공과대학의 교수들이 이것에 대해서 연구를 했다고 합니다. 그들은 컴퓨터로 V자형으로 나는 새들의 모의시험을 하여 그 답을 찾아냈습니다. 결론적으로 기러기떼들은 이 모양으로 날아가는 것이 가장 수월한 것입니다.

이 V자 모양으로 나는 것은 항공 역학적으로 하나의 날개를 형성합니다. 이렇게 날면 공기저항이 새들에게 고르게 분포되어 결국 각 새들이 받는 공기저항이 최소가 된다고 합니다. 그래서 나는 힘의 소모가 줄어들게 되는 것이지요. 스물다섯 마리의 기러기들이 이 모양으로 날게 되면 순간적인 진공상태가 되어 한 마리의 기러기가 날아가는 것보다 75%를 더 날아갈 수 있다는 것을 밝혀냈습니다.

선두 기러기는 정확한 V자의 꼭지점에서 약간 뒤로 물러서 날아가는데, 이 위치가 뒤따르는 기러기들에게 최적의 자리로서 공기저항을 덜 받게 되어 결국 혼자 나는 것보다 쉬워진다고 합니다. 이 형태는 나머지 주자뿐만 아니라 선두주자에게도 이익이라고 합니다. 선두 기러기는 뒤따르는 기러기에게 공기저항을 경감시켜 주지만, 뒤따르는 기러기들도 날면서 울음소리로 앞선 기러기를 격려하고 속도를 유지하도록 돕습니다. 그리고 그들 나름대로 순번을 정하여 정기적으로 선두주자를 바꾼다고 합니다.

이들 기러기들이 참으로 현명한 여행을 하고 있다는 것을 알 수 있습니다. 원하는 목적지로 가기 위해 V자형으로 무리지어 날개짓을 끊임없이 하는 기러기처럼, 우리도 삶의 긴 여정을 위해 다른 사람들과 협력해야 합니다. 힘든 여정을 지혜롭게 이겨나가는 기러기들의 조화로운 비행방법처럼, 우리도 함께 하면 외롭고 고단하지만은 않습니다. 함께 할 수 있다는 것은 서로에게 힘이 됩니다. 우리는 혼자 살기 위해 창조된 존재가 아닙니다. 더불어 어울려 살아가도록 목적을 두고 지어진 존재들입니다. 함께 돕고, 서로 섬기며, 격려하고, 지탱하며 살도록 창조된 것입니다. 밟고, 올라서고, 제치고, 밀친 끝에 혼자 우뚝 서서 깃발을 꽂는 것이 성공이 아닙니다. 힘들수록 서로 힘을 합하고, 고단한 어깨를 주물러주며, 지친 어깨를 기대줄 수 있어야 합니다.

7

꿈과 희망을 품고

꿈꾸며

희망이 세상을 움직인다

운명 개척

사막에 피는 꿈

꿈꾸며

인간은 누구나 한 번 밖에 없는 인생을 아름답게, 멋지게, 가치 있게 살기를 원합니다. 이것이 인간의 소원이요, 꿈일 것입니다. 모두들 이 세상에서 사는 한 잘 살기를 원하지만 어떻게 사는 것이 잘 사는 것일까?

무지개

비가 갰다. 동시에 저 편 들판 건너 숲 뒤에는 둥그렇게 무지개가 뻗쳤다. 오묘한 하나님의 재주를 자랑하듯이, 일곱 색의 영롱한 무지개가 커다랗게 숲 이 편 끝에서 저 편 끝으로 걸쳤다. 소년은 마루에 걸터앉아서 그것을 바라보고 있었다. 소년의 마음은 차차 뛰놀기 시작하였다. 찬란히 빛나는 무지개는 마치 소년을 오라는 듯 아름다운 모습을 마음껏 뽐내고 있었다. 한나절 동안 그 무지개를 바라보고 있던 소년은 마음 속으로 큰 결심을 하였다.

'저 무지개를 가져다가 뜰 안에 놓으면 얼마나 아름다울까 !'

찬란히 빛나는 무지개의 유혹은 소년에게는 무엇보다도 강한 것이었다. 어머니의 사랑의 품보다도, 따뜻한 가정보다도, 맛있는 음식보다도 무지개의 유혹이 훨씬 더 강하게 소년의 마음을 지배하였다. 그리하여 네 번, 다섯 번, 소년은 어머니께 무지개를 잡겠다고 간청하였다. 어머니께서도 마침내 소년의 바람이 꺾을 수 없이 강한 것임을 아셨다.

소년은 부지런히 걸어서 힘을 다하여 들판을 건너갔다. 그리고 바라던 숲에까지 이르렀다. 그러나 무지개는 그 곳에 있지 않았다. 영롱한 무지개는 더 저편으로 썩 물러가서, 소년을 이끄는 듯이 아름다운 모습을 마음껏 뽐내고 있었다. 소년은 몸과 마음이 모두 피곤하였다. 그러나 눈 앞의 무지개를 바라보며 소년은 다시 용기를 내어 무지개를 향하여 걸었다. 얼마만큼 가서, 이만하면 되었으려니 하고 무지개를 쳐다보았다. 그러나 무지개는 역시 같은 거리에서 그를 오라고 유혹하고 있었다.

무지개를 잡으려는 마음으로 피곤도 잊고 아픔도 잊고 뛰어가던 소년은 마침내 그 자리에 쓰러지면서 잠에 잠기고 말았다. 얼마를 꿈에 잠겨 있던 소년은 꿈에서 벌떡 깨면서 눈을 떴다. 위태로운 산길, 험한 골짜기, 가파른 멧부리, 깊은 물, 온갖 고난이 또 소년을 괴롭혔다. 그러나 그는 큰 용기와 희망을 가지고 무지개를 향하여 가까이 갔다.

얼마를 더 가자, 소년은 마침내 한 발짝도 더 내디딜 수가 없게 되었다. 그리고 그는 거기에서, 무지개를 도저히 잡을 수 없다는 것을 처음으로 깨달았다. 그리고 드높은 하늘을 쳐다보았다.

"아아, 무지개란 기어이 사람의 손으로는 잡지 못하는 것인가 ?"

야망을 접기로 결심한 그 순간 이제까지 잡히지 않았던 수많은 주름과 흰 머리칼이 돋아난 것을 소년은 알아차리게 된다.

이 글은 김동인의 〈무지개〉라는 단편소설의 줄거리입니다. 그 무지개는 자신이 가슴 속에 간직하여 바라보고 지향해가는 아름다운 꿈과 희망입니다. 누구에게나 꿈과 희망이 있습니다. 그러기에 어떤 어려움과 장애물이 있고, 난관과 고난이 있다 할지라도 극복하며 살아가는 것이지요. 꿈과 희망이 있기에 내일을 향해서 끊임없이 계속 달려가는 것입니다. 당신의 무지개는 무엇입니까? 당신의 아름다운 희망은 과연 무엇인가요? 큰 꿈을 지닌 채 무지개를 잡아 봅시다. 그래야만 크게 성공할 수 있습니다.

케네디의 약속

1961년 존 F 케네디는 아이젠하워의 뒤를 이어 미국 대통령에 취임했다. 1957년부터 시작된 소련의 최초 우주선 스프트니크 1, 2, 3호의 발사로 미국이 받은 충격은 대단했다. 미국은 이 때부터 인간을 지구궤도로 보내겠다는 머큐리계획을 진행하고 있었는데, 머큐리에 탑승한 앨런 세퍼드 2세가 미국 최초로 준궤도 비행에 성공하자 케네디는 20일 뒤인 5월 25일 의회에서 역사적인 연설을 했다.

"미국은 앞으로 10년 내에 사람을 달에 착륙시키고, 지구로 무사히 돌아오게 하는 목표를 달성할 것입니다."

는 공언이었던 것이다. 이후 NASA(미국항공우주국)는 머큐리 계획과 제미니 계획을 통해 착실하게 노하우를 쌓아갔다. 그러나 너무 서두른 탓인지 1967년 1월 27일 발사준비를 하던 아폴로 1호가 화재로 불타버렸고, 이 과정에서 버질 그리솜, 에드워드 화이트, 로저 채피 등 3명의 우주비행사가 목숨을 잃었다. 그러나 아폴로 계획은 당초 목표대로 진행되었다.

할 수 있다는 믿음과, 굳은 결심과, 자발적인 실행과, 강력한 추진력으로 3번의 무인로켓 발사와 4번의 유인우주선 시험비행을 거쳐 케네디가 공언했던 대로 마침내 1969년 7월 20일(한국시간 7월 21일 오전 5시 17분) 아폴로 11호가 달에 착륙하게 되었다. 이것은 인간이 지구 이외의 천체에 첫발을 내딛는 대사건이었다.

> 첫 월인(月人)이 된 암스트롱은 아폴로 11호 달착륙선의 발에 붙어 있는 명판을 읽으면서 1961년 케네디 대통령의 약속을 상기시켰다.
>
> "1969년 7월 이 곳에 인류가 처음으로 발을 내딛는다. 우리들은 모든 인류의 평화를 위해 이곳에 왔다."
>
> 이후 암스트롱을 포함하여 24명의 우주비행사가 달궤도를 돌았고, 12명이 달표면을 밟았다.

꿈을 꾸고 그 꿈을 이룩하기 위하여 모두가 합심하여 최선을 다한 결과입니다. 중간에 아폴로 1호기 사고로 우주비행사를 잃는 슬픔을 겪었을 때 들끓는 부정적인 여론에 굴복하고 포기하였더라면 달착륙이라는 쾌거는 이루지 못했을 것입니다. 이에 굴하지 않고 굳센 믿음에 의해서 꿈을 실현한 것입니다.

쓰레기장의 변신

> 서울시 마포구 상암동의 난지도는 매년 여름철이면 홍수의 피해가 많았던 곳으로서 제방을 쌓은 후부터 쓰레기 매립장으로 이용되었었다. 서울의 인구와 소비수준의 향상으로 쓰레기가 폭발적으로 증가하면서 매립된 쓰레기의 평균 높이는 90m에 달할 정도였다.
>
> 쓰레기와 냄새, 불결함 때문에 그 주변 주민들이 질병에 시달리고 심각한 민원의 대상이 되었을 때, 서울시에서는 이곳에 각종 체육시설과 편의시설을 갖춘 시민공원으로 조성할 꿈을 꾸었다.

생활쓰레기 매립을 중단한 이후부터 토양을 안정시키고 공사에 들어가 2001년 12월 월드컵 주 경기장을 완공했고, 2002년 5월에 월드컵 공원을 개장했다. 월드컵 공원은 풀밭인 하늘공원, 월드컵 주 경기장 바로 앞의 평화의 공원, 한강변의 난지한강공원, 난지천공원 등 4개의 크고 작은 공원들로 이루어져 있다. 이 외에도 도심지와 지하에서 분출하는 메탄가스 등을 이용하여 발전용량 약 5만 kW의 가스 발전소도 건설할 계획이다.

꿈을 꾸는 자에게 기회는 오는 것입니다. 난지도가 쓰레기 매립장으로 계속 남아 있었다면 악취, 파리 및 모기, 질병의 온상이 되고, 주변 주민들에게 심각한 환경오염을 일으켜 골치 아픈 민원의 대상이 되었을 것이지만, 이를 변화시켜 매립하고 공원화함으로써 서울시민이면 누구나 한 번 쯤은 가보고 싶은 명소가 되었습니다.

어린 시절의 꿈

독일의 슐리만은 여덟살 때 아버지로부터 고대 그리스의 '트로이'라는 도시가 땅속에 묻혀 있다는 이야기를 들었다. 슐리만은 이 때부터 단지 신화속의 땅일지도 모르는 그 유적을 찾아보겠다는 결심을 하게 되었다. 후에 아버지는 그 이야기가 전혀 허황된 이야기임을 말해주면서 단념하도록 권유하였으나, 그는 포기하지 않았다. 그러나 얼마 후에 부모님도 돌아가시고, 그도 병을 앓게 되어 좀처럼 발굴에 필요한 자금을 마련하지 못했다. 하지만 그는 낙심하지 않고 여러 직업에 종사하면서 돈을 모았고, 틈만 나면 고고학에 대한 공부를 열심히 했다.

슐리만이 49살이 되었을 때 드디어 발굴 작업에 착수할 수 있게 되었다. 발굴 얼마 후 놀랍게도 땅속 7m 지점에서 트로이 성벽의 모습이 나타나기 시작했다. 슐리만의 어린 시절 꿈이 이루어진 것이다. 꿈을 품은지 40여년 동안 기다리고, 계획하고, 준비한 후, 실행하여 성공한 것이다.

우리의 생애는 단 한 번 뿐이며, 이미 흘러간 길을 다시 걸어갈 수는 없습니다. 하지만 앞으로의 길을 어디로, 어떻게 디뎌야 할지를 알고 결정하고 발을 내딛는 것은 우리의 자유입니다. 무엇이든 마음 속으로 강렬히 원하는 것은 반드시 실현될 것이라고 확신합시다. 제임스 앨런의 《위대한 생각의 힘》에 의하면 성취하는 모든 것과 실패하는 모든 것은 자신이 품어온 생각의 직접적인 결과라고 합니다.

"사람을 성공시키거나 파멸시키는 것은 다름 아닌 바로 그 자신이다. 생각이라는 무기 공장에서 우울함과 무기력과 불화 같은 무기를 만들어 자신을 파멸시킬 수도 있고, 환희와 활력과 평화가 넘치는 천국 같은 집을 지을 도구를 만들 수도 있다. 올바른 생각을 선택하여 진실로 행함으로써 인간은 완벽한 경지에 오를 수 있다."

꿈은 죽는 날까지 꺼져서는 안되는 생명의 불씨입니다. 불씨를 끄도록 유혹하는 사람들의 말에 귀 기울이지 말기 바랍니다. 여러분이 어떤 일을 시작하려고 할 때, 그것이 불가능하다고 가장 설득력 있게 역설하는 사람은 이제까지 한 번도 그 일을 해본 경험이 없는 사람임이 분명합니다. 당신이 무엇인가 새로운 삶의 변화를 모색하려고 할 때, 가장 강력하게 반대하는 사람은 매일 밤 안락한 소파에 누워 TV 시청을 유일한 희망으로 삼고 살아가는 정체된 사람들입니다. 그들이 여러분의 꿈을 훔치도록 내버려두지 맙시다. 지금 꺼져가는 꿈이 있다면 빨리 생명의 불씨에 불을 붙이시기 바랍니다. 당신의 꿈이 당신 자신의 손길을 애타게 기다리고 있습니다. 더 늦기 전에 꿈이 날개를 달도록 기회를 만들어 줍시다.

희망이 세상을 움직인다

2004년도의 조선일보 · 한국갤럽 여론조사 결과 우리 나라의 정치 · 경제 · 사회 상황에 대해 우리 국민들이 '희망을 갖지 못하고 살아가고 있다'는 응답이 69.1%에 달했습니다. 국민 10명 중 7명 정도가 왜 사는지, 어떻게 살아야 하는지, 삶의 목표가 무엇인지 등에 대한 생각 없이 그냥 날이 밝았으니까 밥을 먹고, 밥을 먹었으니까 산다는 말입니다. 또 얼마 전에 어떤 지인이 저와 함께 길을 걷다가 갑자기 로또복권을 사야 한다며 복권가게에 들어갔습니다. 그건 왜 사냐고 물었더니 일주일간 희망을 갖기 위해서라나요. 돈 몇천 원으로 일주일간의 희망이라도 갖고 싶어하는 우울한 시대가 다가오고 있는 것 같습니다.

이 세상을 움직이는 것은 희망입니다. 수확할 희망이 없으면 농부는 씨를 뿌리지 않으며, 이익을 낼 희망이 없으면 상인은 장사를 하지 않습니다. 좋은 희망을 품는 것이 바로 그것을 이룰 수 있는 지름길입니다. '사람의 몸은 심장이 멈출 때 죽지만, 사람의 영혼은 꿈을 잃을 때 죽는다'는 말이 있습니다. 어려운 환경을 탓할 것이 아니라, 희망을 가지지 못한 것을 부끄러워할 줄 알아야 합니다. 세월은 세상을 주름지게 하지만, 정열과 희망을 포기하는 것은 영혼을 주름지게 합니다. 꿈을 잃는 것은 인생의 나아갈 방향을 상실하는 것이기 때문입니다.

세계역사를 살펴보면 어떤 아이디어, 계획, 과제가 절대로 이루어질 수 없다고 믿었던 수많은 사람들이 있었다는 사실을 알 수 있습니다. 반면

"나는 할 수 있다."

라고 확신했던 소수의 도전적이고 긍정적인 사람들이 분명 있었습니다. 역사는 매번 바로 그들, 긍정을 외치는 소수에게 성공이 돌아갔음을 확인해줍니다. 이탈리아의 조각가 아고스티노 단토니오와 기타 다른 조각가들은 커다란 대리석으로 열심히 작업을 했으나, 자기가 원하는 작품을 만들 수 없었습니다. 그래서

"이 돌로는 조각할 수가 없어!"

라고 탄식할 뿐이었습니다. 그런데 미켈란젤로는 그 돌에서 가능성을 보았습니다. 그는

"나는 할 수 있어!"

라는 신념으로 그 돌로 세계적인 걸작품 '다비드상'을 만들어낸 것입니다.

에스파니아의 항해전문가들은 동인도제도로 가는 지름길이라고 하는, 지금까지와 정반대 방향인 대서양을 건너겠다는 컬럼버스의 꿈을 허무맹랑한 것으로 보았다고 합니다. 그러나 이사벨라 여왕과 페르디난트왕은 전문가들의 의견을 무시하고

"제가 하겠습니다."

라고 말한 컬럼버스의 고집에 손을 들어줬습니다. 컬럼버스는 지구가 둥글다는 믿음을 가진 용기있는 부하들을 이끌고 니나, 핀타, 산타마리아호를 타고 새로운 땅을 찾아 항해를 떠납니다. 그리하여 아메리카 대륙을 발견하게 됩니다. 보통사람들이 불가능하다고 생각했던 일을 이룬 것입니다.

인류 역사상 가장 위대한 발명가로 알려진 토머스 에디슨조차도 자동차를 만들겠다는 헨리 포드를 낙담시킨 일이 있다고 합니다. 에디슨은 포드의 기상천외한 계획이 불가능하다고 판단해 말렸던 것입니다. 그러나 포드는 자동차에 대한 꿈을 끈질기게 밀고 나갔습니다. 그리고 오랜 노력 끝에 결국 자동차를 만들고야 말았습니다.

저명한 물리학자들은 라듐의 발견이 불가능한 것으로 믿고 퀴리 부인에게 쓸데없는 짓 하지 말고 아예 집어치우라고 말렸다고 합니다. 그러나 퀴리는

"나는 할 수 있어요."

라고 밀고 나갔으며, 그 결과로 라듐을 발견했을 뿐만 아니라, 노벨 화학상과 물리학상을 수상하는 영예를 차지했지요.

오빌과 윌버 라이트 형제는 또 어떻습니까? 하늘을 나는 기계(비행기)를 만들겠다고 하자 신문기자, 친구, 군인, 심지어 아버지까지도 말도 안되는 아이디어에 대하여 극구 반대를 했다고 합니다. 하지만 라이트 형제는 새처럼 하늘을 날 수 있다고 확신했습니다. 한번도 꿈을 포기한 적이 없었습니다. 마침내 노스캐롤라이너의 키티 호크해변에서 그 웃기는 아이디어가 현실화 되었다는 것을 세상에 알리게 되었지요. 꿈을 실현하는 것입니다.

벤자민 프랭클린이 조명기구를 만들겠다고 했을 때 사람들은 미친 짓이라고 말렸습니다. 주위 사람들이 보기에는 그가 너무도 엉

뚱했던 것이지요. 많은 사람들이 오일램프를 대신할 만한 조명기구를 만들 수 없을 것이라고 생각했지만, 프랭클린은 자신이 해낼 수 있다는 신념으로 결국 그것을 만들어냈습니다.

운명 개척

알렉산더 대왕이 세계 제패의 야망을 품고 전장으로 출발하기 전에 자신이 소장하고 있던 보물을 주위 사람들에게 전부 나누어 주어버렸다고 합니다. 그러자 대신 중 한 사람이 왕의 행동을 의아해하며 물었습니다.

"폐하의 보물창고는 텅 비게 되었습니다. 폐하의 뜻을 도무지 이해할 수가 없습니다."

알렉산더 대왕은 미소를 띠며 대답했습니다.

"내가 간직하고 있는 비장의 보물은 아직 내게 있다네."

"폐하, 그것이 무엇입니까?"

"그건 바로 '이상'이라는 것이라네. 그 '꿈'이 있기에 오늘의 내가 있으며, 또 내일의 내가 있을 수 있는 것이지."

어느날 그 알렉산더 대왕이 군대를 이끌고 숫자가 열배나 많은 적과 싸우게 되었다고 합니다. 싸움터로 가던 도중 대왕은 작은 사원에 들러서 승리를 기원하는 기도를 올리게 됩니다. 그가 얼마 후 기도를 마치고 나오자 위축되어 있던 장수들과 병사들이 기대에 찬 눈빛으로 그를 쳐다보았습니다. 이 때 대왕은 손에 동전 하나를 들고 말했습니다.

"자, 이제 기도를 마쳤다. 이 기도는 틀림없이 영험이 있을 것이다. 나는 이 동전을 던져 영험을 시험해 보고자 한다. 이 동전을 공중에 던져 앞이 나오면 우리가 승리할 것이고, 뒤가 나오면 우리는 패배할 것이다."

대왕은 비장한 표정으로 동전을 하늘 높이 던졌습니다. 모두들 숨을 죽이고 동전을 주시하고 있는데, 군사들이 떨어진 동전을 보니 앞면이 위로 올라와 있었다고 합니다.

"와! 앞면이다! 우리가 이긴다!"

기쁜 함성이 천지를 뒤흔들었고, 겁먹었던 병사들의 사기는 단번에 충천해버렸습니다. 그래서 그들은 10배나 되는 적을 간단히 격파할 수 있었지요. 불가능해 보이는 일이 이루어진 것입니다. 승리를 축하하는 자리에서 한 장군이 말했다고 합니다.

"운명이란 무서운 것이군요. 저희가 열배나 되는 적을 이겼으니 말입니다."

그러자 알렉산더 대왕이 말했습니다.

"그럴까? 그 동전은 양쪽 다 앞면이었는 걸!"

이기게 된 전쟁이라는 확신을 가지고 싸웠기 때문에 이긴 것입니다. 운명이 승리를 결정해주는 것이 아니라, 승리하도록 운명을 개척해가는 것입니다. 일본 전국시대 기라성 같은 영웅들이 천하를 다툴 때, 인내와 끈기로 최후의 승자가 되어 에도 막부 시대를 연 도쿠가와 이에야스(德川家康)도 아들에게 '전쟁이란 이긴 싸움을 확인시켜주는 과정일 뿐'이라고 말했다고 합니다.

사막에 피는 꿈

두바이의 통치자이자 아랍에미리트연합(UAE) 총리겸 부통령인 셰이크 모하메드(Sheikh Mohammed).

가난했던 두바이를 지구상에서 가장 역동적인 성장 허브(거점)로 탈바꿈시킨 그는 모래뿐인 불모지에 '중동의 뉴욕'을 건설한 창조적 비전의 리더십으로 세계적 각광을 받고 있습니다. 그는

"우리는 아무 것도 없는 사막에 온갖 상상력을 가득 채우는 방식으로 두바이를 건설하고 있습니다. 우리는 거대한 꿈과 눈부신 비전을 가졌습니다."

고 말했습니다. 두바이에선 항상 '세계 최초', '세계 최대', '세계 최고'의 수식어가 따라 붙는 사업이 벌어지는데 이런 창의적 아이디어는 어디서 샘솟는 것일까?

"황량한 사막 벌판을 보면서 저는 그 공간 전체를 가득 채울 상상력에 충만해집니다. 아무 것도 없는 사막이기에 우리는 공간의 제약 없이 꿈꾸고 탐험할 자유를 갖게 됩니다. 창조적 아이디어가 마음껏 발휘될 수 있는 최적의 환경을 만들기 위해, 큰 꿈과 비전을 총동원하고 있습니다. 이 세상의 모든 발전과 개혁은 주변 환경을 더 낫게 만들고자 하는 인간의 열정에서 비롯되었습니다. 그 열정에 힘을 불어넣고 뿌리내리게 하는 것, 이것이 바로 우리가 지구상에서 가장 멋진 도시를 건설하는 방식입니다."

향후 100년 앞을 내다보는 야망과 꿈을 가지고 상상력을 결합하여 두바이의 미래를 디자인하는 '셰이크 모하메드' 왕의 강한 의지는 두바이를 중동의 두바이가 아니라, 세계의 두바이로 바꾸고 있

습니다. 조그만 사막의 소국에서 연간 1억명의 관광객을 유치하겠다는 무모한 꿈을 꾸고, 국토 해안선의 길이를 4배로 늘리겠다는 황당한 발상을 하며, 두바이에 투자하는 외국기업은 현지에서 100% 융자를 알선해주고도 세금 한 푼 내지 않아도 되는 '100% 대출, 100% 면세정책'을 시행하기도 합니다.

7성급 호텔로 유명한 '버즈 알 아랍' 호텔과 야자수 모양의 인공섬 프로젝트, 디즈니랜드 8배 규모의 '두바이랜드' 등의 계획이 모두 그의 머리에서 나왔습니다. 2005년 타임지(誌)는 그를 '세계를 변화시킨 지도자 100명'의 한 사람으로 선정했습니다.

- 꿈 -

꿈은 늘 그 곳에 있습니다.
당신이 하고 싶고, 되고 싶어하는 그 순간부터
늘 변하지 않는 모습으로 그 곳에 있습니다.
결코 꿈은 당신을 배신하거나 버리지 않습니다.
그럼에도 불구하고 꿈이 이루어지지 않는 것은
당신이 꿈을 향해 적극적으로 다가가지 않기 때문입니다.
'그렇게 되면 얼마나 좋을까' 라는 생각만 할 뿐
그렇게 되기 위해 무엇을 어떻게 해야 하는지를
생각하고 실천하지 않기 때문입니다.

8
적은 쪽에 서서

정보의 홍수 속에서

빙산과 얼음부스러기

좁은 문으로 들어가자

생각의 차이

소수가 다수의 위에

3

머시룸 요법

정보의 홍수 속에서

우리 주변에는 자기와 직접 관련이 없는 일에 많은 관심을 쏟는 사람들이 적지 않습니다. 모 정치인의 고향이 어디이며, 학별이 어떻고, 경력이 무엇이며, 누구와 가깝다는 등의 말들을 자주 합니다. 그리고, 연예인들의 사생활에도 지나친 관심을 갖습니다. 누가 어느 연속극에서 주연을 했고, 가족 사항은 어떠하고, 얼굴 어느 부위를 성형수술했고, 누구와 친하다는 등 자기 인생에 전혀 도움이 되지 않는 일에 정력을 쏟는 것이지요.

여우와 고양이

숲속을 지나던 여우가 고양이를 만났다.

"고양이야, 너는 무서운 짐승을 만났을 때 재빨리 도망가는 방법을 아니?"

여우가 뽐내며 물었다.

"한 가지 방법밖에 몰라요."

"이런 바보 같으니라구. 도망가는 재주가 겨우 한 가지밖에 없다니. 무서운 짐승을 만나면 잡아먹히기 꼭 십상이다."

여우가 고양이를 비웃었다.

"어머! 그럼 여우님은 몇 가지 재주를 가지고 계세요?"

"나 말이니? 나야 너무 많아서 이루 다 셀 수가 없단다."

"그렇게나 많아요?"

"그래, 그러니까 제 아무리 무섭고 사나운 짐승이 나타나도 나

를 잡을 수는 없지."

그렇게 여우는 잘난 척하며 여러 가지 도피법을 설명하면서, 고양이 앞을 왔다 갔다 하고 있었다. 이 때 사자가 이들을 갑자기 덮쳤다. 한 가지 도망가는 방법밖에 모르는 고양이는 미리 보아두었던 나무 위로 재빨리 피했다. 그러나 큰 소리 치던 여우는 여러 가지 피하는 방법 중 무슨 방법으로 도망가야 될지 몰라 우물쭈물 하다가 사자밥이 되고 말았다.

여러 가지를 조금씩 많이 아는 것보다는 자기가 필요로 하는 몇 가지를 명확하게 내 것으로 체험화하는 것이 중요하다는 것을 일깨워주는 우화입니다. 우리는 지금 인터넷, 위성방송, 수백 종의 잡지, 수천 종의 신문을 비롯한 수없이 많은 정보의 홍수 속에서 살고 있습니다. 정보는 이미 우리 삶의 중요한 화두가 되고 있습니다. 이제 세계에서 생산되고 있는 정보량을 가늠한다는 것은 불가능해 보입니다. 하루에도 수십만 개의 인터넷 웹페이지가 만들어지고 또 사라지고 있습니다.

제3의 물결, 즉 지식기반의 사회가 도래하면서 과거 백과사전이나 몇몇 미디어매체에 의존해서 단편적으로 받아들이던 정보의 양에 비해, 요즘은 정보와 지식이 전 세계에 거미줄처럼 연결된 인터넷을 통해 홍수처럼 쏟아지고 있습니다. 사실상 독점적이고 폐쇄적이던 정보의 시대는 가고, 누구나 원하는 정보에 쉽게 접근할 수 있도록 변화된 것이지요. 과거엔 일부 계층이 지식과 정보를 독점적으로 확보했다면, 이젠 누구나 '구하기만 하면 얻을 수 있는 시대'가 된 것입니다.

유럽의 전문가들에 의하면 세계에서 발행되는 간행물의 양은 매 5년을 주기로 2배씩 늘어나고 있다고 합니다. 많은 양의 음반, 카세트, CD가 봇물처럼 쏟아져 나오고, 여기에 수십 개의 TV채널, 비디오, 영화 등의 영상매체까지 합치면 현대인은 완전히 정보의 홍수 속에 파묻혀 사는 것이지요.

이렇게 주체할 수 없는 정보에도 불구하고 이것을 수집하고, 분류하고, 가공하지 않으면 대부분의 정보가 컴퓨터나 홈페이지, 블로그의 한 구석을 차지하는 쓰레기에 불과합니다. 다시 말해서 정보를 그대로 받아들이거나, 남의 글을 그냥 복사해서 붙여넣기를 하는 행위는 저작권 문제를 떠나서 단지 쓰레기를 쌓아놓는 행위일 뿐입니다. 분석적이고 창의적인 사고를 가지고 정보를 자신에게 맞게 가공하고, 문제를 해결하고, 원인을 찾기 위해 다각적인 정보와 지식을 이용할 줄 알아야 합니다. 어떤 것이 좋고 유익하고 적합한 음식인 줄 알지 못하고 뒤죽박죽으로 먹어대면 소화가 되지 않음은 물론이며, 병까지 얻게 됩니다.

서독 자르브뤼켄 대학의 소비자 태도조사연구팀의 조사결과에 의하면 현대인은 자기가 경험한 정보의 10%도 기억을 하지 못한다고 합니다. 신문의 92%, 잡지의 94%, TV의 97%, 라디오의 99%는 스쳐지나가는 정보의 쓰레기에 불과하다는 것입니다. 또한 그러한 정보들 대부분이 나의 발전 및 성공과는 관계가 없는 것들이라서 필요한 것만을 골라서 가공하여 나의 정보를 만들기도 쉽지 않습니다. 무조건 많은 정보를 가지고 있다고 해서 그것이 큰 보배가 되는 것은 아닙니다.

빙산과 얼음부스러기

북극의 큰 섬인 그린랜드 근해를 항해하는 사람들은 엄청나게 큰 빙산들이 바다에 떠서 흘러가는 장관을 보게 된다고 합니다. 우리가 아는 대로 빙산은 물 위에 보이는 것의 열 배정도 더 큰 얼음덩어리가 물 속에 잠겨 있는 것이지요. 그래서 겉으로 나타난 사실보다 더 깊은 사유가 있는 경우를 두고 '빙산의 일각'이라는 말을 합니다. 이 큰 얼음산들은 바다의 조류를 따라서 따뜻한 곳으로 흘러가 녹아 없어질 때까지 2년 내지 10년 동안 조용히 바다를 떠다닌다고 합니다.

그런데 대부분의 사람들이 그 큰 빙산이 서서히 흘러가는 바다를 바라보며, 한 가지 이상하게 생각하는 일이 있다고 합니다. 그것은 빙산 말고도 수많은 얼음부스러기들이 바다에 떠다니고 있는데, 그 작은 얼음부스러기들은 빙산이 흘러가는 방향과 관계 없는 방향으로, 또는 심지어 반대 방향으로 흘러가고 있다는 사실입니다. 왜 그런 현상이 발생하는가 하면, 큰 빙산은 바다 밑의 큰 조류에 따라서 조용히 흐르고 있으나, 작은 얼음부스러기들은 물 표면의 바람과 물결에 의해서 움직이기 때문이지요. 얼음부스러기들은 말하자면 일정한 방향으로 흘러가는 것이 아니라, 둥둥 떠다니면서 이리저리 부표(浮漂)하는 것입니다.

우리의 삶도 마찬가지입니다. 얼음부스러기처럼 어디로 흘러가는지도 모르게 순간 순간 불어오는 바람과 물결의 파동에 휩쓸려 흘러가듯 세월을 보내는 경우가 많이 있습니다. 진리의 조류를 따라 진정한 가치를 지니며 살기보다는, 우선 즉흥적으로 즐겁게 해주는 세상의 현상들에 귀가 솔깃하여 그것에 따라 행동하기 쉬운 약점들을 갖고 있는 것이지요. 표면에만 휩쓸려서 바람부는 대로 물결치는 대로 흘러가다 보면, 헛된 결과에 도달하게 됩니다. 그런 삶을 산다면, 그야말로 부스러기 얼음조각과 같은 존재에 불과하도록 스스로 만드는 것입니다. 바닥을 구르는 낙엽처럼 방황하는 삶이고, 깊이 없는 삶 이상의 의미는 없는 셈입니다. 부스러기 얼음조각 같은 인간이 되고 싶은 사람이 어디 있겠습니까?

그러나 대부분의 사람들이 자신도 모르는 사이에 부스러기로 전락하여, 현재의 삶이 세상이 흔드는 대로 휩쓸려 왔다 갔다 하고 있는지도 모릅니다.

어느 사회든 거기에는 반드시 빙산처럼 깊은 조류를 따라서 묵묵히 자기 길을 가는 소수의 사람들이 있고, 또 부스러기 얼음덩이처럼 표면의 바람을 따라서 바람직하지 못한 방향으로 흐르고 있는 다수의 사람들도 있기 마련입니다.

좁은 문으로 들어가자

'좁은 문으로 들어가라. 멸망으로 인도하는 문은 크고 그 길이 넓어 그리로 들어가는 자가 많고, 생명으로 인도하는 문은 좁고 길이 협착하여 찾는 자가 적음이라' 라는 말씀이 있습니다. 남들이 다 알고서 손쉽게 찾아가거나, 잦은 발길로 이미 넓어진 길로 남들처럼 생각없이 같이 가다 보면 낭패를 보기 쉽다는 말입니다.

스프링벅의 질주

남아프리카에 사는 양들 중에 스프링벅(Springbuck)이라는 산양이 있다. 이 산양은 아주 날렵하고 뛰어오르는 힘도 대단하여 스프링벅이라는 이름이 붙여졌다고 한다. 동물 가운데서 높이뛰기를 제일 잘한다. 이 산양들은 이른 봄이 되면 풀이 있는 곳으로 한두 마리씩 모이기 시작하여 열 마리, 스무 마리, 백 마리씩 무리지어 초원에서 평화롭게 풀을 뜯는다. 그런데 개체수가 점점 늘어나 무리가 커지게 되면 문제가 생기기 시작한다. 앞쪽에 있는 양들이 풀을 뜯어먹어버리면 뒤에 있는 양들은 먹을 풀이 없어져 조금이라도 앞으로 나가서 풀을 차지하려고 경쟁을 하게 된다. 그러면 앞에 있던 양들도 선두를 뺏기지 않으려고 더 앞으로 나가게 된다. 이렇게 하다 보면 다른 양들도 남들을 따라 서로 앞서가려고 야단이다. 마침내 풀을 먹는 것은 아예 제쳐 두고 서로 앞서가려고만 하다가, 속도가 점점 더 빨라져 흙먼지를 일으키면서 달려간다. 왜 달리는지도 모르고 덩달아 달려간다.

처음에는 남보다 더 먹으려고 앞서 가기 시작했지만, 이제는 먹는 것도 잊어버리고 그냥 달린다. 너도 가면 나도 가고, 모두가 앞서겠다는 생각으로 달리다 보면 어느덧 강이나 계곡이 있는 낭떠러지에 도달하게 된다. 그런데 달리고 있던 무리들이 위험을 감지할 때는 이미 늦어버려, 대부분의 양들이 뒤쪽에서 밀려드는 무리에 떠밀려 떨어져 강물 속으로 빠져서 죽게 된다.

떨어져 죽는 줄도 모르고 그저 따라가는 것입니다. 다른 산양들에 비하여 대열에서 뒤처져서 살아남은 취약한 소수의 스프링벅이 후에 번식을 시작하고, 얼마 후 개체수가 늘어나면 다시 그 과정을 반복하게 되지요. 우리 모두 대다수에 휩쓸려가기 쉬운 현대에 정신차리지 않으면 스프링벅의 신세가 되기 쉽습니다.

IT 버블

1990년대 말 코스닥 열풍이란 게 우리 사회를 휩쓸었다. 이른바 벤처기업 · 닷컴기업(인터넷업체)들의 주가가 치솟으면서 20~30대 벤처창업자들의 재산이 수천억 원으로 불어났다. 벤처 주식투자로 수십억 원, 수백억 원을 번 투자가들의 무용담이 온 사회를 휩쓸었다. 2000년 3월에는 모 통신소프트웨어업체의 사장이 39세의 나이로 일약 7,000억 원대 부자대열에 올랐다. 당시 그의 주식 평가금액은 7,533억 원으로 삼성그룹 회장의 8,621억 원에 이어 2위에 이르는 수준이었다.

직장인, 동창회, 친목회, 술좌석의 단골메뉴도 벤처신화였다.

대박의 꿈에 부푼 샐러리맨, 대학생, 주부, 농민들이 코스닥에 열광하였다. 투자자들이 몰리자 회사의 수익과는 상관없이 액면분할 · 유상증자 · 무상증자 · 회사명 바꾸기와 같은 소재만으로도 코스닥기업의 주가가 1주일 이상 상한가를 치기도 했다. 벤처창업주들 중 상당수는 이 기회에 별 것 아닌 자기 회사의 가치를 부풀려서 벤처투자자들에게 엄청난 돈을 받고 팔아버렸다. 남들은 하루에도 수백만 원, 수천만 원을 벌고 있는데, 나만 손해를 보는 듯하다며 늦게 벤처투자에 뛰어든 사람들도 많았다.

그런데 2000년 하반기부터 스타기업들이 시가총액에 비춰 '터무니 없는' 매출을 기록하면서 거품성장이라는 지적이 나왔다. 특히 수익 모델이 빈약했던 닷컴기업들이 비난의 표적이 됐다. 인터넷 무료전화라는 아이템으로 일약 스타덤에 올라 코스닥 등록 이후 액면가 500원짜리 주식의 주가가 한 때 40만 원 가까이 갔던 어떤 벤처기업은 금융수익 외에 여타 수익을 창출하지 못하면서 주가는 후에 4천 원 대로 급락했다.

이 과정에서 멋모르고 주식에 뛰어든 수많은 개미투자자들은 큰 피해를 보았고, 이것이 후에 커다란 사회문제화 되었다. 닷컴주가 폭등기의 최대 피해자는 대다수의 일반 투자자였고, 최대 수혜자는 소수의 브로커(증권회사)와 벤처기업주들이었다. 증권회사는 벤처기업 주식거래로 막대한 수수료를 챙겼다. 미래 가치에 대한 기대감만으로 투자했던 수많은 투자자들만 돈을 날린 셈이다.

남들이 다 가는 방향으로 생각 없이 따라 가서 스프링벅의 신세가 된 것입니다. 어디 그 뿐입니까? 21세기에는 IT(정보통신)가 유망하다는 사회적 붐이 형성되니까 각 대학마다 경쟁적으로 정보통신 관련학과를 신 · 증설하였고, 심지어 어느 대학교는 정보통신학과의 입학정원을 200명으로 늘린 곳도 있었습니다. 기타 공과대학의 타 학과들이나 또는 IT와 관련 없는 학과에서도 정보○○학과, △△정보학과 등 '정보'라는 말을 붙이기에 혈안이 되었습니다. 그 결과로 단기간에 정보통신 인력이 폭발적으로 증가하다보니 몇 년 만에 결국 공급이 넘쳐서 졸업생들이 취업을 하는데 큰 어려움을 겪게 되었지요. 차라리 IT와 관련이 없는 과의 졸업생이 지금도 꾸준히 잘 나가고 있습니다.

앞선 생각으로

해마다 김장철이 되면 한창 수확에 들어가야 할 농가가 무 배추 가격이 폭락할까봐 농민들이 시름에 잠기게 되는 경우가 많다. 가을 김장 배추 출하시기를 맞아 수확만을 기다리던 배추밭에 트랙터가 들어가 이를 갈아엎는 경우도 자주 본다. 남이 다 할 수 있는 일을 하기 때문에 매년 반복하다시피 이러한 일을 당하는 것이다.

그런데 이런 현상과 달리 요즘 농촌에서도 조금만 더 남보다 앞선 생각을 하고, 남들이 하지 않는 일을 도전적으로 하면 큰 이익을 낼 수 있다 한다. 2007년 어느 가을날 서울 관악구의 주민들이 전남의 옴천면 개산리 들녘을 찾았다. 이 곳이 오지라는 자연환경을 활용, 전국에서 처음으로 '친환경 농업특구'를 선포한 곳이다. 이 곳 농민들은

"친환경 농법을 시도한 후 예전보다 소득이 나아졌다."

며 활기에 차 있다.

"이 곳에서는 당근과 감자, 참깨를 1년 3기작 합니다. 전혀 농약을 사용하지 않습니다. 그래서 벌레들이 이렇게 보이는 것이죠."

고향으로 돌아와 농사짓고 있는 최병진씨의 말에 도시 주부들이 고개를 끄덕였다. 일반 감자는 20kg당 2만 원선으로 판매되나, 최씨가 수확하는 감자의 경우 4만~5만 원을 받고 있다고 한다. 배 이상의 소득을 올리고 있는 셈이다.

"제초제를 쓰지 않는 대신 우렁이를 논에 키웁니다. 우렁이들이 잡초를 먹어 없애주니 우렁이도 키우고, 제초도 하는 일석이조(一石二鳥)인 셈이지요."

앞선 생각을 가지고 다른 지방의 농민들과 다르게 시도한 결과이다.

생각의 차이

대학에서 경영학을 전공한 한 젊은이가 백화점에 취직했습니다. 이 젊은이는 당연히 경영 부서의 보직을 받을 줄 알았는데, 친구와 함께 '엘리베이터 안내직'을 맡게 되었습니다. 친구는 크게 실망하여 백화점을 그만두었으나, 이 젊은이는 생각을 달리 하였습니다. 엘리베이터를 안내하면 고객들과 쉽게 만날 수 있어 그들의 구매심리 파악이 쉬울 것으로 생각했습니다. 돈 안들이고 많은 사람들의 구매 심리를 현장에서 검증할 수 있는 기회가 주어졌으니 참 기분이 좋았습니다. 그래서 날마다 즐겁게 그 일을 했지요. 그 후 젊은이는 얼마 안되어 부서 책임자가 되었고, 나중에는 최고 경영자가 되었습니다. 바로 세계적인 백화점 왕 페니(James Cash Penney)

의 이야기입니다.

두 젊은이가 똑같이 대학을 졸업했고 똑같은 일을 했지만, 한 사람은 세계적인 백화점 왕이 되었고, 한 사람은 직장을 그만 두었습니다. 이들의 차이는 무엇일까요? 환경적인 조건인가요? 능력의 차이인가요? 결국 생각과 마음가짐의 차이인 것입니다. 생각을 어떻게 하느냐에 따라 엄청난 차이가 난 것이지요. 처음 출발할 때 한 사람은 자기 환경을 기분 나쁘게 생각했지만, 한 사람은 그것을 기회로 삼은 것입니다. 출발할 때의 생각은 조그마한 차이에 불과했지만 결과는 엄청난 차이가 나게 된 것입니다.

생각이란 바로 이런 것입니다. 사람이 어떤 마음을 먹느냐에 따라 그 사람의 인생이 달라지게 됩니다. 마음의 차이에 따라 인생은 커다란 차이가 나는 법입니다. 인간은 생각한대로 행동하게 됩니다. 예를 들어 폭이 60㎝ 정도인 튼튼한 판자를 얕은 개울에 걸쳐놓고 그 위를 걸어서 건너라고 하면 아주 쉬울 것입니다. 그런데 이 판자를 여의도 쌍둥이 빌딩의 옥상 사이에 단단히 걸쳐놓고 걸어서 건너가라고 하면 다리가 후들거려서 건너갈 사람이 없을 것입니다. 똑같이 건넌다는 행위이지만, 얕은 개울이냐, 높은 빌딩이냐 하는 것이 결정적인 차이가 날 수밖에 없는 일입니다.

사람의 생각도 마찬가지입니다. 똑같은 행위를 두고서도 마음의 깊이가 어떠냐에 따라 확연히 달라집니다. 어떻게 생각하느냐가 중요한 것입니다.

신라의 원효대사는 661년에 의상대사와 당나라에 유학가던 중 당항성(唐項城 : 南陽)에 이르러 날이 어두워져서 빈 집에 들어가 잠을 자게 되었습니다. 그런데 자다가 목이 타서 머리맡에 있는 바가지에 있는 시원한 물을 마셨습니다. 아침이 되어 일어나 보니까,

빈 집인 줄 알았던 그 곳은 바로 허물어진 무덤이었고, 원효대사가 마신 것은 해골바가지에 담긴 구더기가 득실거리는 물이었습니다. 이걸 보고나서 원효대사는 마구 구역질을 했지요. 마실 때는 기분이 좋고 문제가 없었는데, 시간이 지난 아침에 더럽고 역겹다는 생각에 구역질을 한 것이지요. 이때 원효대사는 크게 깨달은 바가 있어 '모든 것은 마음 먹기에 달려 있다'라는 생각으로 다시 신라로 돌아오고, 결국 의상대사 혼자만 당나라로 떠났죠. 사물 자체에는 깨끗함도 더러움도 없고, 모든 것은 마음에 달렸음을 대오(大悟)하고 그냥 돌아온 것입니다.

"어떻게 태어났느냐 보다 어떻게 사느냐가 더 중요하다."

고 말하는 《오체불만족》의 저자인 장애인 오토다케는 팔과 다리의 길이가 10cm에 지나지 않는 불리한 여건 속에도 주어진 환경을 탓하지 않고 열정적으로 살며, 결국 일본의 명문 와세다 대학에 당당하게 입학하는 기적을 일으키게 되었습니다.

"환경만 따라줬으면 크게 성공했을 거야."

라고 말하는 사람들이 많습니다. 그들은 한결같이 집안이 넉넉하지 않아서, 자격 조건이 되지 않아서, 몸이 불편해서 등 그럴싸한 이유를 한 가지씩 가지고 있습니다. 자신들이 성공하지 못한 것은 그런 이유들 때문이며, 환경만 제대로 갖춰졌다면 반드시 성공했을 것이라고 자위하는 것입니다.

그런데 과연 그럴까요? 그렇다면 극단적인 어려운 환경에서도 성공한 오토다케의 경우는 어떻게 설명할 것인가요? 환경은 어떤 목표를 달성하는데 어느 정도 영향을 주기는 하지만 결정적인 역할을 하지는 않습니다. 환경이 성공에 지대한 영향을 미친다고 한다면 가난한 사람, 몸이 불편한 사람, 나이 많은 사람, 배우지 못한 사람등은 다 실패해야만 하지 않을까요? 그러나 반대로 상황이 불리하고, 환경이 불리한 사람들이 오히려 그보다 나은 처지의 사람들보다 성공한 예가 많습니다.

결국 성공하지 못한 사람들은 환경이 나빠서가 아니라, 실천력이 없었기 때문입니다. 과감하게 시도하지 못하고 머뭇거리다가 기회를 놓치고 나서는 상황이 여의치 않았다며 구차하게 변명하는 것입니다.

환경을 탓하지 않도록 합시다. 당신에게 주어진 환경은 과거에도 그랬고, 오늘도 내일도 똑같습니다. 중요한 것은 '자기 자신'입니다. 자신이 어떻게 마음먹느냐에 따라 어려운 환경은 아무 것도 아닌 것이 될 수도 있으며, 오히려 그 환경이 스스로를 발전시키는 발판이 될 수도 있는 법입니다.

소수가 다수의 위에

1953년 미국의 하버드대학에서 졸업생을 상대로 다음과 같은 설문조사를 했다고 합니다.

① 당신은 인생의 목표를 세웠습니까?
② 그 목표를 글로 적었습니까?
③ 그 목표를 이루기 위해 계획을 세웠습니까?

라는 설문 조항이었지요. 이 조사를 한 결과,

- 별다른 목표가 없는 졸업생이 27%
- 희미한 목표를 가지고 있는 졸업생이 60%

– 비교적 단기적인 목표가 있는 졸업생이 10%

– 명확하고 장기적인 목표가 있는 졸업생이 3%

였다고 합니다. 그 25년이 지난 후 이들을 대상으로 사회적인 활동 상황을 조사해보았답니다. 명확하고 장기적인 목표가 있던 3%의 사람은 사회 각계의 핵심적인 최고 인사가 되어 있었습니다. 그들 중에는 자수성가한 사람도 있으며, 대부분 사회의 주도적인 위치에서 영향력을 행사하고 있었습니다. 그리고 이들이 축적한 부(富)가 나머지 97%의 것보다 10배나 많게 나왔습니다. 이들은 소위 일류의 삶을 살고 있는 것입니다.

10%의 단기적인 목표를 지녔던 사람들은 대부분 사회의 중위층에 머물러 있었습니다. 그들은 자기들의 목표를 단계별로 나누어 달성함으로써 어느 정도 안정된 생활 기반을 구축하고 있었던 것입니다. 이들의 직업은 의사, 변호사, 건축가, 기업가 등이었습니다. 이류 인생이라 할 수 있습니다.

반면 목표가 희미했던 60%는 대부분 사회의 중하위층에 머물러 있었습니다. 그들은 모두 안정된 생활환경에서 일하고 있었지만 뚜렷한 성과는 없었습니다. 삼류생활을 하고 있는 것입니다. 그런데 나머지 27%의 목표가 없었던 사람들은 모두 최하위 수준의 생활을 하고 있었으며, 취업과 실직을 반복하며, 사회가 나서서 구제해주기만을 기다리는 신세가 되어 있었습니다. 하류 인생을 살고 있는 것이지요. 목표의식을 가지고 생활하는 것이 얼마나 큰 차이를 보이는가에 대한 연구결과입니다.

이 결과는 자신의 꿈과 목표를 설정하고, 그것을 항상 상기한다면 틀림없이 이룰 수 있다는 것을 의미합니다. 자신에게 분명한 목표가 있고, 항상 그 목표를 상기하는 사람은 그 목표를 이루는 방법을 스스로 끊임없이 찾아내게 되는 것이지요.

자유세계의 많은 사회현상이 무질서해 보임에도 불구하고 그 국가나 사회가 점점 더 긍정적으로 발전해나가는 것은 그 사회를 이끌어가는 소수의 선도자들이 있기 때문이며, 통계적으로 그 수는 전체 인구의 3% 정도라고 합니다. 이 정도의 지도자급 사람들만 항상 깨어 있다면 그 국가와 사회는 건강하다는 것입니다. 그런데 그 3%에 속하는 사람들이 본래부터 그렇게 분류되어 있었던 것이 아니라 그들도 나머지 대다수의 사람들과 별로 나을 것이 없는 환경 속에서 꿈과 비전을 가지고, 긍정적으로 인생에 도전하여 그 자리에 도달한 것입니다.

한국 게임 산업 개발원에서 일본 CESA(컴퓨터엔터테인먼트협회)와 공동으로 조사 분석한 《한일 게임이용자 조사보고서》에 따르면 한국은 61.1%, 즉 전 인구의 3천만 명 정도가 매일 게임을 즐긴다고 합니다. 이들은 게임이 어떻게 만들어졌는지도 모르면서, 남이 만들어준 게임에 몰두하여 세월을 낭비하고 있습니다. 그런데 그들이 모르는 그중 극소수는 그러한 게임을 개발하는 업무에 종사하는 성공한 사람들이라는 것입니다. 막연히 남이 만든 게임을 그저 하릴없이 즐기는 사람들과 밤낮 없이 게임 개발에 열중하는 사람들과의 차이는 몇 년 뒤 어떻게 될까요? 누가 성공하고 누가 실패할 것인가는 물어보지 않아도 뻔한 일입니다.

인생을 끌고 갈 것인가, 아니면 끌려갈 것인가는 여러분 자신에게 달려 있습니다. 대부분의 사람들은 상황에 이끌려 가는 '반응적 인간군'에 속하며, 소수의 사람들은 인생을 적극적으로 이끌고 가는 '주도적 인간군'에 속합니다.

9
멀리 보고

아무도 늦지 않았다
야곱과 에서
마시멜로 이야기
파이프라인 우화

아무도 늦지 않았다

우리는 흔히 시간에 쫓겨 살아간다고 합니다. 한시라도 더 빨리, 더 멀리, 더 높이 날아오르기를 원합니다. 남보다 먼저 하지 않으면 도태되는 것 같아 견딜 수 없는 사람들이 많습니다. 그러나 로마가 하루 아침에 건설되지 않았듯이 귀한 일들은 단기간에 이루어질 수 없습니다. 좋은 것은 모두 많은 시간, 많은 세월이 흘러야 열매를 거둘 수 있습니다.

포도원 품꾼

어떤 포도원 주인이 아침 일찍 나가서 일꾼들을 만나 하루 한 데나리온(약 5만 원)씩 지불할 것을 약속하고 포도원에 들여보냈다. 또 오전 아홉 시에 나가서 만난 사람도, 낮 열두 시와 오후 세 시에 만난 사람도, 오후 다섯 시에 만난 사람도 동일하게 한 데나리온을 약속하고 포도원에서 일을 시켰다. 날이 저물어 일이 끝나자 포도원 주인이 모두에게 품삯을 동일하게 한 데나리온씩 주었다. 먼저 온 자들이 더 받을 줄 알았었는데, 자기들도 한 데나리온씩만 받게 되자 포도원 주인에게 불평을 하였다. 그러나 주인의 대답은 다음과 같다.

"내가 당신들에게 잘못한 것이 없소. 당신들이 나와 한 데나리온의 약속을 하지 않았소? 나중 온 이 사람에게 당신들과 같이 주는 것이 내 뜻이오."

일찍 시작했다고 해서 여유를 가질 것도 없고, 늦게 시작했다고 해서 서둘거나 낙망할 필요도 없다는 뜻입니다. 우리 모두는 지금 시작해도 뜻을 이룰 수 있습니다. 때때로 성공을 위한 조바심이 욕심이 되어 일을 그르치는 경우가 많습니다. 이솝우화에 나오는 '황금알을 낳는 거위'에 대한 이야기는 사람들이 조급하게 굴다가 큰 일을 그르칠 수도 있다는 것을 암시합니다. 천천히 그리고 멀리 바라보는 안목으로 인생을 설계해야 할 것입니다.

꿈을 꾸는 자와 돈을 좇는 자

미국의 한 철도회사에서 두 사람이 도랑을 파고 있었다. 한 사람은 일을 시작한 지 얼마 안되는 젊은이었고, 또 한 사람은 그와 같은 일을 이십년 이상 계속하고 있는 나이 든 사람이었다. 젊은 사람이 나이 든 사람에게 물었다.

"어제 저녁에 선배님이 회장님의 리무진에서 내리시는 것을 본 것 같습니다."

나이 든 사람이 대답했다.

"자네 말이 맞네! 회장님과 내가 저녁식사를 마치고 헤어졌지."

젊은 사람이 이상해서 다시 물었다.

"아니, 어떻게 감히 회장님과 같이 식사를 하십니까?"

"회장님과 나는 오래 전부터 잘 아는 친구 사이일세. 입사 당시부터 우리는 똑같이 도랑을 파는 일을 했다네. 그런데 회장님은 꿈을 갖고 일을 했으나, 나는 돈만 벌려고 일을 했다네!"

먼 훗날을 보고 일을 한 사람과 당장 눈앞의 이익을 보고 일한 자의 차이입니다. 코 앞에 있는 현실에 전전긍긍해서는 멀리 나가지 못합니다. 어디론가 가야 한다면, 갈 길쪽으로 정면 응시를 한 채 멀리 보고 정확하게 발걸음을 옮겨야 할 것입니다.

늦깎이 이순신

이순신은 어릴 때 주로 전쟁놀이를 하고 놀다 32세란 아주 늦은 나이에 무과에 겨우 급제하여, 먼 함경도 땅 동구비보의 권관(종 9품)이라는 최하급 자리에 임명되었다. 그 당시의 기준으로 볼 때 고급관리로서 한 자리 해야 하는 늦은 나이에 겨우 관직에 들어선 것이다. 그리고 34세에 동구비보에서의 공적을 받아 한성의 훈련원봉사(종 8품)로 가게 되어 사무계통 일을 맡은 하급 장교가 되었다. 36세 때 서익이라는 자가 친척의 승진을 부탁했다 거절당하자 이순신 장군을 충청도 병영으로 몰아내었으며, 그 사이에 거짓 보고서를 조정에 올려 파직되기도 하였다.

41세 때에 이순신은 간신히 함경도 북쪽 끝에 있는 조산보의 만호(종 4품)로 가게 되었으며, 이듬해 8월 녹둔도 둔전관이라는 벼슬을 겸하게 되었다.

그러나 '대기만성'이라고 이순신 나이 47세에 드디어 그의 진가가 나타나기 시작한다. 전란에 오랫동안 대비한 결과 왜군을 대적한 해전에서 연전연승하여 조선을 위기에서 건지게 된다. 왜란 중에 모함을 받아 파직되기도 하였지만, 불평하지 않고 마지막 순간까지 국가를 위하여 몸바쳐 싸워 지금도 우리들의 성웅으로 추앙받고 있다.

성공을 위해서는 멀리 바라보고 원대한 계획을 세우는 것이 중요합니다. 이 간단하고 단순한 법칙은 그대로 실천하느냐, 하지 않느냐에 따라서 큰 차이를 불러일으킵니다. 당장 눈앞의 이익에 눈이 어두워 성급하게 자기 욕심만 차리면 일을 그르칠 수 있습니다. 멀리 보고 내가 가야 할 길들을 먼저 살펴보는 것이 중요합니다. 그리고 성급함이나 조바심 같은 감정들을 버리고 신중하게 한 걸음씩 이루어 나가야 합니다. 서두르고 싶지만, 그런다고 해결되는 것은 아닙니다. 천천히, 그리고 깊이를 가진 채 한 걸음씩 나아가야 할 것입니다.

야곱과 에서

〈창세기〉에 나타난 이삭의 쌍둥이 아들들인 야곱과 에서는 성격과 생활에서 현격한 차이를 보이고 있습니다. 형 에서는 그의 모든 관심을 '현재'에 집중시키며 자랐습니다. 따라서 그는 일찍부터 사냥꾼의 생활을 선택하였지요. 반면에 동생 야곱은 부지런하고, 현재보다 '미래'를 더 많이 생각하여 양떼를 기르고 밭가는 일에 종사하며, 집안에 있는 것을 좋아하였다 합니다. 어느 날 야곱이 죽을 쑤고 있는데 마침 에서가 들에서 돌아와서 야곱에게 이르되

"내가 피곤하니 그 붉은 것을 내가 먹자."

한지라. 약은 야곱이 이때다 싶어

"형의 장자의 명분을 오늘 내게 팔라."

고 했습니다.

"내가 당장 배고파 죽을 지경인데 이 장자의 명분이 내게 무엇이 유익하겠는가?"

라면서 에서가 장자의 명분을 야곱에게 팔아버렸습니다. 배고픔을 해결하는 일 때문에 귀한 장자의 명분을 가볍게 여긴 것입니다. 야곱은 어떻게 해서든 장자권을 얻고자 했는데, 에서는 굶주린 뱃속 사정부터 해결코자 하였던 것입니다.

이것 때문에 에서는 아버지 이삭의 사랑을 독차지하였음에도 불구하고 이스라엘 역사의 주류에서 밀려나고 맙니다. 이후로 에서와 그 후손은 거친 땅에서 싸움이나 하면서 살게 되며, 오랜 세월동안 동생 야곱을 섬기는 신세가 되고 맙니다.

당장 눈앞의 배고픔을 해결하고자 했던 에서의 어리석음을 잘 알 수 있습니다. 참을성이 얼마나 필요한 덕목인지 잘 말해주고 있습니다. 하고 싶은 일, 원하는 쾌락을 다 향유하면서 성공할 수는 없습니다. 당장 즐거움을 누릴 수는 있지만, 얼마 가지 않아 후회를 하게 됩니다.

우리에게는 앞날을 예견할 수 있는 능력은 없지만, 앞날을 대비할 수 있는 지혜가 있습니다. 의식적이든, 무의식적이든간에 우리는 지금 수많은 결정을 하면서 살아가고 있습니다. 오래 참음과 끈기와 성실과 온유함과 겸손이 자리한다면, 내 앞에 어느덧 축복이 찾아와 있는 것입니다. 조급하게 당장의 이익을 위해 행동하는 것은 위험합니다.

당장의 이익을 위한 조급한 선택 같은 분별력 없는 행동을 한다면 에서와 같은 일이 일어날 것입니다. 갖고 싶은 것, 하고 싶은 것, 이루고자 하는 것들이 시간이 필요한 경우가 있습니다. 혹은 더 큰 목적을 위해 육신의 행복을 잠시 접어둬야 할 때가 있습니다. 그런 과정도 고난과 다름없는 것입니다. 일단 고난을 잘 통과한 사람은 축복의 때가 온다는 사실을 기억해 봅니다.

마시멜로 이야기

현재에 만족하는 것과 미래의 성공을 위해 현재의 어려움을 인내하는 것과는 어떤 차이가 있는가를 보여주는 실례가 있습니다. 미국 기준으로 나이가 4살 정도 된 아이들을 한 명씩 각기 다른 방에 배치하고 각각에게 마시멜로를 하나씩 주었다고 합니다. 그리고 15분간 그 마시멜로를 먹지 않고 아껴둔다면 하나를 더 주겠다는 약속을 하였습니다. 4살짜리 아이에겐 15분이란 기다림 시간이 길고도 가혹한 시간이지요. 그것을 당장 먹는다 해도 아무도 말릴 사람이 없는 상태에서 먹지 않고 참을 수 있을 것인가? 많은 어린이들이 참지 못하고 마시멜로를 먹어버렸지만, 그 중에는 주어진 시간 동안 그것을 먹지 않기 위해 애를 쓴 학생들이 있었다고 합니다.

그 10년이 지났을 때 연구원들이 마시멜로 실험에 참가했던 600명 중 200명 정도를 찾아냈습니다. 15분을 참아 마시멜로 한 개를 덤으로 받은 아이들과, 참지 못해 마시멜로를 바로 먹어치운 아이들의 성장과정을 상호 비교해보니 흥미있는 결과가 나왔다고 합니다. 15분을 참았던 아이들은 그렇지 못한 아이들보다 학업성적이 뛰어났으며, 친구들과의 관계도 훨씬 원만하고, 스트레스를 효과적으로 관리하고 있다는 것도 밝혀졌습니다. 한 순간의 유혹을 참고 기다렸던 아이들이 성공적으로 성장하고 있었다는 것이지요.

미래를 위해서 현재 만족을 유예하는 사람들에게 더 큰 인생의 기회가 온다는 것입니다. 미래의 꿈을 이루기 위해서는 현재 자기가 원하는 욕망을 억제하고 부단히 노력해야 한다는 것을 보여주는 이야기라 할 수 있습니다.

파이프라인 우화

우리는 모두 당장의 이익을 위해 달려들 때가 많습니다. 큰 비전보다는 눈앞의 이익을 중요시하는 것이지요.

사촌간

1801년 이탈리아 중부 어느 마을의 광장에 놓여 있는 물탱크에 저장된 물이 줄어들자, 마을 사람들은 가까운 강에서 물을 길어 나를 사람을 구했다. 이 때 사촌간인 파블로와 브루노는 이것을 기회로 여겨 종일 열심히 물을 길어 물탱크에 물을 가득 채울 수 있었다. 이 마을의 지도자는 물 한통에 1리라씩 계산하여 그들에게 품삯을 치렀는데, 이것을 받은 브루노는 이렇게 외쳤다.

"이런 행운이 우리에게 찾아오다니 믿을 수가 없군. 우린 이제 꿈을 달성한 거야!"

하지만 파블로는 시간이 지남에 따라 자신이 꿈꿔오던 것은 이것이 아니라는 생각을 하고 있었다. 그리고 내일 아침부터 또다시 힘들게 물통을 져야 한다는 생각이 들자 그 일이 끔찍하게 느껴졌다. 다음 날 아침 두 사람은 똑같이 물통을 지고 강으로 향했다.

"브루노 나에게 좋은 생각이 있어."

"좋은 생각이라니?"

"하루 종일 뼈빠지게 물통을 나른 후에 몇 리라를 버느니 차라리 강에서부터 마을까지 파이프라인을 설치하자."

"파이프라인이라고! 그게 도대체 뭔데?"

"음, 그건 말이야."

하고 자기 계획을 자세히 설명하였다. 그러나 브루노는

"물통을 져 나르는 일은 우리에게 정말로 좋은 일자리야. 이것을 놓치면 우리에게는 돈 벌 기회가 없어진다고. 나는 하루에 100통을 져 나를 수 있어. 그러면 하루에 100리라를 벌 수 있는 것이잖아? 나는 부자가 될 수 있다고! 이보다 더 좋은 일자리가 어디 있어? 파이프라인 같은 얘기는 두 번 다시 꺼내지 마."

라면서 파블로의 제안을 거절하였다. 물론 파블로도 강가로부터 마을로 이어지는 바위투성이의 땅을 파내어 수로를 놓는다는 것이 대단히 어려운 일이고, 파이프라인을 설치할 수 있을 때까지 1년이나 2년, 아니면 더 많은 시간이 걸릴지도 모른다는 점도 알고 있었다. 그 기간동안 일을 못하는 만큼 수입이 없을 것이라는 사실도 잘 알고 있었다.

그러나 파블로는 자기 자신과 더불어 자신의 꿈을 믿었기 때문에 누가 뭐라고 하든 파이프라인을 설치하기 위한 작업을 시작하였다. 워낙 척박한 땅이었기 때문에 처음의 몇 달 동안은 전혀 진척이 없어 보였다. 파블로는 여유 있는 브루노와 달리 파이프라인을 설치하느라 일당을 벌지 못해 곤궁한 생활을 하고 있었다. 그런데 브루노는 힘에 겨운 물통을 오랫동안 지고 다니다 보니 어깨가 축 처졌고 등은 굽었으며, 힘겨운 물통을 지고 다녀야 하는 자신의 신세에 불만을 품게 되었다.

드디어 파블로가 학수고대하던 그 날이 왔다. 마침내 파이프라인이 완공된 것이다. 그러자 마을 사람들이 파이프라인을 통해 물이 물탱크로 흘러드는 것을 보기 위해 앞다투어 몰려왔다. 이제 브루노를 비롯한 그 누구도 더 이상 물통을 져 나를 필요가 없어졌다. 힘들고 고되게 물통을 지지 않더라도 파이프라인을 통해 깨끗한 물이 계속 물탱크 안으로 흘러 들어갔기 때문이다.

마을에 깨끗한 물이 필요한 만큼 공급되자, 이웃 마을 사람들도 그 마을로 속속 이사를 왔고, 마을은 날이 갈수록 번창하였다. 파블로가 밥을 먹는 동안에도 혹은 잠을 자는 동안에도, 그리고 즐겁게 놀고 있는 시간에도 물은 계속해서 나오고 있었다. 게다가 그렇게 흘러나오는 물의 양이 늘어나면 늘어날수록 파블로는 점점 더 많은 돈을 벌게 되었다. 이제 파블로는 그 마을에서 '기적을 일으킨 사람'으로 불리게 되었다.

브루노는 그동안 일한 만큼 돈을 버는 습성에 젖어서 그에 맞는 생활을 하고 있었다. 그래서 자연히 소비성향이 높아져 있었는데, 그 몇 년 안되어 갑자기 수입이 끊어져버렸다. 예상치 못한 어려움이 닥친 것이다. 앞으로의 생활이 크게 걱정되는 상황이 되었다. 반대로 파블로는 어려운 중에 꿈을 갖고 인내하며, 열심히 파이프라인을 구축하여, 이제는 가만히 있어도 큰 돈을 벌 수 있게 되었다. 멀리 보고 노력한 자와 당장의 이익을 좇은 결과의 차이이다.

10
목표 설정 및 도전

목표 설정

허황된 목표

매끈하고 날쌘 사냥개를 이용하여 도박꾼들의 흥미를 돋구는 인기 있는 그레이하운드 경기라는 것이 있다. 이 경기는 경마와 달리 기수가 없기 때문에 개들이 제 코스를 달리게 하기 위해 트랙을 따라 만들어 놓은 줄 위에 기계로 조종되는 털 달린 토끼가 앞서 달리도록 한다. 그리고 진행지기 전기장치로 이 토끼의 속도를 조절하여 개들의 바로 앞에서 달리도록 조종하기 때문에 개들은 결코 토끼를 잡지 못하도록 되어 있다.

몇 년 전 플로리다에서 이 그레이하운드 경기가 열리고 있었다. 많은 사람들이 내기에 돈을 걸었다. 출발 총성과 동시에 토끼들이 앞서서 출발했고, 이어서 개들도 토끼를 잡으려고 달리기 시작했다. 그런데 개가 첫 바퀴를 달렸을 때 전기합선이 되어 앞을 달리던 토끼들이 완전히 서 버렸고, 곧 폭발하여 불타버렸다.

달리던 토끼들이 사라져버리자 개들은 방향감각을 잃고 어떻게 해야 할지를 몰라 허둥댔다. 몇 마리의 개는 혀를 빼고 그 자리에 주저앉았고, 두 마리의 개는 정신없이 앞으로 달려 벽에 부딪혀 갈비뼈가 부러지고 말았다. 다른 개들은 자신의 꼬리를 물려고 돌기도 하고, 또 어떤 개들은 관중석으로 돌진했다. 제대로 돌아 결승점에 도달한 개는 한 마리도 없었다고 한다.

이런 인공토끼를 쫓는 그레이하운드 경기처럼 우리들 대부분도 허황된 것을 쫓고 있는지도 모릅니다. 인간들에게는 추구해야 할 목표가 필요합니다. 그러나 애석하게도 많은 사람들이 기계로 만든 토끼와 같은, 종국적으로 아무런 소망도 없는 환상을 쫓고 있는 경우가 많습니다.

성공자들의 공통점 중에서 중요한 것은 명확하고 큰 목표를 설정하고 노력했다는 것입니다. 목표가 없다면 얻는 것도 없습니다. 성공하는가, 못하는가는 목표설정에 의해서 결정됩니다. 목표설정을 잘 했다면 반은 성공한 것이나 다름없는 것이지요. 조준할 과녁이 없는데 화살을 어디에다 쏜단 말입니까? 목표 없이 활을 쏜다면 분명히 과녁에서 벗어날 것입니다. 목표는 여러분을 똑바로 나가게 만들어 줍니다.

우리에게 무엇이 중요한지 그 목표부터 철저하게 점검하고 만들어 가야만 합니다. 목표가 없으면 시간이 흐르면 흐를수록 더 많은 문제에 직면하게 될 것입니다. 목표 없이 인생을 시작한다면 당신이 얻는 것은 아무 것도 없습니다.

목표는 간절한 기대를 해야만 성취될 수 있습니다. 나이키가 아디다스를 불과 15년만에 따라 잡은 것, 버거킹이 맥도널드의 매출을 추월한 것, 스탠포드 대학이 서부의 하버드로 인정받은 사례, 보잉사가 항공기산업을 석권한 것도 모두 뚜렷한 목표 설정에 그 원인이 있었습니다. 목표가 분명하면 목표달성이 쉽고, 나아가 성취하는 기간을 단축시킬 수 있습니다.

인생은 리허설이 아닙니다. 떠나지 않은 여행에서 돌아올 수 없듯이 세우지 않은 목표는 달성할 수 없습니다. 당신이 만약 친구들과 5박 6일간의 여행을 떠난다고 합시다. 동행할 친구들과 미리 모여서 여러 가지를 의논할 것입니다. 목적지를 정한 후, 지도를 놓고 어디어디를 어떤 방법으로 경유할 것이며, 어디 가서 무엇을 할 것이며, 교통수단은 뭘 이용하고, 숙박은 야영을 할 것인가, 숙박업소를 이용할 것인가, 식사는 식당에서 해결할 것인지, 야외에서 해먹을 것인지, 비용은 얼마나 들며, 그것을 어떻게 마련할지, 각자의 업무분담은 어떻게 할 것인지 등에 대해서 자세히 의견을 나누게 될 것입니다. 떠나기 보름 전부터 또는 한 달 전부터 상호간에 긴밀한 연락을 취하면서 계획을 수정하고, 조정할 것입니다.

며칠간의 여행을 위해서도 이렇게 자세한 계획을 세우느라 애쓰곤 하는데, 정작 인생에서 중요한 자기의 행로에 대해서 목표와 계획이 없다는 것은 어리석은 일입니다. 목표가 없는 사람은 방향키가 없는 배와 같습니다. 표류하거나 그냥 멈추어 서 있거나 절망과 패배와 낙담으로 얼룩지게 될 것입니다. 인공토끼를 쫓는 그레이하운드처럼 될 수 있습니다.

프랑스의 위대한 곤충학자 존 헨리 파브르는 앞으로만 가는 곤충을 대상으로 하나의 실험을 했습니다. 그는 직경이 30㎝ 정도 되는 화분의 가장자리에 벌레들을 조심스럽게 배열해놓고 화분의 중앙에다가 그 벌레들의 맛있는 먹이인 솔잎을 놓았습니다. 그랬더니 실제로 맨 앞에 놓인 벌레는 가장자리를 따라 원을 그리면서 맨 끝의 벌레를 따라 돌았다고 합니다. 먹이가 가까이 있음에도 불구하고 그 벌레들은 소경처럼 계속해서 원만 그리고 있었습니다. 밤낮으로 돌다가 결국 굶고 탈진해서 모조리 죽어버렸다는 것입니다. 그들은 15㎝도 안되는 곳에 풍부한 먹이가 있음에도 불구하고 행동과 성취를 혼동하여 앞의 동료만 따라가다가 그대로 굶어죽고 만 것이지요. 많은 사람들이 그와 같은 과오를 저지릅니다. 손만 내밀면 닿을 수 있는 곳에 성공이 있음에도 불구하고 장님처럼 군중을 따라 넓은 길로, 아무 것도 없는 허황된 곳으로 가기 때문에 아무 것도 이루지 못하는 상황에 이르게 됩니다.

명확하고 계획성 있는 목표 없이 삶을 살아간다면, 아무 것도 이룰 수 없는 것이 오히려 당연하다고 할 수 있습니다. 자신의 삶에 확실하고 계획성 있는 목표가 없다는 것은 결국 자신이 이루고자 하는 것이 아무 것도 없다는 뜻이 됩니다. 목표를 설정하는 것이야말로 삶에서 무언가를 이루고자 함에 가장 중요한 기초라는 사실을 모르는 사람들이 대부분입니다.

목표도 분명해야 하지만 목표는 커야만 합니다. 큰 목표를 세우면 크게 이루고, 작은 목표를 세우면 작게 이루기 때문입니다. 그릇이 작으면 제 아무리 많이 담고 싶어도 흘러넘칠 뿐 주체할 수 없을 것입니다.

꿈의 날개를 달고

성공한 사람들은 자기가 목표로 하고 있는 일에 인생을 걸만큼 열정을 가졌었다고 합니다. 비록 현재의 상태가 불만이긴 하지만, '나만 그런 것이 아니니까 세월이 지나다 보면 뭐 어떻게 되겠지'라 하면서 대충 일하고, 그럭저럭 술 마시고, 매일 TV 프로에 탐닉하고, 적당히 놀고 먹으며, 삶을 소비하는 수많은 사람들은 자신이 현재 97%에 해당하는 가난한 사람들의 행렬에 끼어 인생의 사막과도 같은 길을 걷고 있다는 사실을 알지 못합니다.

인생에서 성공다운 성공을 못한 사람은 자기가 원하는 바를 시도하여 노력해보지 않았기 때문이며, 시도했다 하더라도 한두 번의 실패에 낙담하여 좌절하기 때문입니다. 야구 경기의 경우를 보면, 방망이를 휘둘러야 공을 칠 수 있고, 열심히 달려야 승리하며, 1루에서 2루로 뛰어봐야 성공을 하든지 실패를 하든지 합니다. 실패에 대한 두려움 때문에 1루에만 발을 붙이고 있으면 2루에는 절대로 갈 수 없습니다.

실패를 두려워할 것이 아니라, 실천 가능한 일부터 시작해 봅시다. 꿈은 붙잡고 있다고 해서 충족되는 것이 절대 아닙니다. 꿈이 있다면 지금 당장 훨훨 날개를 달아 날아다니도록 해야 합니다. 그런데 왜 수많은 사람들이 자신의 꿈에 날개를 달지 못하는 것일까요? 그 원인은 크게 두 가지로 분류할 수 있습니다. 하나는 과거의 실패와 두려움 때문에 자신감이 없다는 것입니다.

"나는 이 일을 할 수 없어. 전에도 해봤는데 실패했어. 이번에 또 다시 실패한다면 난 커다란 상처를 입고 말거야. 그러면 주변 사람들은 얼마나 나를 비웃을까?"

와 같은 실패에 대한 두려움이 꿈에 날개를 달지 못하도록 꽁꽁 묶어 버리는 것입니다.

다른 하나는 타인의 부정적이고 냉소적인 태도입니다. 그들은 특히 멀리 있는 사람들이 아니라, 아주 가까이에 있는 사람들입니다. 가족, 친지, 친구, 동료, 선후배처럼 가까운 사람들의 부정적인 태도는 꿈의 날개를 여지없이 부러뜨립니다. 보통사람들은 이상한 습성을 가지고 있습니다. 응당 해야 할 일을 자기가 시도하지 않는 것도 바람직하지 못한 현상인데, 남이 의욕을 가지고 무엇인가를 도전하려 하면 발벗고 나서서 적극적으로 말립니다. 그 결과에 대해서 책임져줄 것도 아니면서 남의 일에 대해서 너무도 무책임하게 반대를 하는 것입니다.

성공하는 사람과 성공하지 못하는 사람을 구분 짓는 것은 소망의 크기와 소망을 이루고자 하는 열정입니다. 그리고 그 열정을 신실하게 실천에 옮기는 것입니다. 에베레스트산을 정복한 사람들을 봅시다. 그들이 인간의 한계를 극복하고 정상의 고지를 밟을 수 있었던 것은 죽음을 무릅쓰고 정복하려는 소망의 크기와 열정이 컸기 때문입니다. 성공하려면 어떤 일에 미쳐야 하고 그러려면 갈고 닦아 다이아몬드가 될 만한 재능을 찾아야 합니다. 그리고 자신의 재능에 대한 강력한 믿음이 뒷받침되어야 합니다.

믿음과 실천

지금 당신이 안전하게 목적지에 닿는다는 믿음이 없다면 차를 타고 고속도로를 달릴 수 있을까요? 목적지에 닿을 수 있다는 믿음이 없으면 애초부터 차에 타지도 않았을 것입니다. 진정한 믿음 혹은 신념에는 항상 그에 상응하는 행동이 뒤따라야 합니다.

우리는 흔히 인생에서 성공하려면 믿음을 가져야 한다고 말합니다. 그러나 그러한 믿음을 갖는다는 것이 말만으로 되는 것은 아닙니다. 진정한 믿음을 가지고 있는 사람이라면 그 믿음에 따라 자신있게 실천할 수 있어야 합니다.

나이아가라 폭포 횡단

1859년 프랑스의 곡예사 샤를 블롱댕이 '뉴욕 타임즈'에 밧줄을 타고 나이아가라 폭포를 건너겠다는 내용의 조그만 광고를 냈다. 폭포의 너비는 335m, 높이는 50m이며, 매 분당 약 126만 6천톤의 물이 아래로 떨어진다. 그 폭포 가까이의 난간을 잡고 서면, 아래로 떨어지는 엄청난 물의 위력에 압도당해 경이로움에 사로잡히게 된다.

블롱댕이 폭포를 건너겠다고 한 그날 거의 5천명이나 되는 사람들이 모여들었다. 그 사람들 중 대부분은 아마도 그가 자살하는 광경을 보게 되리라 생각했을 것이다. 그는 폭포 위에 설치된 밧줄 위에 올라서기 전에 군중에게 소리쳐 말했다.

"제가 성공할 수 있다고 생각하시는 분은 박수를 쳐주십시오 !"

사람들은 마지못해 박수를 치며 환성을 터뜨렸다. 곧 그는 밧줄에 올라섰고, 모두에게 놀라움을 안겨주며 거뜬히 밧줄을 타고 장엄한 폭포를 건넜다. 다음에는 외바퀴 자전거를 타고, 그 다음은 죽마를 타고, 또 그 다음에는 눈을 가리고 폭포를 횡단함으로써 계속적으로 스릴을 더해가는 고난도의 아슬아슬한 묘기에 관중들의 환호는 절정에 달하고 있었다. 박수와 환호성이 잦아들자 그가 이번에도 관중들에게 물었다.

"제가 어깨 위에 사람을 올려놓고 건너는 것도 성공할 수 있다고 생각하시는 분도 계십니까?"

군중은 이번에는 더욱 더 우레와 같은 환호성과 박수로 응답했다. 지금까지 그가 펼친 기막힌 묘기를 볼 때, 모두들 그것도 성공할 수 있으리라고 굳게 믿게 되었다. 그들이 계속 소리를 질러대며 박수를 치자, 블롱댕은 군중이 조용해지기를 기다린 다음 이렇게 물었다.

"좋습니다. 그럼 누가 제 어깨에 타시겠습니까?"

그 순간!

지금까지의 환호는 온데 간데 없어지고, 싸늘하고 당황스러운 침묵만이 이어졌다. 5천 명의 군중 모두는 그가 어깨에 사람을 올려놓고 안전하게 폭포를 건널 수 있다고 진정으로 믿는 것처럼 보였다. 그러나 그 믿음을 실제로 보여줄 사람은 단 한 명도 없었던 것이다. 그 때 단 한 사람, 블롱댕의 친구가 자원하여 사상 처음으로 다른 사람의 어깨에 올라타고 나이아가라 폭포 위를 횡단한 첫 번째 인물이 되었다.

그들은 진정으로 블롱댕의 능력만큼은 믿었는지도 모릅니다. 그러나 그 믿음에 관한 문제가 자신들 앞에 제기되자, 그들의 믿음은 돌풍 앞의 연기처럼 홀연히 날아가 버린 것이지요. 우리가 잘 알고 있는 '고양이 목에 방울달기'란 이야기는 겉으로는 사람들이 많은 해결방법을 이야기하지만, 막상 실천에 옮기기에는 대부분의 사람들이 두려움을 가지고 실천을 못하는 경우를 두고 하는 말입니다. 우리는 많은 경우에 고양이 목에 방울을 달아야 하는 상황을 접하고 있습니다. 새로운 사업을 시도할 때, 평소에 꿈꾸어 왔던 일을 시작하고자 할 때, 불의한 일에 항거하여 정의를 세우고자 할 때 등이 그와 같은 경우입니다. 그러나 고양이 목에 방울을 다는 사람은 극소수에 불과합니다.

상식이 전부 진실인가?

보통 사람들은 진실을 믿지 않고 일반적으로 사람들이 말하는 상식을 믿는 경우가 많습니다. 그러나 상식 중에서 진실이 아닌 것이 너무도 많습니다. 상식을 믿으면 원대한 목표를 세우기가 어렵습니다. 상식적으로는 불가능해 보이는 일들이 많기 때문입니다. 일반인들이 진실보다 상식에 의존하는 이유는 무엇일까요?

첫째, 정보통들이 너무 많습니다. 각종 매스컴, 인터넷, 주위의 상식으로부터 특별히 노력을 기울이지 않아도 관심만 있으면 정보를 많이 접하게 되니까 그것을 진실로 믿게 되는 것입니다.

둘째, 나태함입니다. 지금까지 정보가 지천으로 많이 공개되었는데 바쁜 세상에 구태여 공부까지 해가면서 확인하고 싶지가 않은 것입니다. 조금만 시간을 내서 연구하고 확인하면 문제가 없을 것인데도 귀찮다는 생각에 밀쳐두게 됩니다.

셋째, 유별나기 싫은 것입니다. 일반적으로, 상식적으로 알려진 사실들을 믿지 못하고 확인까지 하는 노력을 기울인다면, 주위 사람들은 자기들의 이야기를 믿지 않는 것에 대해서 불쾌해 하고, 자신을 별종 취급할까봐 겁이 나는 것입니다. 하지만 상식이 전부 진실은 아닙니다. 이런 이유 때문에 자기의 목표를 명확하게 설정하지 못하는 경우가 너무 많습니다.

천동설과 지동설

코페르니쿠스의 가설인 지동설을 증명하기 위한 연구를 계속한 갈릴레오 갈릴레이는 스스로 망원경을 만들어 지구의 자전과 공전을 연구하였다. 그는 1632년 그의 나이 68세 되던 때에 그의 저서 《두 개의 주요 우주체계에 관한 대화》에서 이러한 사실들을 주장하였다. 그러나 천동설을 정설로 채택한 로마교황청은 그 해 8월에 이 책의 판매를 금지하고, 이어진 1633년 6월 22일 종교회의에서 이러한 학설을 철회하도록 갈릴레오에게 협박하였다.

그 후 300년이 지난 1935년에 가서야 이 책이 겨우 금서목록에서 풀려났다. 그리고 1992년에 와서 로마교황청의 바오로 2세는 갈릴레오의 학설을 공식적으로 인정하고, '이는 과학과 기술에 대한 놀라운 발견이며, 후세에 크게 영향을 끼친 탁월하고도 근본적인 학설'이라고 칭송했다.

이보다 앞서 1971년 아폴로 15호가 달에 착륙했을 때, 승무원 데이비드 알 스코트는 공기저항이 없는 진공상태의 달에서 매의 깃털과 망치를 같은 높이에서 동시에 떨어뜨려 동시에 바닥에 닿는 것을 확인하였다. 이로써 지동설에 근거한 갈릴레오의 중력가속도 이론을 실험적으로 증명한 것이다.

갈릴레오가 살았을 당시 일반적으로 알려진 천동설은 그 당시에 진실인 것 같았으나 후세에 과학자의 노력에 의하여 허위인 것이 밝혀진 것입니다.

전기 상식

과학이 고도로 발달된 지금에도 잘못 알려진 사실들이 많다. 그 예를 보자. '형광등을 한 번 켜고 끌 때마다 20분간의 전력이 소모된다'라고들 한다. 형광등을 스위칭(Switching)할 때 순간적으로 고압을 유도하므로, 그 1초보다 짧은 순간 약간의 전력을 더 소모하는 것은 틀림없다. 그러나 20분간 쓸 전력을 끌어다 쓴다는 것은 어불성설이다.

또 '엘리베이터에서 닫힘 버튼을 한 번 누를 때마다 100~500원씩의 전력요금이 더 부과된다'고 한다. 엘리베이터의 문을 열고 닫는 것은 모터의 스위칭에 의한 것이다. 문을 닫을 때 제어동작에 의하여 자동적으로 닫힘 접점을 이어주는 것이나 사람의 손동작에 의하여 수동으로 이어주는 것이나 다를 것이 없다. 그러므로 닫힘 버튼을 누르는 것과 전력요금과는 관계가 없다. 엘리베이터의 문을 늦게 닫으면, 그것 때문에 하루의 운행횟수가 줄어들 수는 있다.

여기에서 든 예는 주로 과학에 관한 것입니다. 하지만 우리 주위에는 스스로 알려고 확인하지도 않은 채, 주위의 말만 듣고 일을 벌였다가 재산상의 큰 손실을 당하여 어려움을 겪는 사람들이 많습니다. 상식의 담장을 무너뜨리는 일이 필요합니다. 의문이 생긴다면 과감하게 의문을 풀 일입니다. 장래의 목표를 정할 때 상식이 방해된다면, 이것을 확인하고 수정하여 정확한 목표를 세우고 도전해야 합니다.

고정관념 타파

코끼리 훈련법

> 야생 코끼리를 훈련시키는 방법이 있다. 먼저 코끼리를 정글로부터 유인하여 미리 만들어놓은 우리에 끌어들인다. 그리고 코끼리의 발목에 든든한 쇠사슬을 매어놓고 다른 한 끝은 튼튼한 나무 기둥에 묶어놓은 다음, 우리를 치운다. 그러면 코끼리는 정글로 돌아가려고 발버둥을 친다. 발을 옮기려고 노력하지만 발목에 묶인 쇠사슬 때문에 어쩔 수가 없다. 쇠사슬을 끊으려고 있는 힘을 다해보지만, 실패를 하게 되고 결국은 포기하게 된다. 그런데 이렇게 포기한 코끼리는 영원히 포기해버린다. 나중에는 끊을 수 있는 약한 밧줄로 묶어놓아도 도망을 가지 않는다. 줄에만 묶이면 절대로 도망갈 수 없다는 고정관념이 머리에 박히기 때문이다. 이때부터 조련사는 줄을 잡아당기며 원하는 대로 코끼리를 훈련시킨다.

운명은 운명에게 길들여지는 사람들을 더욱 혹독하게 몰아갑니다. 운명을 이기는 비결은 포기하지 않고 끝까지 도전하는 것입니다. 우리는 능력이 있음에도 불구하고 과거의 몇 번에 걸친 안 좋은 기억 속에 모든 일을 시도도 해보지 않고 지레 겁먹고 포기하는 것이지요.

바다가 무서워

플라톤의 제자인 토로킬러스는 바다에 배를 띄워서 놀기를 좋아하는 사람이었다. 그래서 집도 바닷가에 있었다. 그런데 한 번은 배를 타고 바다에 가서 놀다가 갑자기 풍랑을 만나서 배가 다 깨져 죽을 뻔하다가 간신히 살아서 집으로 돌아왔다. 그 후 자기 집의 바닷가로 향하는 창을 다 막았다. 어떤 친구가 와서

"여보게, 이 좋은 바다의 경치를 내다볼 수 있는 창들을 왜 이렇게 다 막았는가?"

고 묻자, 그가 하는 말이

"내가 지난 번 배를 타고 나갔다가 죽을 뻔하고 살아왔는데 다시는 배를 타지 않기로 결심을 했지. 그런데 이 창을 그냥 두었다가 봄날이 되어 바다를 바라보면, 다시 바다로 나갈 생각이 들까봐 아예 바다가 보이는 창을 막은 것이라네."

라고 했다. 이 사람은 바다라는 곳이 위험한 것이라는 고정관념 때문에 처음부터 마음의 문을 닫아 버리고 있는 것이다.

일생이라는 긴 여정에서 몇 번 어려움을 당했다 해서 나머지 인생의 기회를 막아버리는 우를 범해서는 안됩니다.

벼룩의 점프

벼룩은 몸집이 작지만 점프 챔피언이다. 어떤 학자가 이 벼룩을 뚜껑 덮은 유리컵에 넣으면 벼룩이 어떤 반응을 보일까하는 실험

을 하였다. 처음에는 벼룩이 평소에 하던 대로 점프를 한다. 유리컵의 높이가 낮기 때문에 벼룩은 천장에 부딪혀서 떨어지기를 수없이 되풀이한다. 몇 시간을 그렇게 한다. 그런데 어느 순간부터 벼룩이 유리컵 천장에 부딪히지 않을 정도의 높이로 적당히 점프를 하게 된다. 더욱 놀라운 일은 그 후에 벼룩을 컵 밖에 내놓아도 컵 높이 이상은 점프를 하지 않게 된다는 것이다.

우리 인간도 이러한 비슷한 현상을 나타내는 것은 아닌지 생각해 볼 필요가 있습니다. 인간에게는 본래 무한대의 가능성이 열려 있음에도 불구하고 많은 사람들은 주위의 부정적인 의견이나 실패담에 현혹되어 '현실은 생각보다 냉정한 거야', '과거에도 그런 일을 하다가 실패했어', '나는 뭘 해도 안돼. 아무리 노력해도 어차피 안 될 걸' 하고 제멋대로 생각해 버립니다. 더 심한 사람은 무엇인가에 도전해 보기도 전에 '어차피 안 될건데 뭘', '해도 실패할 게 뻔해' 하고 그냥 포기합니다. 스스로의 가능성을 자신의 손으로 파묻어 버리는 것이지요.

벼룩이 본래 150㎝ 높이까지 뛸 수 있듯이 여러분도 자신의 꿈을 이루고 인생을 비약시킬 가능성을 충분히 가지고 있습니다. 지금의 자신을 긍정적으로 받아들인 후에 지금보다 더 높은 곳에 있는 자신을 찾아야 합니다. 즉 '나는 더 할 수 있어', '나에게는 다른 뭔가가 있어' 이런 식으로 자신의 다양한 가능성을 적극적으로 발견해 나가는 노력을 해야 합니다.

두려움 극복

'성님 춤추소!'라는 말이 있습니다. 예전에는 결혼이나 환갑 등 잔치를 하면 동네 사람이 모여서 춤을 추었습니다. 노래방도 없고, 관광지도 없던 그 시절에는 그런 잔치가 끼를 발산할 수 있는 유일한 무대였습니다. 춤은 추고 싶은데, 잔치판에 어울리려니 어른들의 눈치가 보이고, 그러니까 가만히 있는 맏동서를 부추깁니다.

"성님(형님)도 춰보세요."

"내가 뭐, 나는 못해."

"아이, 왜 그러세요. 모처럼 잔치인데 어울리셔야지요."

"그래 볼까? 동서도 함께 추지."

"아이, 제가 어떻게…"

그러면서 자기가 먼저 나가서 흔듭니다. 맏동서가 같이 춤추자는 말을 안했으면 울 뻔했습니다.

사람들은 자기가 하고 싶은 일에 대해서 과감하게 시도하지 못하고 남들의 눈치를 봅니다. 그리고는 옆 사람을 자꾸 부추깁니다. 그래서 일판이 벌어져도 문제가 없으면 드디어 자기도 슬쩍 참가하기 시작하는 것입니다.

그 망설임은 사실 시간만 축내고 있을 때가 많습니다. 성공의 가장 무서운 적은 우유부단, 의심, 두려움입니다. 의심과 두려움에 사로잡혀 있는 한 우유부단할 수밖에 없습니다. 우유부단은 의심으로 구체화됩니다. 그리고 우유부단과 의심이 합쳐져서 두려움을 만들게 되는 것이지요. 이것들은 천천히 싹을 만들어서 우리가 방심하는 사이에 그만 쑥쑥 자라나게 됩니다.

두려움이란 어떤 것에 대해 확실하게 알지 못해 자신감이 없거나 부정적인 생각을 가지고 있을 때 나타나는 감정 상태입니다. 그러나 두려움은 막연한 상상일 뿐이지 실제 현실이 아닙니다. 마음이 만들어 낸 가짜일 뿐이지요. 마치 어두운 밤길을 가다가 공동묘지가 나타나면, 두렵고 무서운 감정에 휩싸여서 도깨비나 유령이 나타날지 모른다고 생각하는 것처럼, 두려움은 자신감을 상실했을 때 필연적으로 나타나는 것입니다. 그러므로 이것은 반드시 버려야 할 장애물입니다. 우리의 마음 속에 왜 두려움이 생길까? 그것은 어려서부터 받은 마음의 상처가 가장 큰 원인입니다. 두려움의 허상을 지우기 위해 필요한 것이 용기입니다. 용기는 두려움을 느끼지 않는 것이 아니라, 두려움을 떨쳐 버리려는 적극적인 의지입니다.

종교개혁의 횃불을 높이 든 독일 아이슬레벤 광부의 아들 마르틴 루터가 바로 두려움을 극복한 인생 모험의 주인공의 한 사람입니다. 그는 당시 교황 레오 10세의 면죄부(免罪符) 판매에 반대하여 1517년 10월 31일 '95개조'의 비위 사실을 적어 위텐버그 캐슬교회의 대문에다 붙임으로써 천년의 전통과 권위를 자랑하던 중세 로마가톨릭 교회에 정면으로 도전하는 모험의 소용돌이 속으로 뛰어들었습니다.

"사람의 죄를 용서할 수 있는 권한이 하나님에게만 있다면, 면죄부를 사면 지은 죄가 다 소멸된다는 주장은 용납될 수 없다."

그의 이 한마디가 중세의 교회와 교황청의 권위를 밑바닥부터 뒤흔드는 것이었으니 루터의 신변이 위험할 수밖에 없었던 것입니다. 이 문제로 신성로마제국의 황제 찰스 5세는 워름스에 제국회의를 소집하고 루터의 출석을 명령하였습니다. 험악한 공기가 감돌던 라인강변의 도시 워름스를 찾아간다는 것은 목숨을 건 일생일대의 모험이었지요. 친구도, 친척도, 선배도, 후배도 말렸다고 합니다.

"가면 살아 돌아오기 어려울 것이다!"

그래도 루터는 무서운 그 제국회의에 참석한다는 결심을 굽히지 않았습니다.

"비록 악마의 수가 워름스에 있는 모든 집들의 기왓장 수보다 더 많다 하여도 나는 간다."

그의 결심은 확고부동했습니다. 그는 이 위대한 모험에 목숨을 건 것입니다. 그리고 그 회의에 참석하여 그들의 부당성을 역설하였습니다. 그 모험 때문에 종교개혁이 이루어질 수 있었습니다. 수많은 동조자들이 그의 뒤를 따라 종교개혁에 동참하였습니다. 만약 그가 자기 신변의 위협을 모면하기 위해 뜻을 굽혔더라면, 그는 비겁자로 역사에 기록되었을 뿐만 아니라, 종교개혁도 이루어지지 않았을 것입니다.

우리가 잘 알고 있는 컬럼버스가 처음으로 신천지를 향해 떠났을 때, 아라비아의 지리학자 알파르가니의 거리 측정법을 잘못 이해하여 예상했던 시간보다 2달 정도가 더 경과되자, 뱃사람들이 술렁거리기 시작했습니다. 다시 본국으로 돌아가자는 사람도 있었고, 바다에서 죽을 거라고 절망한 사람도 있었습니다. 실제로 그 당시에 바다에서 무섭게 번지던 괴혈병에 죽어가던 사람도 있었다고 합니다. 그리고 지구가 둥글다는 것을 의심하여, 잘못하면 천길만길 낭떠러지에 떨어져 죽을지도 모른다는 불안감에 쌓이기도 했습니다. 물론 컬럼버스도 두려웠습니다. 하지만 이를 극복하고 사람들을 설득해서 예상 여행 기간보다 4달이나 더 걸려서 미 대륙을 발견하게 되고, 그 결과 최고의 탐험가로 역사 속에 남게 된 것입니다. 누구나 미래에 대한 두려움을 가지고 있습니다. 그러나 어떻게 대처하느냐에 따라서 미래를 정복하는가, 정복당하느냐가 결정됩니다.

우리는 벽에 부딪히면 도망가고 싶어지곤 합니다. 혹은 벽 따위는 아예 만나지 않기를 바라고 있습니다. 그러나 벽이 있기 때문에 뛰어넘을 수 있는 힘이 발휘되는 것입니다. 그 원동력이 되는 것이 바로 희망을 담은 용기입니다. 우리에게 올바른 용기가 있다면, 어려움 속에서도 뿌리를 뻗쳐갈 수 있을 것입니다. 성공은 대개 실패를 한 후에 따라옵니다. 돈을 한 번도 잃지 않고 부자가 되는 사람은 없습니다.

자전거에서 넘어지는 것이 자전거 타는 법을 배우는 과정입니다. 자전거에서 넘어져서 무릎을 다치기 때문에 더욱 더 잘 배우고자 하는 것이지요. 골프공이나 경기를 잃는 것이 골프선수를 더 훌륭하게 만들고, 더욱 더 열심히 연습하게 만들고, 더 많이 공부하게 합니다. 승자들에게는 지는 것이 오히려 용기를 줍니다. 그에 반해서 패자들에게는 지는 것이 좌절을 만드는 것이지요.

정말 중요한 것은 처음부터 승자와 패자가 정해진 것이 아니라는 사실입니다. 장벽을 이겨내느냐, 못하느냐에 따라서 결과적으로 주어지는 것이 바로 승자와 패자의 개념이라는 것입니다. 그리고 장벽을 딛고 일어서는 것은 용기 있는 자만이 해낼 수 있는 것이지요.

실패는 승자들에겐 힘이 되지만 패자들에겐 짐이 됩니다. 바꾸어 말하면, 실패를 딛고 일어서는 사람이 바로 승자라는 이야기입니다. 실패를 실패로 끝을 맺는 사람은 바로 패자라고 이름 불려진다는 간단한 진리를 기억합시다. 승자들의 가장 위대한 비밀은 실패가 승리를 자극한다는 것입니다. 그래서 그들은 실패를 두려워하지 않습니다. 모두들 지는 것을 싫어하는 법이지요. 그러나 지는 것을 싫어하는 것과 지는 것을 두려워하는 것에는 큰 차이가 있습니다.

시도해야 한다

재판장과 과부

옛날 어떤 도시에 자존심과 콧대가 높아서 사람을 무시하는 재판장이 살았었는데, 그 도시에 한 불쌍한 과부가 있어 그에게 찾아가서

"내 원수에 대한 나의 원한을 풀어 주소서."

하되 그가 처음에는 이와 같은 청을 무시하다가 후에 계속하여 요청하니, 생각하기를

"내가 하나님을 두려워하지 않고 사람을 무시하나, 이 과부가 나를 계속 괴롭게 하니 내가 그 원한을 풀어줄 수밖에 없구나."

라면서 청을 들어주었다 한다.

재판장이 의롭지는 못하지만, 비록 보잘 것 없어 보이는 사람이라도 자꾸 찾아와서 계속하여 간청하면 그 청을 안 들어줄 수 없다는 것입니다. 반복하여 노력하는 사람에게는 그 누구도 이길 수 없습니다.

란지트왕의 용기

아주 먼 옛날 인도의 어느 나라에 란지트라는 왕이 신하들과 사냥을 나갔다가 길을 잃고 헤매는 중에 어느 호숫가에서 슬픈 표정의 젊은이를 만났다.

"이봐요 젊은이. 난 란지트왕이오. 여기서 뭘 하는 거요? 아주 슬퍼 보이는구만. 내가 도와줄 일이 없겠소?"

"저는 서쪽에 있는 파탄왕국의 왕자인데, 어느날 왕궁 생활이 싫어서 몰래 궁을 빠져나와 이 호수에 도착했어요. 그 때 물 속에서 이 세상에서 가장 아름다운 연꽃이 피어났지요. 저는 연꽃을 꺾으려고 손을 내밀었지만 제 손이 닿기도 전에 물 속으로 들어가 버리더군요. 그 꽃은 여드레만에 한 번씩 모습을 드러내지요. 그러나 제가 손을 내밀 때마다 곧 사라져 버립니다. 그래서 지금도 저는 여기에 앉아서 그 연꽃이 나타나길 기다리고 있답니다."

왕은 그 말을 듣고 젊은이 옆에 나란히 앉아서 연꽃이 나타나기를 기다렸다. 며칠 후 마침내 연꽃이 나타났고 란지트왕도 그 모습에 감탄했다. 정말 아름다운 연꽃이었지만 이내 사라져 버렸다. 란지트왕은 꽃이 사라진 물 속으로 곧바로 뛰어들었다. 호수 밑에는 놀랍게도 큰 도시가 있고 그 한가운데에는 아름다운 왕궁이 자리잡고 있었다. 이윽고 왕은 아름다운 연꽃이 많이 피어 있는 비밀의 정원에 도착했다. 그 곳에서 어여쁜 여인을 만나서 환대를 받은 후 많은 연꽃을 얻어서 물 밖으로 나왔다. 란지트왕에게서 연꽃을 받은 젊은이는 몹시 기뻐했다. 그러나 왕으로부터 물 속에 있었던 이야기를 들은 젊은이는 갑자기 왕에게 질투를 느꼈다.

"왕께서 물 속의 아름다운 정원과 어여쁜 여인을 본 것은 다 제 덕분이에요. 제가 왕께 연꽃에 대한 이야기를 해주었으니까요. 제가 아니었다면 그 여인과 그 안의 왕국이 왕의 소유가 되지 않았을 것입니다."

란지트왕은 조용한 목소리로 젊은이에게 말했다.

"내가 호수에 들어간 것은 그대가 연꽃을 갖고 싶어했기 때문이야. 연꽃을 가져온 것도 그대를 위해서였지. 원한다면 그대도 나처럼 호수에 들어가게나. 그대에게 필요한 것은 용기와 결단력이야. 용감한 사람에게 불가능은 없는 것이라네."

말을 마친 란지트왕은 젊은이를 호숫가에 남겨둔 채 말을 타고 길을 찾아 떠났다.

자기가 아무리 고귀한 것을 원한다 하더라도 마음 속으로만 조바심을 하고 실행하지 않으면 아무 것도 얻을 수 없다는 말입니다.

불타 죽느냐, 물에 빠져 죽느냐?

몇 년 전에 스코틀랜드 해안에서 조금 떨어진 북해의 유전 굴착지에서 끔찍한 화재가 발생해서 많은 사람들이 목숨을 잃을 위기에 있었다. 그 지옥의 불길 속에서 어떤 한 사람이 얼음장 같이 차가운 바다 위 45m 상공 플랫폼에 있었다. 다급한 그에게는 차가운 바다로 뛰어내리든지, 아니면 그대로 있다가 불길 속에 사라지든지 해야만 하는 두 가지 선택권이 있었다. 바다에 뛰어든다 해도 살아남을 가능성은 물론 적었다. 그러나 플랫폼에 그대로 서 있다가는 죽을 게 뻔했다.

그래서 그는 두려웠지만 죽을 각오로 뛰어내렸다. 그리고 가까스로 파편 덩어리에 올라타서 얼마 후에 간신히 구출될 수 있었다. 하지만 그의 동료들은 플랫폼에 그대로 있다가 모두 죽음을 당했다.

즉 남들과 다르게 행동한 것입니다. 다른 평범한 사람들은 불길 속에서 죽어갔지만, 그는 특별한 방법을 통해서 살아남은 거지요. 그 유전 굴착지에 있었던 사람들에게는 모두 똑같은 기회가 있었으나, 그 중 단 한 사람만이 특별한 결과를 얻을 수 있었던 것입니다.

불타는 플랫폼 위에서 과감하게 뛰어내렸던 그 사람처럼 성취는 바로 어떤 결정을 내리고 실행하느냐에 달려 있습니다. 뭔가를 성취하기로 결정할 수도, 평범한 사람으로 남아 있기로 결정할 수도 있습니다. 특별한 사람이 되기로 결심했을 때는 뭔가가 달라야 합니다.

"채금자 해봤어?"

현대그룹의 창업자인 정주영은 '책임자'를 '채금자'라고 발음했다. 책임자에게

"당신 해보고서나 그런 소리하느냐?"

고 묻는 말이다. 생전의 정주영은 경영자나 기술자들이 난관에 부딪혀 '어렵다', '못 하겠다'고 하면 어김없이 "해봤어?" 라고 반문했다. 우리는 해보지도 않고 안된다, 못한다면서 너무 긴 세월을 살

아왔다. 정주영의 "해봤어?"는 그런 역사에 대한 반란이었다. 불행한 6 · 25가 아니었으면 세계 사람들이 이런 나라가 있었는지도 몰랐을 아시아의 조그만 귀퉁이 나라, 지지리도 못살고, 못배우고, 물려받은 것 없는 이 나라에서도 뚝심만 가진 어떤 사람이

"우리 한 번 해보고나 나서 안된다고 하자."

고 했다. 현대중공업은 그렇게 만들어졌다. 정주영이 울산 미포만에 세계에서 제일 큰 조선소를 짓겠다고 했을 때 모두들 미쳤다고 했다. 돈도, 기술도, 경험도, 신용도, 명성도, 아무 것도 없었다. 그런 환경에서 실망하지 않고 정주영은 혼자서 모래사장만 있는 미포만 사진 한 장과 외국 조선소에서 빌린 유조선 설계도 한 장을 들고 유럽을 돌았다. 1971년 9월 영국 버클레이 은행으로부터 차관을 얻기 위해 런던에서 드디어 A&P 애플도어의 롱바통 회장을 만났다. 차관상환 보증도 없고, 조선소 설립 경험도 없으며, 선주도 나타나지 않은 상황에서 영국은행의 답은 간단히 'No'였다. 정주영은 그 때 바지주머니에서 5백 원짜리 지폐를 꺼내 펴보였다.

"이 돈을 보시오. 이것이 거북선이라는 것이오. 우리는 영국보다 300년 전인 1천 5백년대에 이미 철갑선을 만들었소. 단지 쇄국정책으로 산업화가 늦었을 뿐 그 잠재력은 그대로 가지고 있소."

라는 재치있는 임기응변으로 롱바통 회장을 감동시켜 해외 차관에 대한 합의를 하고, 스위스의 차관을 합쳐 1억 달러를 받았다. 그러나 더 큰 문제는 선주를 찾는 일이었다. 정주영의 손에는 황량한 바닷가에 소나무 몇 그루와 초가집 몇 채가 있는 휑한 백사장을 찍은 사진 한 장이 전부였다. 정주영은 봉이 정선달이 되어 미포만의 그 초라한 사진을 쥐고 미친 듯이 배를 수주하러 동분서주했다. 결국 그리스 거물 해운업자 리바노스를 만나 26만 톤짜리 배 두 척을 주문받았고, 조선소 건립과 동시에 2척의 배를 진수시

킨 세계조선사에 유일한 기록을 남겼다. 1974년 6월 조선소 완공 때는 이미 20만 톤이 넘는 대형 유조선 12척을 수주한 상태였다. 조선소 준공식은 "해봤어?"라고 물었던 정주영에게 하늘이 해준 대답이었다. 그 해 첫 선박 명명식때 박정희 대통령이 와서 현대 중공업 본관 앞에 '조선입국(造船立國)'이라고 썼다. '우리도 배를 만들어 먹고 살고, 나라를 지켜보자'는 비원(悲願)이었다.

무모한 사장

100년 전통을 자랑하는 세계적인 자동차 그룹인 포드 자동차의 창업주 헨리 포드는 40세가 될 때까지도 재정적인 성공을 거두지 못하였다. 하지만 정규교육을 받아본 일은 없어도 자동차 제국을 건설하고, 후에 8기통(V-8) 엔진을 생각하게 되었다. 그는 어느 날 갑자기 그의 엔지니어들을 모아 놓고

"여러분, 나는 여러분이 V-8 엔진을 만들기 바랍니다."

라고 말했을 때, 총명하고 우수한 교육을 받은 이들 엔지니어들은 깜짝 놀라며

"저 늙은 사장이 뭔가를 오해하고 있군!"

이라고 생각하였다. 그들은 사장에게 8기통 엔진 제작이 기술적으로나 경제적으로 불가능하다는 것을 설명했다. 그렇지만 포드는 그들의 말을 일축하고 다음과 같이 말하였다.

"여러분, 나는 반드시 8기통 엔진을 가져야겠으니 그것을 만들어내시오."

그들은 내키지 않는 일을 하는 시늉만 하다가 다시 설득하려 하였다. 그러나 포드는 동의하지 않고 다시 한 번 말했다.

"여러분, 나는 반드시 V-8 엔진을 가지고 싶습니다. 그것도 최대한 빠른 시일 내에 만들어주시오."

사장실을 나온 그들은 불만이 많았지만 더 많은 시간과 더 많은 비용을 들여서 여러 가지로 시도하였으나, 마찬가지였다. 그들은 다시 포드에게 와서 말하였다.

"사장님, V-8 엔진은 절대로 불가능합니다."

포드는 눈에 불을 켜듯 말하였다.

"여러분은 내 말을 이해 못하는 것 같소. 나는 반드시 V-8 엔진을 가지고 싶습니다. 여러분은 그것을 만들 수 있습니다. 다시 가서 그것을 만드시오."

그들은 투덜거리면서도 여러 번의 시행착오 끝에 드디어 V-8 엔진을 만들었다. 그들은 그 일이 불가능하다는 것을 모르는 무모한 한 사람 때문에 성공할 수 있었다.

어떤 사람은 할 수 없다고 하면서 안합니다. 어떤 사람은 할 수 있다고 생각하고 무모하게 도전합니다. 포드에게 실패에 대한 두려움 없이 도전하는 실천력이 없었다면, 그 일을 끝까지 추진하는 지속력이 없었다면, V-8 엔진은 세상에 나타나지 못했을 것입니다. 우리도 마찬가지이지요. 실천력과 지속력 없이는 어떤 분야에서도 성공을 거둘 수 없고, 어떤 일에 미치기 위해 이것이 반드시 필요한 능력이기 때문입니다.

반복 시도

《빠삐용》은 '앙리 살리에르'라는 실존적 인물의 체험을 토대로 1968년에 만들어진 소설이다. 1931년 10월 16일, 스물다섯 살이던 앙리의 젊음을 통째로 말살한 '그들'은 이제 막 현대사회 초입에 들어선 프랑스의 사법체계였다. 이 때문에 빠삐용(나비)은 파리 몽마르트르의 포주 살해 누명을 쓰고 악명 높은 '남미 프랑스령 기아나' 형무소에서 무기수로 복역하게 된다. 그러나 그는 도저히 사람이 살 수 없는 참혹하고 무서운 감옥에서 인간 이하의 취급을 받으면서도 위조지폐범 드가와 함께 계속 탈옥을 시도한다. 반복되는 탈출 실패 후, 마침내 드가와 함께 상어떼가 득실거리는 악마의 섬으로 보내진다. 인간에 의해 만들어진 감옥 중 가장 끔찍한 곳에서 빠삐용은 또 다시 탈출을 계획하나, 친구는 마지막에 떠나기를 포기한다. 끝까지 자유에의 꿈을 버리지 않은 빠삐용은 수십 미터의 벼랑에서 야자열매를 채운 자루와 함께 바다 속으로 뛰어들어 결국 탈출에 성공하게 된다. 그리하여 베네주엘라로 가서 자유인으로 살아간다.

그는 자유의 몸이 된 뒤 딱 한 번 꿈에도 그리던 파리를 방문하기도 했는데, 범죄시효가 만료된 1967년에 마침내 니스를 거쳐 파리에 갈 수 있었다. 그때 그는 몽마르트르의 벤치에 앉아 이렇게 속삭였다고 한다.

"너는 이겼다. 친구여. 너는 자유롭고 사랑을 받는 네 미래의 주인공으로 여기에 있다."

반복하여 탈옥을 시도하고 또 그래서 성공하고, 자유인이 되어 자기의 누명과 그 악마의 섬의 악랄성을 세상에 공개하게 된 것입니다. 드가처럼 중도에 포기하였더라면 영원히 이 세상과 격리되어 죽음보다 더한 외로움을 맛볼 수밖에 없고, 그렇게 살다 간 인생을 이 세상 그 누구도 정당하게 기억해주지 않을 것입니다.

실패 챔피언

아마 역사에 이름을 남긴 위인 중에 미국의 링컨 대통령만큼 자기 인생의 실패를 거듭한 사람도 없을 것이다. 1816년 가족 파산, 1831년 사업 실패, 1832년 주의회 의원 낙선, 1833년 또다시 사업 실패, 1834년 약혼녀 사망, 1836년 신경쇠약으로 입원, 1843년 하원의원 낙선, 1848년 하원의원 또다시 낙선, 1854년 상원의원 낙선, 1858년 상원의원 다시 낙선이었다. 보통 사람 같았으면 이 정도에서 야망은커녕 생을 포기했을 것이다. 물론 그에게도 두려움이 엄습하였다. 그러나 그는 굴하지 않고 계속 도전하였다. 그래서 마침내 그는 이런 수많은 실패와 두려움을 극복하고 1860년 미합중국의 대통령이 되었다.

김춘추의 여동생

삼국통일의 영웅 김유신에게는 보희와 문희라는 두 여동생이 있었다. 그런데 어느 날 아침 언니 보희가 걱정스런 얼굴로 동생 문희에게 간밤의 꿈 이야기를 하였다. 꿈에 자기가 망측하게도 서

산(경주 선도산) 꼭대기에서 오줌을 누웠는데 온 서라벌에 홍수가 나서, 거리와 집들이 다 오줌속에 잠겼다는 것이었다. 이 말을 듣고 있던 동생 문희는 이것이 길몽이라 생각하여 비단치마 한 벌을 주고 언니로부터 그 꿈을 샀다.

김유신이 아직 미미한 존재이던 그 무렵 친한 벗인 김춘추를 동생 보희와 맺어줄 기회를 엿보고 있던 중, 보희의 꿈 사건이 있은 열흘 후에 그를 집에 초대하여 축국이라는 공놀이를 하고 있었다. 그 당시 김춘추는 쫓겨난 왕족의 손자이고, 한편 김유신은 '진골'이기는 하지만 '가야 사람'이라는 신분때문에 차별을 받는 처지라서 두 사람 모두가 동병상련의 심정으로 유난히도 가까웠다.

그들은 옷고름이 풀어지는 줄도 모를 정도로 공놀이에 열중하였다. 김유신은 기회를 타서 일부러 김춘추의 옷고름을 슬쩍 밟아서 떼어버린 후, 그 옷을 얼른 받아 보희에게 꿰매주도록 했다. 그러나 여동생은 생면부지인 외간 남자의 옷을 받아들고 주춤거리고 있었다. 이때 이것을 옆에서 보고 있던 동생 문희가 스스로 나서서 김춘추의 옷고름을 단 후, 그가 있는 사랑방으로 들어가서 전해주었다. 이를 계기로 둘은 급속히 가까워지게 되었다.

그 후 선덕여왕의 뒤를 이어 왕위에 올랐던 진덕여왕이 아들 없이 죽자, 김춘추가 왕으로 추대되었다. 이로써 문희는 문명왕후가 되고, 김춘추와 문희 사이에서는 법민과 인문, 문왕, 노차, 지경, 개원 등 6명의 아들이 태어났다. 그리고 큰 아들인 법민(法敏)은 무열왕(김춘추)의 뒤를 이은 신라 30대 문무왕이 되어 삼국통일을 완수하게 된다.

매사에 소극적인 언니 보희는 자기에게 다가온 기회도 수용하지 못하여 역사 속에서 사라지고, 한편 자기 것도 아닌 남의 기회를 적극적으로 잡고 시도한 문희는 삼국통일 역사에 큰 일을 하는 위대한 인물이 되었던 것입니다.

집념이 만들어낸 KFC

켄터키 프라이드 치킨을 창업한 콜로넬 샌더스는 그 전에 사우던 철도회사, 노 포크 앤드 웨스턴 철도회사, 일리노이 센트럴 철도회사, 변호사, 펜실베니아 철도회사, 보험회사 영업사원, 페리보트 경영자, 상공회의소 비서, 램프제조 판매업자, 미셸린 타이어 영업사원 등을 전전하였으나, 어떤 회사에 들어가든 결국 해고를 당했고, 어떤 일을 하든 실패만 했다. 그러다가 49세에 '샌더스 카페'를 짓고 이후 안정된 생활을 하고 있었는데, 카페 너머에 새로운 고속도로가 건설되면서 그의 가게에 찾아오던 손님들의 발길이 뚝 끊어졌다.

하루 아침에 실업자가 된 그가 카페를 처분하고 손에 쥔 돈은 연금인 단돈 105달러뿐이었다. 거기다가 아내도 떠나버린 슬픔 가운데, 정신병까지 앓게 되어 이제껏 쌓아올린 모든 것이 잿더미로 변해버린 상황이었지만, 그는 절망대신

"나에게 은퇴라는 말은 없다. 어떠한 역경이 닥쳐와도 포기하지 않을 것이다. 목숨이 붙어 있는 한 나는 계속 움직일 것이다." 라고 각오를 다지면서 새로운 꿈을 향해 앞으로 나아갔다. 그의 꿈은 16년간 카페를 운영하면서 익힌 닭을 맛있게 튀기는 방법을 프랜차이즈 방식으로 활용 및 운영한다는 계획이었다. 그는 65세의 노인이었지만, 꿈을 가지고 여러 가지 튀김장비들로 가득 찬 왜건을 몰고 식당을 찾아다니면서 만나는 사람마다 치킨요리를

빨리 할 수 있는 비법을 보여주며, 자기와 프랜차이즈 계약을 맺을 것을 요청했다. 대부분의 사람들은 이 정신 나간 노인의 이야기를 듣고 비웃었다. 프랜차이즈 계약을 맺는 것은 고사하고, 치킨요리법에 대해서 대가를 지불해야 한다는 것조차 생각하지 못했다. 그의 나이 68세 될 때에 1,009번의 시도 끝에 마침내 1,101번째 레스토랑에서 첫 번째 프랜차이즈 계약을 따내게 되었다. 열 번도 백 번도 아닌 천 번 이상을 냉정하게 거절당하면서도 포기하지 않았기 때문에 성공한 것이다. 그는 이렇게 말한다.

"실패와 좌절의 경험도 인생을 살아가면서 겪는 하나의 공부라 생각합니다. 자신이 이제까지 걸어온 길을 하찮게 평가하지 마세요. 현실이 슬픈 그림으로 다가올 때면 그 현실을 보지 말고 멋진 미래를 꿈꾸세요. 그리고 그 꿈이 이루어질 때까지 앞만 보고 달려가세요. 인생 최대의 난관 뒤에는 인생 최대의 성공이 숨어 있답니다."

실행 없이는 얻는 것도 없습니다. 성공의 비결은 그 목표가 뚜렷하고 변하지 않는 데 있습니다. 성공하지 못하는 것은 처음부터 끝까지 한 길을 가지 않기 때문입니다. 그 길이 험하기 때문만은 아닙니다. 오직 한 곳에 집중하여 정진하면 쇠를 뚫고 나갈 수도 있습니다. 굴복당하지 않을 수 있습니다. 실행하는 사람만이 성공할 수 있는 법입니다. 호텔왕 힐튼도

"성공적인 사람은 계속해서 행동한다. 실수를 하기도 하지만 절대로 멈추지 않는다."

라고 말했습니다. 성공하는 사람은 실패하지 않는 사람이 아니라, 실패해도 포기하지 않고 또다시 도전하는 사람을 말합니다.

11

항상 긴장하며

역경을 기회로

나무에 가위질을 하는 것은 나무를 사랑하기 때문입니다. 지나치게 웃자란 가지를 손질하지 않으면 나무는 올바르게 성장할 수 없습니다. 부모에게 훈계를 받지 않고 자란 아이는 똑바른 사람이 될 수 없는 것도 같은 이치입니다. 겨울의 추위가 심한 해일수록 봄의 나뭇잎은 훨씬 푸르듯, 사람도 역경에 단련되어야만 큰 인물이 될 수 있는 것입니다. 역경과 고난이라는 가위질이 없으면, 고난을 이겨내는 지혜도 생겨나지 않습니다.

독일 베를린의 막스 플랑크 교육연구소에서 15년간 성인 1천명을 대상으로 나이와 지혜의 연관성을 연구한 결과, 지혜로운 사람들의 몇 가지 공통점을 밝혀냈다고 합니다. 그들 대부분은 고난을 겪고 역경을 극복한 사람들이었다는 것입니다. 가난한 환경에서 살았거나, 남보다 일찍 생활전선에 뛰어들었거나, 거칠고 힘든 일을 체험해본 사람들이 큰 걱정 없이 평범하게 산 사람들보다 지혜로웠다고 밝히고 있습니다.

고통을 이겨내는 생활

미국의 프로 야구 선수로 명성을 날렸던 인물 중에 커크 깁슨이라는 사람이 있었다. 그는 1980년에 손목의 연골을 다치는 치명적인 상처를 입었지만 그 고통을 극복하며 선수생활을 계속하였다. 그런데 1982년에는 왼쪽 손목마저 심하게 삐었다. 또 1985

년에는 투수가 잘못 던진 공에 맞아 병원에서 상처를 열일곱 바늘이나 꿰맸고 허벅지에 타박상까지 입었다. 그리고 그 다음 해엔 발목을 심하게 다쳤는데도 불구하고 선수로서 가장 훌륭한 기록을 올렸다. 이처럼 수많은 육체적인 고난중에도 좌절하지 않고 당당하게 선수생활을 계속한 것이다. 커크 깁슨은 '고통을 이겨낸 비결'을 묻는 사람들에게 이렇게 말했다.

"우리의 삶에는 행복과 불행이 공존합니다. 잘 되고 행복할 때가 있는가 하면 안되고 낙담할 때가 있습니다. 하지만 낙담될 때 저는 낙담을 이겨내는 것만이 제가 갈 길이라고 생각했습니다. 그러는 동안에 저는 제 직업과 가족과 자신에게 또 다른 소망을 갖게 되었습니다."

세밀한 관찰

오줌이 담긴 작은 병이 옥스퍼드 의학과의 권위있는 오슬러 교수 책상 위에 놓여 있었습니다. 그 앞에는 젊고 똑똑한 의대생들이 사물을 자세히 관찰하는 것이 얼마나 중요한 것인지에 대해 설명을 듣고 있었습니다.

"이 병에는 분석할 오줌 표본이 들어 있습니다. 우리 모두는 환자들이 겪고 있는 병을 알아내기 위해 가끔 이것의 맛을 볼 필요가 있습니다. 여러분도 지금부터 내가 하는 작은 일까지도 자세히 관찰하십시오."

그리고는 그런 다음에 손가락을 병 속의 오줌에 담갔다가 입으로 빨았습니다.

"이제 나는 이 병을 돌리겠습니다. 여러분 각자는 내가 한 것처럼 꼭 그대로 하십시오. 아마 우리는 사례의 진단과 기교의 중요성을 배울 수 있을 것입니다."

라고 말했습니다. 그 병은 학생들 앞을 차례대로 지나가고 있었고, 병을 받아든 학생들은 눈살을 찌푸리며 손가락을 넣어서 오줌을 맛보았습니다. 병이 학생들의 앞을 다 지나간 후 오슬러 박사는 다음과 같이 말했습니다.

"이제 여러분은 내가 작은 일까지도 자세히 관찰하라고 말한 뜻을 이해했으리라 생각합니다. 여러분이 끝까지 주의 깊게 관찰했다면 내가 병 속에 인지(집게 손가락)를 넣고 입에는 중지(가운뎃 손가락)를 넣는 것을 보았을 것입니다."

사물을 관찰하는 정확한 안목이 필요합니다. 현상만 바라볼 것이 아니라 전체적인 모습을 직시하고 통합하여 관조하는 태도가 얼마나 중요한지 잘 가르쳐주는 이야기입니다. 젊은 의대생들처럼 총기가 넘치는 사람들도 주의력이 부족하거나 엉뚱한 일에 주의를 기울인다면 쓴 맛을 볼 수 있는 것이 이 세상입니다. 우리는 항상 긴장하고 주의깊게 사물을 다루어야 합니다.

동물의 낙원

뉴질랜드에는 세 종류의 키위가 있다고 합니다. 그 중 하나는 우리가 잘 아는 과일 종류의 키위인데, 고기를 잴 적에 이것을 넣으면 아주 부드러워진다고 합니다.

또 하나의 키위는 뉴질랜드의 백인들입니다. 미국 남부 사람들이 북부 백인을 양키라고 부르는 것과는 달리 뉴질랜드의 백인들은 스스로를 키위라고 하면서 으스댄다고 합니다. 원주민인 마오리족과 대별하여 부르는 말이기도 하지요.

그리고 또 하나의 키위는 바로 뉴질랜드에서 오래 전부터 살고 있는 새입니다. 뉴질랜드를 대표하는 국조(國鳥)인 그 새가 지금은 멸종 위기에 있다 합니다. 그 이유는 뉴질랜드에는 키위의 천적이나 맹수가 없기 때문에 도망다니거나 날아다닐 필요가 없어서이지요. 그래서 키위의 날개는 점점 퇴화하여 아주 작은 흔적만 남아 있다고 합니다. 또한 자주 움직이지 않아서 뱃속에 있는 알이 커질 대로 커져 몸집은 메추리만한데 알의 크기는 달걀의 5~6배가 된다고 합니다. 그래서 키위가 스스로 알을 낳아 번식하기 어렵게 되고 말았습니다. 희귀 동물에다 보호 동물이 되어 요즘은 제왕절개로 키위의 알을 꺼내어 인공부화를 시킨다고 합니다.

물고기의 천적

오래 전 캐나다에서 있었던 일입니다. 동부 토론토 해양박물관에 전시할 희귀어족을 서부 뱅쿠버로부터 안전하게 날라야 하는 일을 두고 관계자들이 고민에 빠졌습니다. 어족을 나르는 대륙횡단에 며칠씩 걸리므로, 기차에 아무리 첨단 기능의 수족관을 만들어도, 현대과학이 무색할 정도로 고기들이 다 죽어버리기 때문입니다. 몇 번을 시도해 봐도 결과는 마찬가지였습니다.

이러한 문제에 부딪혀 고민하고 있을 때에, 한 늙은 어부가 이동 수족관에 문어를 넣어 보라고 했습니다. 이 말을 들은 전문가들은 코웃음을 쳤습니다. 그렇지 않아도 물고기들이 다 죽어버리는데, 물고기가 무서워하는 문어까지 넣으면 어쩌느냐는 것이었지요. 하지만 달리 방법이 없어 박물관측은 한 번 시도해 보기로 했습니다. 그런데 결과는 대성공이었지요. 거짓말처럼 토론토에 도착할 때까지 고기들이 펄펄 살아 있었던 것입니다. 긴장을 했던 고기들이 오히려 건강해졌던 것입니다.

그런가 하면 다음과 같은 이야기도 있습니다. 런던 항구에서 청어를 파는 어부들은 너무 억울했습니다. 북해도에서 어렵게 잡아오는 청어가 런던 항구에 도착하기 전에 모두 다 죽어버리기 때문이었지요. 애써서 열심히 운반해도 제 값을 받을 수 없기 때문에 죽을 판이었습니다. 수고는 수고대로 하고 얻는 수익은 불만족스러웠습니다.

그래서 찾아낸 방법이 바로 청어와 함께 메기를 수족관에 넣는 것이었습니다. 그 때문에 청어들은 고난을 당하게 되었습니다. 운반중에 청어 몇 마리는 메기에게 먹히기도 합니다. 그러나 나머지 청어들은 잡아먹히지 않기 위해 항상 긴장하고, 재빠르게 대응하기 때문에 도리어 건강해지고 팔팔한 상태로 살아있게 되었습니다. 긴장이 있어서 더 좋은 것입니다.

미꾸라지와 메기

이젠 고인이 된 삼성그룹의 창업자인 이병철 회장은 미꾸라지를 기르던 경험을 자주 말하곤 했다고 합니다. 그는 치밀한 조직 관리로 유명했던 사람이지요. 그의 이야기에 의하면 어린 시절 논에 미꾸라지를 길렀는데, 한 논에는 미꾸라지만 넣고, 다른 논에는 미꾸라지를 잡아먹는 메기도 함께 넣어 길렀다고 합니다. 그런데 가을이 되어 수확기가 되면 두 논의 미꾸라지는 확실히 달랐다고 합니다. 천적이 없어서 저희들끼리만 자란 미꾸라지들은 시들시들하고 약했으나, 메기에 쫓기고 달아나며 자란 미꾸라지들은 매우 튼튼하게 자라 있었다고 합니다. 메기가 휘저으며 다니는 논에서 자란 미꾸라지들은 늘 긴장해야 하고, 잡아먹히지 않기 위해서 도망을 다니는 과정에서 더 많이 먹고, 더 많이 운동을 하게 되어 튼튼해질 수밖에 없었겠지요. 메기보다 빠른 미꾸라지들만 살아 남았기 때문입니다.

매의 새끼 훈련

사냥술의 귀재라 일컬어지는 매는 독수리 못지않게 새끼 교육이 혹독하다고 합니다. 매는 해안의 암벽에서 주로 번식하는데, 잡아온 먹이를 새끼에게 줄 때 공중에서 떨어뜨린다고 합니다. 새끼들은 모험을 해가며 먹이를 차지하려고 애쓰게 되지요. 그러다가 둥지에서 떨어져 다리가 부러지는 놈도 생기기도 합니다. 어미 매가 노리는 것이 바로 이것입니다. 먹이를 취하려다가 실패하여 다리를 다친 '낙상 매'를 양성하는 것입니다. 왜냐하면 새끼일 때에 낙상을 한 매가 그 결함이나 열등을 보상하기 위해 별나게 사납고, 억센 매가 된다는 것을 알고 있기 때문입니다. 새끼를 억세게 생존시키기 위하여 자칫 죽을지도 모르는 위험을 무릅쓰고 낙상을 유도하는 것입니다. 이처럼 동물들도 시련을 통해 새끼의 생존력을 높일 수 있다는 것을 본능적으로 알고 있는 것입니다.

경쟁과 긴장 속에서

2002년 한 · 일 월드컵에서 한국 대표팀이 보여줬던 정신력이 바로 헝그리 정신입니다. 이 정신은 '성취에 대한 배고픔'으로서 거스 히딩크 감독의 승리의 배고픔이라는 말로 표현할 수 있습니다. 당시 한국 대표팀의 목표는 월드컵 사상 최초의 1승 달성을 통해 16강에 진출하는 것이었습니다. 하지만 히딩크 감독은 16강 진출을 달성한 직후 기자회견에서

"나는 아직도 배가 고프다."

라고 하면서 여기서 주저앉아서는 안 된다는 사실을 대표팀 선수들과 전 국민에게 선포했지요. 결국 우리 나라는 4강 진출이라는 위대한 기적을 일궈낼 수 있었습니다. 반드시 성취하고야 말겠다는 굳은 의지로 역경을 헤치고 기적을 이룬 것입니다.

시험 하루 전날에는 누구나 열심히 공부를 합니다. 하지만 보통 때에는 그렇게 하는 사람이 거의 없습니다. 매일 내일이 시험인 것처럼 긴장할 수 있다면, 게임에 몰두하지 않을 것이며 잡생각이 들리가 없을 것입니다. 없던 인내심도 생기게 되지요.

어떤 목표를 이루기 위해서는 긴장해야 합니다. 오늘 하루를 놓치면 치명적인 실수가 된다는 사실을 잘 알아야 합니다. 하루 하루가 뒤로 밀려나서 결국은 목표로부터 멀어지게 되는 것이지요. 그러니 나중에 일어날 최악의 상황을 상상하며, 긴장하고, 실천에 옮기는 것이 중요합니다.

알고 있는 것과 실천하는 것은 다릅니다. 물론, 실천이 더욱 어렵고 어려운 만큼 값집니다. 우리가 자꾸 미루는 가장 큰 이유는 오

늘 또는 내일 하기로 한 약속들을 지키지 않더라도 당장 큰 일이 일어나지 않기 때문입니다. 예를 들어 매일 1시간씩 영어공부를 하기로 마음을 먹었는데, 오늘 또는 1주일 동안 공부를 하지 않아도 아무런 일도 일어나지 않으며, 문제도 생기지 않는 것입니다. 하지만 그렇게 1~2년 지난 후에는 엄청난 차이를 느끼게 될 것입니다. 긴장과 스트레스가 마냥 나쁜 것만이 아닙니다.

적당한 긴장과 적당한 강도의 스트레스는 오히려 일의 진척을 도와주고 삶을 빛나게 해줍니다. 아무런 일이 일어나지 않음을 감사해야 하는 것이 아니라, 내게 일들이 일어나는 모든 것들을 감사해야 하는 것입니다.

경쟁 원리와 위기 의식은 적당한 긴장감과 활력을 불어 넣어 개인 또는 조직의 발전에 크게 도움이 될 수 있습니다. 우리가 경쟁 없는 공산주의가 몰락하는 것을 보아왔듯이 경쟁이 없는 개인이나 사회는 발전을 기대하기 어렵습니다. 물론 경쟁의 과정이야 힘들겠지만, 그것을 이겨내는 과정에서 강인한 힘이 길러지고, 어떤 상황도 극복할 수 있는 자생력이 생깁니다. 그러므로 경쟁을 통해 개인이 얻을 수 있는 가장 큰 장점은 어떤 위기 상황에서도 유연하게 대처할 수 있는 내성을 갖게 되고, 그것이 자신감의 강화와 직결된다는 점입니다. 타인과의 경쟁에서 이기는 것도 필요하지만, 더 중요한 것은 자신과의 경쟁에서 이기는 것입니다. 다른 사람과의 경쟁에서 물러서거나 아예 경쟁 자체를 피하려는 사람들은 대부분 그 이전에 자기 자신과의 경쟁에서 이미 패한 사람입니다.

12

끝없는 노력

달란트(Talent) 이야기

바로 오늘 시작!

인생을 걸고

뿌린대로 거둔다

남다른 노력

지략 승리자들

달란트(Talent) 이야기

사람은 누구나 다른 사람보다 더 성공하기를 바랍니다. 그런데 성공을 위해 우리에게 요구되는 것은 최고가 아니라 최선입니다. 최선은 주어진 여건을 불평하지 않는 것에서부터 시작됩니다. 주어진 여건이 최고여야 성공한다는 것은 그 어디에도 없습니다. 오히려 성공은 최악의 조건에서 낙심하지 않고, 하나씩 이뤄나갈 때 이루어지는 것입니다.

어떤 사람이 외국에 갈 때 자신의 종들에게 재능대로 한 사람에게는 금 다섯 달란트를, 또 한 사람에게는 두 달란트를, 마지막 사람에게는 한 달란트를 맡기고 떠났다고 합니다. 다섯 달란트와 두 달란트 받은 자들은 바로 가서 그것으로 장사하여 배를 남겼으되, 한 달란트 받은 자는 두려워하여 땅을 파고 돈을 감추어 두었습니다. 오랜 후에 주인이 돌아와 결산을 한 후, 다섯 달란트 받았던 자와 두 달란트 받았던 자에게는

"착하고 충성된 종아. 네가 적은 일에 충성하였으매, 내가 많은 것을 네게 맡기리니 나와 같이 즐거움에 참여할지어다."

라고 말하면서 남긴 돈을 그들에게 댓가로 주었다. 그러나, 한 달란트 받았던 자에게는

"악하고 게으른 종아. 네가 자신없으면 차라리 내 돈을 이자업자에게 맡겼다가 원금과 이자를 받게 했어야 옳지 않겠느냐?"

라고 하면서 그에게서 그 한 달란트마저 빼앗아 열 달란트 가진 자에게 주었다고 합니다. 무릇 있는 자는 받아 풍족하게 되고, 없는 자는 그 있는 것까지 빼앗기게 되며, 일하지 않는 쓸모없는 종은 바

깥 어두운 데로 내쫓기게 됩니다.

능력대로 열심히 일하지 않은 것이 단순히 '게으른' 정도가 아니라, '악하고 게으른' 것입니다. 유태인의 말 중에는 '가난은 죄악이다'라는 것이 있다고 합니다. 그만큼 가난한 사람은 게으른 결과로 그렇게 되었다는 뜻이랍니다. '누구든지 일하기 싫어하거든 먹지도 말게 하라'고까지 하였습니다. 각자의 받은 재능과 은사는 다르지만, 최선을 다하여 열심히 일해야 한다는 것이지요.

바로 오늘 시작!

'오늘 내가 보낸 하루는 어제 죽은 이가 간절히 바라던 내일이다'라는 말이 있습니다. 참으로 자주 인용되는 문구입니다. 누구에게나 공평한 오늘이라는 시간은 매우 값진 순간들입니다. 어제 죽은 이가 간절히 바라던 내일처럼 우리가 여길 수는 없더라도 현재의 어려움을 슬기롭게 극복해 나가야 합니다. 하루 하루를 소중하게 보냅시다. 주어진 시간은 영원히 돌이킬 수 없기에 가치 있는 시간들이 되기 위해서는 최선을 다해 한 순간 한 순간을 만들어 가야 합니다.

'탈무드'에는 '오늘 바로 코 앞에 닥치는 일도 모르는 처지에 내일의 일을 근심해도 별 도리가 없다'라는 말이 있습니다. 과거를 걱정한들 돌이킬 수 없는 일입니다. 늘 새로워지지 않으면 일상에 젖은 포기가 마음을 좀쓸게 만들고 맙니다.

"내일 지구에 종말이 온다 해도 난 오늘 한 그루 사과나무를 심겠다.”

고 했던 스피노자의 말처럼 우리는 현재에 충실하여 최선을 다해야 합니다. 내일로 미루는 나태함은 참으로 위험합니다. 나태함은 당신에게 슬며시 자연스럽게 다가와서 ‘내일’이란 말로 속삭입니다. 내일 하면 된다고 유혹할 것입니다. 오늘 해야 될 일을 내일로 미루지 마시길 바랍니다. 새로운 기회와 새로운 에너지가 여러분을 기다리고 있습니다. 일어나서 두려움을 이기며 나아갑시다.

‘내일부터’가 아니라 ‘오늘부터’입니다.

‘다음부터’가 아니라 ‘지금부터’입니다.

‘내일은 무엇을 할 것인지’가 아니라 ‘오늘은 무엇을 했는지’가 중요합니다.

‘무엇이 이뤄졌으면’이 아니라 ‘무엇을 노력하고 있는지’가 중요합니다.

‘원하는 것이 왜 안 이루어지는지’가 아니라 ‘원하는 것을 위해 왜 행동하지 않는지’가 먼저 되어야 합니다.

‘나는 왜 안 되느냐?’가 아니라 ‘나는 왜 행동하지 않느냐?’하고 물어봐야 할 것입니다.

‘나는 무엇 무엇을 할 것이다’가 아니라 ‘나는 무엇 무엇을 하고 있다’라고 말해야 할 것입니다.

‘내 소원은 이것이다’가 아니라 ‘나는 이렇게 된다’라고 선언합시다.

‘오늘’은 ‘승자’들의 단어이고, ‘내일’은 ‘패자’들의 단어입니다.

삶에서 가장 파괴적인 단어는 ‘내일’이라는 단어입니다.

‘내일’이라는 단어를 자주 사용하는 사람들은 여전히 불행해지고 계속 실패할 뿐입니다. 이런 사람들은 종종 ‘내일부터 일을 시작하겠다'고 말하곤 합니다. 혹은 '내일부터 운동과 살빼기를 시작하겠다'고 말하지만 그 내일은 영원한 내일이 되고 맙니다. 여러분의 인생을 바꾸는 말은 '오늘'이라는 단어입니다. '내일'을 입에 달고 사는 사람에게 진정한 '내일'이란 없습니다. '내일'을 만드는 건 바로 '오늘'의 실천이기 때문에 그렇습니다.

무엇인가를 결정내릴 때, 우리는 이런 저런 이유를 대면서 다음부터 또는 내일부터라고 자꾸 미루곤 합니다. 뭔가를 하고자 할 때에는 내일이 아닌 오늘부터 시작해야 하는 것입니다. 과감하게 결심하고 실행을 한다면 내일은 있겠지만, 늘 내일부터라고 한다면 진정 원하는 내일은 오지 않을 것입니다. 아이들이 학교에 가고 나면, 혹은 학교에서 돌아온 후 어떤 일을 시작하겠다고 하곤 합니다. 날씨가 추워지거나 추위가 끝나면 일을 시작하겠다는 핑계를 대기도 합니다. 한 마디로 말해서 일을 시작하기도 전에 일을 뒤로 물리는 상황에 부딪히게 되는 것이지요.

우리 모두에게는 공평하게 주어지는 오늘이라는 선물이 있습니다. 세상에서 가장 소중한 선물은 과거도 아니고 미래도 아닙니다. 세상에서 가장 소중한 선물은 바로 현재의 순간입니다. 세상에서 가장 소중한 선물은 바로 지금인 것입니다!

어제는 역사요,
오늘은 선물이며,
내일은 미스테리다
- 엘리너 루스벨트 -

인생을 걸고

어떤 별난 일본 샐러리맨이 자기가 살아온 30년 삶을 빠짐없이 기록해 놓았습니다. 그 30년의 세월을 계산해 보면 10,950일인데, 그 중 잠자는 시간이 3,505일, 고민하고 불평 불만을 하면서 산 시간이 1,596일, 담배 피우는 시간이 1,140일, TV를 본 시간이 775일, 남의 흉본 시간이 442일, 술집에 간 시간이 266일, 도박판에서 보낸 시간이 258일이었다고 합니다. 기타 여기에 기록하지 못한 사소한 일로 보낸 세월도 많은 점을 고려할 때, 가치 있고 발전적인 삶을 산 시간이 1,500일이 되지 않는 것입니다. 이것을 하루로 따지면 3시간 20분 정도가 됩니다. 그 짧은 3시간 가운데 자신을 위해 조금이라도 시간을 내지 못한다면 장래 나의 인생은 어떻게 될 것입니까? 지금부터라도 시간을 내어 자기 인생을 계획해야 할 것입니다.

그리고 많이 노력을 하여 성공한 사람의 인생도 여기에서 크게 차이 나지 않는다고 합니다. 각 사람이 생각하기에는 자신이 성공을 위해서 열심히 노력하는 것 같으나, 실제로 그 기간을 따져보면 미흡한 상태라고 합니다.

아프리카에서 초식동물들은 육식동물로부터 목숨을 건지기 위해 잘 뛰어야 합니다. 이러한 상황에서 육식동물이 사냥에 성공하기 위해서는 순발력이 좋아야 하지요. 순발력이 좋은 대신 지구력이 약하기 때문에, 육식동물들은 사냥하는 방법을 잘 알고 있습니다. 사냥감들이 있는 곳으로 몰래 서서히 접근하여 그 중에서 비교적 쉬운 목표를 택합니다. 그리고 자기 냄새를 들키지 않도록 하기 위해 바람의 반대 방향에서 최대한 몸을 낮추어 초식동물들이 눈치채기 직전까지 가까이 다가가는 것이지요. 그 다음에는 순간적으로 튀어나가 미리 보아 둔 목표물 하나를 계속하여 추적한다고 합니다. 지구력이 약하여 몇 백미터 이내에서 잡지 못하면 실패하게 되기 때문에 처음부터 전력을 다하여 뛴다고 합니다. 그리고 순식간에 잡아 목을 물어뜯습니다. 이것이 맹수들의 성공법입니다. 이렇게 한 목표를 향하여 전력 질주를 해도 성공 확률이 30% 정도밖에 안 된다고 합니다. 성공 확률이 반도 안 되는 것입니다. 그래도 생존을 위해 시도를 하게 되고, 그렇게 시도하니까 성공의 기회가 오는 것이지요.

개와 산토끼

덤불 속에서 튀어나온 개가 산토끼를 뒤쫓았다. 개는 본래부터 날렵하게 잘 달림에도 불구하고, 털복숭이 산토끼에게 뒤처졌다. 그리고 열심히 쫓았으나 결국 놓쳤다. 이것을 보고 있던 염소지기가 사냥개를 조롱하였다.

"사냥개로 훈련받았다는 네가 저처럼 조그만 녀석 하나 잡지 못하다니. 쯧쯧!"

그러자 개가 대답했다.

"저처럼 단순히 무엇인가를 잡으려고 뒤쫓아 가는 것과 저 토끼처럼 생사를 걸고 필사적으로 달리는 것과는 엄청난 차이가 있지요."

자기의 인생을 걸고, 자기의 목숨을 바쳐 승부하는 자는 그 누구도 당해내지 못하는 것입니다. 무언가에 몰두할 수 있는 대상이 있고 거기에 빠져들 수 있다는 것은 대단히 행복한 것입니다. 그것이 일이라면 더욱 그렇습니다. 이제 여러분도 '어떻게 하면 일에 몰두할 수 있을까?', '어떤 식으로 하면 일이 더 재미있을까?' 그런 것을 진지하게 생각해 보아야 하겠습니다.

찰나의 차이

스키장의 활강경기는 환경에 대한, 시간에 대한 개개인의 인내심 전쟁이다. 그러한 경기에서 아깝게 패배한 사람에 대해서 연민의 정을 느끼지 않을 수 없다. 왜냐면 승자와 패자의 기록이 거의 차이가 나지 않을 정도로 우열을 가리기 힘들기 때문이다.

예를 들어 어느 동계올림픽의 활강경기의 경우 우승자의 기록은 1분 37.22초이고, 2위의 기록은 1분 37.25초이다. 이런 경우 챔피언이 되는 것과 못되는 것의 차이는 단지 0.03초에 지나지 않는다. 우리가 아무리 빨라도 그 시간에는 눈 한번 깜짝할 수도 없는 찰나에 불과하다. 동계올림픽을 비롯한 모든 세계적인 체육대회에서 국가의 성적순위를 따질 때 우승한 금메달의 수로 계산한다. 은메달이나 동메달이 아무리 많아도 금메달 하나만 못한 것이다. 그만큼 1위와 2위의 차이는 천지차이이다. 금메달의 수가 같을 경우에는 은메달이나 동메달의 수까지 계산하지만, 그런 경우는 드물다.

그렇다면 챔피언이 되는 것과 못되는 진짜 차이는 무엇일까?

챔피언에게 행운의 여신이 미소를 보냈을까? 그럴 수도 있다. 그러나 그 챔피언은 아마도 다른 사람보다 조금 더 열심히, 그리고 조금 더 오랫동안 연습을 했을 것이다. 남들이 놀 때 놀지 않고 힘든 연습을 하고, 남들이 잘 때 자지 않고 기록경신을 위한 연구에 연구를 계속했을 것이다. 그리고 자신의 동작에서 좋지 않은 한 가지 습관을 고치기 위해 단조롭고 지루한 훈련을 오랫동안 반복했을 것이다. 그리하여 그는 활강경기에서 백분의 몇 초를 줄일 수 있었고, 그래서 승리를 거두었던 것이다.

끈기와 인내로 도전

데이비드는 금광사업에 꿈을 품고 있었다. 그러다가 어느 날 좋은 금맥을 발견하였다. 그는 금맥을 매입해 채광을 하여 제련소에 보내서 많은 돈을 벌게 되었다. 그런데 생각과는 달리 얼마 후에 갑자기 금맥이 끊겨버렸다. 필사적으로 파 나갔지만 아무런 효과가 없었다. 그는 허탈한 마음으로 금광을 팔아버렸다. 모든 장비도 헐값에 넘겼다.

그의 금광과 장비를 인수한 고물상 주인은 곧바로 전문가를 채용하여 금맥을 조사했다. 그런데 놀랍게도 데이비드가 파다가 멈춘 1m 부근에 다른 금맥이 있는 것을 발견하여 많은 돈을 벌게 되었다.

이것을 알게 된 데이비드는 땅을 치며 후회했지만, 여기서 포기하지 않고 그 다음에는 보험 세일즈에 도전하였다. 그는 금광의 실패 경험을 거울삼아 과거보다 훨씬 더 노력하여 크게 성공하였다. 그 과정에서 주위 사람들에게 다음과 같은 말을 자주 했다고 한다.

"나는 금광사업을 하던 시절에 의지가 약하여, 조금 더 인내하지 못해서 1m 앞에 있는 황금을 놓치고 말았다. 이제는 보험사업에서 고객들에게 두 번, 세 번, 다섯 번, 여섯 번 거절당해도 결코 단념하지 않겠다."

그는 초기에 수없이 많은 시련을 당했으나, 이와 같은 집념과 반복되는 개척 정신으로 난관을 헤쳐 나갔다. 그런 끈기와 인내로 도전하여 마침내 미국 최고의 보험설계사로 성공하였던 것이다.

끈기와 인내와 극복 같은 좋은 습관은 우리의 삶을 빛내게 합니다. 우리가 성공하려고 마음을 먹었다면, 좋은 습관을 가지는 것을 뒤로 미루지 말아야 할 것입니다.

뿌린대로 거둔다

프랑스혁명 때 로베스피에르는 사람들을 처단하기 위해 단두대를 만들었습니다. 하지만 로베스피에르는 자신이 만든 그 단두대의 이슬로 사라지고 말았습니다. 바로, 뿌린대로 거두는 이치를 잘 말해줍니다. 무엇이든 심은 대로 거둡니다.

농부의 지혜는 씨를 땅에 심는 데 있습니다. 씨앗은 심지 않으면 그대로 있지만 땅에 심으면 수백 배의 결실을 얻게 되기 때문입니다. 우리 속담에 '콩 심은 데 콩 나고 팥 심은 데 팥 난다.'는 말이 있습니다. 이는 어떤 일에 대해 자신의 능력이나 노력의 결과가 그대로 나타난다는 말입니다. 땀을 흘린 사람, 전문성을 가지고 그것을 발휘한 사람이 그 대가를 받게 된다는 말입니다.

마음은 하나의 채소밭처럼 움직입니다. 여러분이 콩을 심는다면 팥이 아닌 콩을 거두어들이게 될 것입니다. 그리고 분명한 것은 한 알의 콩이 아니라 많은 콩을 거두기 위해서 콩을 심는다는 사실입니다. 씨를 뿌리는 것과 거두어들이는 것과는 엄청난 숫자의 증가가 있습니다. 그것이 마음을 움직이는 방식입니다. 여러분이 마음 속에 무엇을 심든간에 그것은 몇 배로 늘어나기 마련입니다. 심는 것과 거두어들이는 것 사이에 상상력이 들어가게 되며, 그것이 결과를 몇 십 배로 늘리게 되는 것이지요. 큰 꿈을 심으면 크게 이루고 작은 꿈을 심으면 적게 이루게 되는 것입니다.

남다른 노력

'무골호인(無骨好人)'이라는 말이 있습니다. 뼈 없이 좋은 사람, 곧 '지극히 순하여 남의 비위에 두루 맞는 사람'을 이르는 말입니다. 또한 '고문관(顧問官)'이라는 말도 있지요. 자문(諮問)에 응하여 의견을 말하는 직책을 가진 관직을 일컫는 말입니다. 미군정 때 파견 나온 미군 고문관들이 우리말을 못하고 어수룩하게 행동한 데서 연유하여, 주로 군대에서 '어수룩한 사람'을 놀림조로 이르는 말이기도 합니다.

우리는 남에게 좋은 인상을 주어야 할 것은 틀림없지만, 그렇다고 무골호인이나 고문관이 되어서는 안됩니다. 그저 모든 사람에게 사람만 좋다는 평을 들어서는 곤란합니다. 중심이 곧고, 하고자 하는 일이 분명해야 합니다. 열정과 실천이 있어야 합니다. 내일 세상이 끝날 것처럼 일에 미쳐야 성공합니다.

승리자는 태어나는 것이 아니라 만들어집니다. 패배자는 태어나는 것이 아니라 정체되어가는 것입니다. 그러니까 그대로 가만히 있으면 바로 패배하고 마는 것입니다. 부지런하지 않고서는 아무것도 이룰 수 없습니다.

다른 사람들과 똑같이 행동하는 것은 평범할 수는 있지만 바람직한 것이 아닙니다. 다른 사람들이 하는 대로 따라 하면 편할 수는 있지만 성공은 어렵습니다. 많은 사람들이 찾는 넓은 길로 가면 삼류 인생이나 하류인생이 될 것입니다. 대부분의 사람들은 성공을 포기한 채, 아니면 성공할 수 있다는 사실조차 망각한 채 살아갑니다. 많은 사람들이 걸음을 옮기는 그 길을 같이 따라가다 보면, 어느 틈엔가 나도 성공과는 거리가 먼 곳으로 가고 있을 뿐입니다.

우리는 매년 새해 벽두에 '신년하례(新年賀禮)'라 하여 아는 사람, 만나는 사람마다 서로 '새해에 복많이 받으시고 소원성취하십시오'라는 의미의 인사를 주고 받습니다. 또 연하장을 보내기도 합니다. 그러면서 금년에는 무엇인가를 반드시 이루고야 말겠다는 다짐을 스스로 하게 되지요.

그리고 연말이 되면 어김없이 '망년회(忘年會)'나 '송년회(送年會)'를 합니다. 지난 해의 온갖 일을 돌이켜보며, 정리하고 보내자는 뜻의 모임을 갖는 것이지요. 해마다 이러한 행사를 반복적으로 합니다. 그 때마다 느끼는 것은 아마도 '아쉬움'이라는 것일 것입니다. 연말이 되면 과연 내가 연초에 다짐한 대로 내 인생에서 미련 없을 정도로 최선을 다했는가를 자문하게 됩니다. 그러나 지나가는 한 해의 일 중 후회할 것이 훨씬 더 많을 것입니다. 그래서 다가오는 새해 벽두부터 새로운 각오를 다지게 됩니다. 그런데 이 다짐이라는 것도 한두 달을 못넘기고 흐지부지하게 되지요. 그리고 연말에 다시 송년회라는 모임을 반복합니다. 그만큼 우리는 무슨 일에 목숨을 걸 정도로 매진하지 못한다는 뜻이 됩니다.

마찬가지로 우리의 생을 정리해야 되는 시점에서 과연 내가 내 인생에서 최선을 다했는가를 반성해 본다고 가정해 봅시다. 이 세상에 와서 아무 것도 기억에 남을 만한 업적을 이루지 못했다면 정말 후회스러울 것입니다. 그러면 지금 어떻게 해야 할까의 답이 나올 겁니다. 색깔이 중요합니다. 자신만의 색깔을 가지고 그 색깔이 온전히 빛나기 위해서 노력해야 하는 것이 중요합니다. 분명한 선택을 했다면, 이 세상 누가 뭐라고 하든 거리끼지 말아야 합니다. 머뭇거리다가는 아무 일도 할 수 없습니다.

일본 서예가의 연습

일본의 오노도후(小野道風)는 어려서부터 훌륭한 스승 밑에서 글씨를 배웠다. 그러나 그의 재주가 뛰어남에도 불구하고 스승은 단 한 번도 그를 칭찬하는 일 없이 계속 훈계만 하였다. 몇 해 동안 많은 노력을 기울였으나 스승의 태도에는 변함이 없어 이제는 오노도후도 지쳤다. 자신이 없어진 그는 스승의 곁을 떠나기로 마음 먹고, 비오는 날 처량하게 집으로 가다가 문득 길가에서 버들가지 위로 뛰어오르려고 안간힘을 쓰는 작은 개구리 한 마리를 발견하였다. 그 개구리는 버드나무 가지를 향해 계속 뛰어올랐지만 번번이 실패하여 떨어진다. 하지만 포기하지 않고 뜀뛰기를 계속 하는 것이었다.

오노도후는 비에 젖는 것도 잊은 채 이 광경을 지켜보고 있었다. 그 개구리는 수십차례나 실패를 반복했지만 포기하지 않았고, 그러다가 마침내 버들가지 위로 뛰어오를 수 있었다. 그런 후 작은 발을 나뭇가지에 올려놓고 말할 수 없이 만족스러운 표정을 짓는 것이었다. 이것을 본 오노도후는 벅찬 감정이 차오르는 것을 느꼈다.

"그래! 저거다. 나도 끝까지 노력하여 꿈을 이루리라."

그는 오던 길을 되돌아가 연습을 다시 시작했다. 그리고 성공을 서두르지 않고 오랜 기간동안 밤낮 없이 매일 꾸준히 연습을 거듭해 마침내 일본 제1의 서예가가 되었다.

천재는 1%의 영감과 99%의 노력

토마스 에디슨은 1,000종 이상의 제품을 발명했다. 이 많은 발명을 위해서 에디슨은 수백만 번의 실패를 거듭했다. 만년에도 변함없이 매일 16시간씩 일했다. 그는 사람들이 한정된 인생의 귀중한 시간을 너무나도 많이 수면으로 낭비하고 있다며 안타까워했다. 에디슨은 그의 84년 생애동안 무려 1,093개의 발명품을 남겼으며, 기록한 아이디어 노트만 해도 3,400권이나 된다. 하루의 대부분을 연구에 몰두했고, 백열전구에 알맞은 필라멘트를 구하기 위해서만도 6,000여 종의 식물을 탄소처리할 만큼 열성을 보였다.

'천재란 1%의 영감과 99%의 땀이다' 라는 그의 일생 동안의 신조는 지금까지도 잘 알려져 있다.

《가난하다고 꿈조차 가난할 수는 없다》

1987년 부산에서 태어나 19년간 부산을 떠나서 산 적이 없는 부산 토박이 현근이. 초등학교 5학년 때 우연히 홍정욱 씨의 《7막 7장》을 읽고 미국 아이비리그로의 유학을 꿈꾸게 된다. 그러나 대한민국 사회에 몰아쳤던 IMF 광풍이 현근이의 집에도 찾아왔다. 증권회사에 다니던 아버지는 직장을 잃었고, 어머니가 아버지를 대신해 가족의 생계를 책임져야 했다.

월수입 60만 원도 채 안되는 집안 형편 때문에 꿈을 잠시 접기도 했지만, 포기하지는 않았다. 그가 고등학교에 입학하는 해에 우리 나라 최초의 영재학교인 '한국과학영재학교'가 새로 생겨서, 현근이는 첫 입학생이 되었다. 그러나 중학교까지 줄곧 1등을 차지해왔던 현근이도 영재학교에서만큼은 '영재'가 아니라는 사실을 뼈저리게 느껴야만 했다. 과학 사고력 검사에서 '60점'이라는 낙제점을 받은 데다, 첫 시험결과 '꼴찌그룹'에 속하게 된 것이다. 보통 학생들 같았으면 여기서 벌써 승패가 결정났을 것이다. 그러나 현근이는 '좌절' 대신 '도전'을 선택했다. '최고 노력파' 별명까지 얻으며, '공부는 머리 좋은 사람이 아니라 엉덩이가 무거운 사람이 하는 것이다' 라는 신념으로 공부와의 지독한 싸움을 벌였다. 자신과의 처절한 전투를 벌인 것이다. 그 결과 3년 내내 올 A학점을 받았으며, 자신이 처음에 그토록 동경했고, 또한 자신에게 열등감을 안겨주었던 영재들을 제치고 수석 졸업의 영광을 차지했다.

2005년에 4년간 2억 원을 지급하는 '삼성 이건희 해외 장학생'으로 선발되었고, 마침내 미국 최고의 명문 프린스턴 대학에 수시

특차로 합격하면서 그토록 염원하던 아이비리그 유학의 꿈을 이루어냈다.

노력해서 안되는 일이 없습니다.

꿈의 계단

미국의 어느 학교에 제시 오웬즈라는 소년이 있었다. 어느 날 칠리 패독이라는 유명한 육상선수가 그 학교를 방문해서 강연을 하고 있었다. 그는 강연 도중에 제시를 향해 질문을 던졌다.

"너는 어떤 사람이 되길 원하니?"

이 말을 들은 어린 제시는 패독을 바라보면서

"아저씨와 같이 유명한 육상선수가 되고 싶어요!"

라고 대답했다. 그러자 패독은 제시에게 이런 말을 해주었다.

"꿈을 가지는 것만으로는 그것을 이룰 수가 없단다. 꿈을 이루기 위해서는 반드시 사다리를 놓아야 한단다. 첫 번째 계단은 인내이고, 두 번째 계단은 헌신이고, 세 번째 계단은 훈련이고, 네 번째 계단은 기도란다. 이것들을 모두 지킬 때 네 꿈은 이루어질 것이다."

이 말을 들은 제시 오웬즈는 그후 무슨 일이든지 결코 포기하는 일이 없었다. 마음 속에 새겨둔 네 개의 계단을 거치면서 꿈을 향해 꾸준히 나아갔다. 그리고 피나는 노력으로 올림픽에서 네 개의 금메달을 목에 건 '살아있는 가장 빠른 사람'이 되었다.

맹인 박사

맹인으로서 미국의 피츠버그 대학교에서 교육학 전공으로 석 · 박사학위를 받고, 노스이스턴 일리노이 대학교에서 교수로 일하는 한국인이 있다. 인디애나 주지사 재활정책 자문위원을 맡기도 했고, 국제로터리클럽 청년 봉사위원장을 역임하기도 했다. 국제로터리클럽 봉사상을 수상했으며, 국제로터리클럽 75주년 기념 봉사 인물 75인 중의 한 사람으로 뽑히기도 했다. 이 사람과 부인의 이름은 미국 교육계 저명인사 인명사전에 올라 있다. 맹인 강영우 박사의 이야기이다.

1944년 경기도 양평군에서 태어나 중학교 3학년 때에 친구들과 축구 시합을 하다가 공에 맞아 맹인이 되었다. 그는 소경이 되기 2년 전인 열 세살 때에 아버지가 병으로 돌아가셨고, 소경이 된 후 그 충격으로 어머니와 누나가 연이어 세상을 떠났다. 이제 맹인에게 남은 것은 맹인이 부양할 수 없는 남동생 하나와 여동생 하나뿐이었다. 낮에는 맹인학교에서 안마술과 더불어 공부를 했고, 저녁에는 검정고시 학원을 다녔다. 그러다가 웅덩이에 빠져 다치기도 하고 맹인이라 재수 없다고 버스 차장까지도 밀쳐 버리는 바람에 도저히 학원을 계속 다닐 수가 없었다.

그러나 맹인이라는 사실 하나 때문에 받았던 수많은 오해와 편견과 수모를 극복하고 연세대학교 교육과에 10등으로 입학을 했고, 4년 후에는 2등으로 졸업을 했다. 연대를 졸업하자마자 훌륭한 부인을 만나 결혼을 했고, 장애인은 유학할 수 없다는 법적 불평등 조항과 국가의 편견에도 불구하고 여권과 비자를 받아 도미했다. 그리고 그는 3년 8개월 만에 석사학위와 박사학위를 받아낸 것이다.

어떠한 동기와 정신력이 고아요, 맹인인 강영우로 하여금 절망과 좌절의 늪 속에서 승리의 길을 걷게 하였을까? 보지 못하는 맹인이 어떻게 그 어려운 박사학위의 난관을 극복할 수 있었을까? 고난을 통하지 않고서는 인생에서 아무 것도 성취할 수 없다는 것을 깨달았기 때문이다.

강영우 박사는 현재 시각장애인으로 동양인 최초로 미국 부시 행정부의 장애인정책차관보로, 유엔세계장애위원회 부의장으로 한민족의 위상을 높이고 있는 산 증인이다. 자서전《빛은 내 가슴에》는 6개 국어로 출간됐고 그 외 7권의 베스트셀러가 있다. 첫째 아들은 듀크대학 안과 교수이고, 둘째 아들은 미 상원의원 최연소 고문변호사이기도 하다.

대우중공업의 김규환 명장

초등학교도 못 다닌, 친척 하나 없는 열 다섯 살 소년 가장이 대우중공업의 명장으로 성장한 이야기는 우리의 가슴을 뭉클하게 한다. 기술 하나 없이 대우중공업에 사환으로 들어가 마당 쓸고 물 나르며 회사 생활을 시작하여 오늘의 자리에 오르게 된 그는 현재 훈장 2개, 대통령 표창 4번, 발명특허대상, 장영실상 5번 받았고, 1992년 초정밀 가공분야 명장으로 추대되었으며, 우리 나라에서 상을 제일 많이 받은 사람이기도 하다. 그의 이야기를 요약해 보겠습니다.

제가 대우에 입사하려는 당시 입사자격이 고졸 이상 군필자였습니다. 이력서를 제출하려는데 경비원이 막아 실갱이하다 사장님이 우연히 그 광경을 보시고 면접을 볼 수 있게 해주셨습니다. 그러나 면접에서 떨어져 가까스로 사환으로 입사하게 되었습니다. 사환으로 입사한 저는 매일 아침 5시에 출근했습니다. 하루는 사장님이 왜 일찍 나오느냐고 물으셨습니다. 그래서 선배들을 위해 미리 나와 기계 워밍업을 한다고 했더니, 다음 날 정식 기능공으로 승진시켜 주셨습니다. 2년이 지나기까지 계속 5시에 출근했고, 다시 사장님이 질문하시기에 똑같이 대답드렸더니, 다음 날 반장으로 승진시켜 주셨습니다.

그 당시 제품에 필요한 철을 가공할 때, 온도 1℃ 변화에 대한 철의 특성 변화를 아는 사람이 아무도 없었습니다. 할 수 없이 공장 바닥에 모포 깔고 2년 6개월간 연구했습니다. 그래서 재질, 모형, 종류, 기종별로 X-bar 값을 구해 온도가 1℃ 변할 때 그 특성이 어떻게 변하는지를 알기 위해 '온도 치수 가공조견표'를 만들었습니다. 이것을 산업인력관리공단의 《기술시대》란 책에 기고했습니다. 그러나 실리지 않았습니다. 그 대신 얼마 후 세 명의 공무원이 찾아왔습니다. 알고 보니 제가 제출한 자료가 기계 가공의 대혁명 자료인 걸 알고 논문집에 실을 경우 일본에서 알게 될까봐 걱정되어 노동부장관이 저를 직접 모셔오라고 했다는 것입니다. 그 당시 장관을 찾아갔을 때 장관이

"이것은 일본에서도 모르는 것이오. 발간되면 일본에서 가지고 갈 지 모르는 엄청난 것입니다."

고 말했습니다. 이후 정밀기계 분야의 세계 최고로 인정받았습니다.

저희 집 가훈은 '목숨 걸고 노력하면 안 되는 일 없다'입니다. 저는 국가기술자격 학과에 아홉 번 낙방, 1급 국가기술자격에 여섯 번 낙방, 2종 보통운전에 다섯 번 낙방하고 창피해 1종으로 전환해 다섯 번만에 합격했습니다. 사람들은 저를 '새대가리'라고 비웃기도 했지만, 지금 저는 우리 나라에서 1급 자격증 최다보유자입니다. 새대가리라고 얘기 듣던 제가 이렇게 된 비결은 목숨 걸고 노력하면 안되는 일 없다는 생활신조 때문입니다.

저는 현재 5개 국어를 합니다. 학원에 다녀 본 적이 없습니다. 제가 외국어를 배운 방법은 과욕 없이 천천히 하루에 한 문장씩 외웠습니다. 집의 천장, 벽, 식탁, 화장실 문, 사무실 책상 가는 곳마다 붙이고 봤습니다. 이렇게 하루에 한 문장씩 1년, 2년 꾸준히 하다보니 나중엔 회사에 외국인이 올 때 설명도 할 수 있게 되었습니다.

진급, 돈 버는 것은 자기 노력에 달려 있습니다. 세상을 불평하기보다는 감사하는 마음으로 사십시오. 그러면 부러운 것이 없습

니다. 배아파 하지 말고 노력하십시오. 의사, 박사, 변호사 다 노력했습니다. 남 모르게 끊임없이 노력했습니다. 저는 제안 2만 4천 6백 12건, 국제발명특허 62개를 받았습니다. 하루 종일 쳐다보고 생각하고 또 생각하면 해답이 나옵니다. 가공기계 개선을 위해 세 달 동안 고민하다 꿈에서 해답을 얻어 해결하기도 했습니다.

힘들고 어려운 길은 반드시 행복으로 가는 길입니다. 목숨 걸고 노력하면 안되는 것이 없습니다. 목숨 거십시오. 내가 하는 분야에서 아무도 다가올 수 없을 정도로 정상에 오르면 돈이 문제가 아닙니다. 내가 정상에 가면 길가에 핀 꽃도 다 돈입니다.

우리도 죽음의 문턱에서 다시 돌아온 것처럼 또는 일 년 후, 한 달 후, 내일 인생이 끝날 것 같은 각오로 노력해야겠습니다. 어떤 자아상을 형성하든 그 최종책임은 본인에게 있습니다. 자기가 원하는 대로 살 수 있는 삶의 기회는 모든 사람에게 공평하게 주어집니다. 그 기회를 어떻게 활용하는가에 따라 앞으로의 인생이 달라지는 것입니다.

과학자 아인쉬타인은 문학과 산수 외에는 점수가 형편없이 나빠 담임이

"네가 우리들한테 '안녕!' 하고 작별인사를 해준다면 참으로 고맙겠다."

라고 빈정거릴 지경이었습니다. 작곡가 바그너는 학교수업에 흥미를 잃고 낙제까지 당하여 16세 되던 해에 무작정 학교를 그만 두었고, 복학한 뒤 4개월만에 퇴학당하여 졸업장도 받지 못하였습니다. 슈베르트는 학교공부에 소홀하여 아버지가 작곡금지 명령을 내릴 정도였다고 합니다. 정치가 처칠은 라틴어와 체육을 유난히 싫어해

낙제를 거듭하였으며, 소설가 카프카는

"학교는 개성을 말살하는데 혈안이 되어 있는 곳이다."

라 했고, 시인 릴케는 육군 유년학교와 육군사관학교를 거치면서

"학교의 교육은 끝도 없는 고난의 여정이다."

고 토로했습니다. 또 헤르만 헤세는 15세 때 수도원 학교가 싫어서 신경쇠약증에 걸린 나머지 도중하차했으며, 간디, 아데나워, 페스탈로치 등도 1등과는 거리가 먼 사람들이었습니다. 하지만 그들은 나름대로 한 분야에서 인생을 걸고 노력하여 인류 역사에 위대한 발자취를 남겼습니다.

지략 승리자들

이순신의 한산대첩

"나의 공로를 영국의 넬슨 제독에 비교하는 것은 받아들일 수 있으나, 이순신 제독의 업적에는 따라갈 수 없다. 해군 역사상 군신(軍神)이라 하는 제독이 있다면 이순신 장군뿐이다."

1905년 쓰시마(對馬島)섬 해전에서 러시아 발틱 함대를 이김으로써 러일전쟁을 승리로 이끈 일본의 영웅 도고 제독의 말이다. 그는 전승을 축하하는 자리에서 다른 사람들이 이순신 장군 못지않은 군신(軍神)이라고 칭찬하자 위와 같이 말했다고 한다. 비록 적국의 장군이었지만, 극찬을 아끼지 않을 만큼 이순신 장군이 위대했던 것이다.

1592년 7월 8일(음력) 국가의 흥망과 전쟁의 승패를 가름하는 조선과 왜군의 주력 함대끼리의 해전이 한산도 앞바다에서 전개됐다. 이 싸움에서 이순신이 이끄는 조선 수군은 최초의 철갑선으로 평가받는 거북선을 앞세워 학익진 전술을 펼침과 동시에 일제 집중타방식 함포사격으로 왜선 59척을 가라앉히고 9천명의 왜군을 수장시키는 대성과를 거두었다.

한산해전의 승리로 왜군들의 수륙병진 작전에 제동이 걸렸으며, 조선수군은 남서해안의 제해권을 확실히 장악하게 된다. 결국 토요토미 히데요시의 대륙 정벌의 야욕을 꺾어버린 해전으로 기록되고 있다.

이는 이순신의 위대한 지도력도 중요하지만 임진왜란이 발발하기 전부터 이러한 싸움에 대비하여 거북선을 비롯한 전쟁 장비를 마련하고, 바다의 형세를 파악하여 만반의 준비를 갖춘 결과라 할 수 있습니다.

여러 나라의 해군사관학교에서는 생도들에게 역사적으로 유명한 세계 4대 해전을 가르치고 있다고 합니다. 세계 4대 해전이란 테미스토클래스 제독의 살라미스해전, 하워스 제독의 칼레해전, 넬슨 제독의 트라팔가해전, 이순신 장군의 한산대첩(한산해전)을 말합니다. 이 중 한산대첩이 가장 위대한 해전으로 꼽히고 있습니다.

컬럼버스의 계략

아메리카 대륙을 발견한 컬럼버스는 1504년 긴 항해 중 선상 비축품이 거의 바닥난 상태가 되어 자메이카 연안에 배를 정박시켰다. 그런데 자메이카 원주민들이 거래를 완강히 거부하여 선원들에게 물과 음식을 공급할 수가 없었다. 컬럼버스는 이곳에서 어느날 밤 늦게까지 항해연감을 면밀하게 검토하다가 매우 중요한 정보를 하나 발견하게 되었다. 며칠 뒤에 월식이 있다는 사실이었다. 이런 사실을 모르는 자메이카인들의 허를 찌를 묘안을 고안하기 위해 고심에 고심을 거듭했다.

결국 컬럼버스는 자신과 선원들의 위기를 넘길 계획을 생각해냈다. 컬럼버스는 월식이 있을 날에 자메이카의 지도자들과 만난 뒤 계속해서 자기들과의 거래를 거부하면 할 수 없이 오늘밤 자신의 마력을 사용해 달이 사라지게 하겠다고 협박했다. 다음 날에도 거래를 계속 거부할 경우 마을에 태양의 불덩어리가 떨어지게 하겠다고 위협했다. 자메이카인들은 이를 비웃었다. 그날 밤 자메이카인들은 월식이 시작되어 컬럼버스의 예언대로 천천히 달이 사라지는 모습을 바라보면서 사색이 되었다. 겁에 질린 원주민들은 컬럼버스에게 달려가서 살려달라고 애원하였다. 그는 당장 물과 먹을 것을 가져온다는 조건 하에 달이 다시 돌아오도록 하겠다고 약속했다. 자메이카인들은 지체없이 그의 요구를 수락했고, 약속대로 달이 다시 나타나자 그들은 놀라움을 금치 못했다.

그가 이러한 성과를 거둘 수 있었던 것은 어려움에 처했을 때 이것을 피하거나 좌절하지 않고, 열심히 노력하여 적극적으로 해결책을 모색했기 때문입니다.

만능맨

> 많은 사람들이 아마 70년대와 80년대 초중반에 걸쳐 방영되었던 TV 드라마의 주인공인 '맥가이버'라는 입신의 경지에 이른 '해결사'를 기억하고 있을 것이다. 맥가이버는 정말 예술이다. 아주 일상적인 소품들로 무엇이든 척척 만들어내고 어디에 감금이 되건 그에겐 큰 문제거리가 되지 못한다. 더불어 그가 더욱 인상적인 이유는 그 당시 드물던 '지능형' 주인공이었기 때문이다. 동 시대에 아놀드 슈와즈네거는 육중한 몸으로 철근을 구부리고 있었고, 실버스타 스탤론은 링 위에서 주먹질하느라 여념이 없었다.
>
> 그가 창조해 내는 '마술'에 가까운 기술들에 눈이 휘둥그레질 뿐이었다. 지금도 거울과 칼로 문제를 해결해 나가는 몇몇 장면들은 눈에 선하다. 그의 독특한 액션은 정말 묘한 카타르시스를 느끼게 만들어 주었다.

그가 이렇게 만능이 된 이유는 무엇일까? 그는 대학시절에 물리학에 심취하여 사물의 이치와 자연법칙을 철저히 공부하고 탐구하였습니다. 지식은 곧 실체화되어서 위기에 닥칠 때마다 반사적으로 이러한 실력이 잘 발휘될 수 있었습니다. 그리하여 매번 위기를 탈출할 수 있었던 것입니다. 습득을 한다는 것은 그만큼 노력했다는 것을 뜻합니다.

13

저 높은 곳을 향하여

높이 나는 새가 멀리 본다

꿈과 비전

노예에서 총리로

약속된 축복의 땅으로

꿈은 이루어진다!

정의사회 구현

아름다운 나눔

높이 나는 새가 멀리 본다

성공은 바로 높은 목표와 열정적인 실행에 의해서 좌우됩니다. 목표를 세운다는 것은 그 자체가 이미 성공으로 진입해 들어가는 것과 마찬가지입니다. 목표를 높게 갖는 것과, 그것을 기록하고 틈틈이 들여다보고 결심하는 것만으로도 반은 성공한 거나 마찬가지입니다. 목표를 세운 다음에는 목표를 달성하기 위해 최선을 다해야 합니다.

대강 대강 일하는 사람 중 성공한 사람은 없습니다. 아르바이트로 일을 하더라도 일에 열정을 다하는 사람만이 결국 성공하게 되어 있습니다. 복사기를 연구하려면 복사기에 미쳐야 하고, TV를 만들려면 TV에 미쳐야 합니다. 자동차를 팔려면 자동차에 미쳐야 합니다. 미치도록 일했는데 성공을 못한다는 것이 기적인 것입니다.

목표가 확실한 사람은 아무리 거친 길에서도 앞으로 나갈 수 있습니다. 솔개나 독수리처럼 높이, 드높이 날아올라야만 넓은 시야를 볼 수 있습니다. 높은 목표를 세워야 큰 성공을 거둘 수 있는 것입니다. 우리는 저 높은 곳을 향하여 날 수 있도록 태어났습니다. 그러나 처음부터 자신이 없어 겁먹고 포기하기 때문에, 단 한 번도 시도하지 못하면서 일생을 마감하는 사람들이 너무도 많습니다.

성공적인 사람은 자신을 초월하는 꿈을 위해 움직입니다. 그들은 자기 자신보다 큰 꿈을 가지고 무엇인가 끊임없이 진보하도록 노력합니다. 그것이 비록 자신의 한계를 넘어 존재하더라도, 열심히 노력하면 언젠가 그 꿈을 이룰 수 있다고 믿습니다.

보험왕

폴 마이어는 19살 때 보험회사에 가까스로 입사했지만, 말을 더듬고 무능하다는 이유로 곧 해고되었다. 그러나 그는 27살에 억만장자의 반열에 오른 입지적인 인물이 되었다. 해고를 당하는 순간 그는 이렇게 말했다.

"당신들은 지금 세계 제일의 세일즈맨을 잃어버린 거야. 나는 성공할 수 있어! 반드시 세일즈맨으로 성공하고 말 거야!"

그는 말을 더듬는 것을 부끄러워하지 않았다. 마음 속으로 자신의 가능성을 굳게 믿었다. 그리고 매일같이 이렇게 외쳤다.

"나는 백만장자가 될 수 있다! 나는 백만장자다!"

그러면서 백만장자가 되기 위한 모든 계획을 수립하고 그것들을 행동으로 옮겼다. 그 결과 가능성이 전혀 없다던 그가 보험판매로 20대에 백만달러의 판매기록을 올린 세일즈맨이 되었다. 반드시 성공하고야 말겠다는 강렬한 욕망이 그를 성공의 길로 인도한 것이다.

한 사람이 살아온 인생이란 그 사람이 품어온 야망의 결과물입니다. 우리 중 약 97%의 사람은 자신의 인생목표를 글로 기록하지 않는다고 합니다. 그러나 글로 기록하는 습관이 있는 3%의 사람들 중 95%가 자신의 목표를 성취합니다. 유사한 결과를 보여주는 많은 연구결과가 있습니다. 결론은 매우 단순합니다.

'크고 원대한 꿈, 가능한 한 구체적인 꿈을 꿔라. 그 꿈을 혼자 간직하는 대신 만천하에 공개하라. 매일 매일 그 비전을 글로 써

라. 비전 달성을 위하여 열과 성을 다하라. 그 비전은 어느 새 현실이 된다'

꿈과 비전

어떤 사람이 헬렌 켈러에게 맹인으로 태어난 것보다 더 불행한 것이 무엇이냐고 물은 적이 있습니다. 이때 헬렌 켈러는 주저 없이

"시력은 있으되 비전이 없는 사람입니다."

라고 대답했다고 합니다. 인간은 꿈을 먹고 자랍니다. 인류 역사에 큰 일을 한 사람들은 다 위대한 꿈을 가지고 살았던 사람들입니다. 꿈이 성공자를 만듭니다. 위대한 사람이 위대한 꿈을 꾸는 것이 아니라, 위대한 꿈을 가진 사람이 위대하게 되는 것입니다.

〈창세기〉에 나타난 아브라함은 근동 지역을 유랑하던 보잘 것 없는 늙은이에 불과했습니다. 그러나 아브라함에게는 위대한 꿈이 있었기에 위대한 사람이 되었던 것이지요. 아브라함은 손에 쥔 것이 하나도 없었지만 밤하늘에 떠 있는 수많은 별들을 보며 꿈을 꾸었습니다. 그리하여 결국 아브라함은 별처럼 수없이 많은 영적인 자녀들을 거느린 믿음의 조상이 되었습니다.

꿈에는 욕망이 있고 비전이 있습니다. 욕망은 인간의 감정에서 나온 것이며 한계가 있는 것입니다. 그러나 비전은 영원합니다. 욕망은 자기만을 생각합니다. 그러나 비전은 세계를 껴안고 품어냅니다. 욕망은 사람과 경쟁하여 얻습니다. 그러나 비전은 자기를 희생하여 다른 사람을 살립니다. 우리는 모두 원대한 꿈을 가지되 비전

을 가지고 그 영향을 뿜어내는 사람이 되어야겠습니다.

꿈과 비전은 행복의 무지개, 행복의 청사진이다.

현재는 과거의 꿈과 비전의 열매이며, 미래는 꿈꾸는 사람이 주인이다.

먼저 꿈을 꾸자. 그 다음에 비전을 품자.

꿈은 정적이지만, 비전은 동적이다.

꿈은 자기의 행복이지만, 비전은 세상의 행복이다.

꿈은 욕구에서 나오지만, 비전은 가치에서 나온다.

꿈은 유혹이 천적이고, 비전은 두려움이 천적이다.

꿈은 항상 자신이 돌봐주어야 하지만, 비전은 어느 순간에 우리를 돌봐준다.

꿈을 이룬 사람은 부러워하지만, 비전을 이룬 사람은 존경한다.

꿈은 상상력이 필요하고, 비전은 인내가 필요하다.

노예에서 총리로

야곱의 12아들 중 11번째인 요셉이 꾼 꿈은 밭에 있는 요셉의 볏단은 일어서고 형제들의 볏단은 요셉의 단을 둘러서서 절을 한 것이었습니다. 또 꿈을 꾸었는데 해와 달과 열한 별이 요셉에게 절을 하는 꿈이었답니다. 한마디로 '절 받는 꿈'을 꾼 것이지요.

절 받는 꿈은 보통 꿈이 아닙니다. 절은 존경하는 마음을 뜻하거든요. 인간이 잘 되고 성공하는 것 중에서 최고로 잘 되는 것은 절 받는 사람이 되는 것입니다. 진심으로 절 받고 사는 사람들은 마음을 감동시키고, 혼을 흔들며, 정신을 일깨우는 사람들입니다.

요셉은 '절 받는 꿈'을 꾼 후, '나는 어느 곳에 가든지 절 받는 존재로 살겠다'는 결심을 하고 살아갑니다. 형제들의 미움을 받아 이집트 궁정의 근위대장 보디발의 집에 노예로 팔려가지만 요셉은 이 꿈 때문에 좌절하지 않습니다. '비록 내 신분은 노예지만 내 정신은 절 받는 사람으로 살아야 한다'라면서 요셉은 묵묵히 참고 모든 일에 충성을 다합니다.

억울한 누명을 쓰고 감옥에 들어가지만 요셉은 원망하지 않습니다. '나는 감옥에 있어도 절 받는 꿈을 가진 사람이야' 라며 역시 묵묵히 참으며 충성되게 일을 합니다. 그 결과 요셉은 모든 죄수들로부터 존경을 받게 되고 결국에는 애굽의 총리가 되어 애굽과 당시 세계에서 만인이 우러러보는 위치에까지 이르게 됩니다.

천만 사람들이 우러러볼 수 있는 꿈을 가집시다. 그 마음가짐이 높고 위대하며, 하늘의 인격을 닮았다면 그 어떤 사람도 저절로 머리를 숙이게 됩니다. 위대한 비전을 품으면 위대한 사람이 됩니다.

약속된 축복의 땅으로

주위에서 여러분의 꿈은 이루어질 수 없다고 한다든지, 여러분의 한계는 여기까지라고 말하는 사람들이 있다고 하여도, 그런 거짓말에 절대 속지 마시기 바랍니다. 여러분의 꿈은 충분히 이룰 수 있습니다. 실망감이 엄습해도, 꿈이 온통 사라진 것 같아도, 어둡고 황량한 가운데 도저히 탈출구가 보이지 않아도 발걸음을 힘차게 옮겨 봅시다.

애굽에서 나와 광야를 지나 약속의 땅 바로 앞에 진지를 구축했던 이스라엘 백성들이 모두 그들의 이상향인 젖과 꿀이 흐르는 가나안에 들어갈 꿈으로 부풀어 있었습니다. 이제 남은 일은 싸워서 쟁취하는 것뿐이었습니다. 승리는 이미 약속되어 있었습니다. 그러나 그들은 엉뚱한 소리만 하였습니다.

"불가능해. 우리는 너무 약해."

라는 부정적인 생각이 약속의 땅으로 가는 길목을 철통같이 막고서 있었던 것입니다. 하나님이 주시겠다고 약속하신 땅에 대해서 미리 겁먹고 주눅이 든 것입니다. 그런데 그 중에서 축복의 땅으로 들어가는 것이 가능하다고 믿는 백성들이 있었고, 이들은 그들의 꿈대로 가나안에 들어갔습니다. 혹시 우리도 약속의 땅 앞에 진을 치고 있는 것은 아닐까요? 의심이나 어리석은 마음가짐으로 인해 풍성한 미래를 빼앗기지 말아야 합니다. 너무 높은 장애물도, 너무 힘든 상황도 결국 없는 것입니다. 가장 강력한 폭풍우라 하더라도 폭풍우가 지나가고 걷힌 자리에는 언제나 햇살이 강렬하게 내려쬐기 마련입니다. 우리가 신념을 가지고 앞으로 용감하게 나간다면, 반대하거나 비난하던 적들이 물러나게 되어 있습니다.

꿈은 이루어진다!

믿음은 행동을 낳고, 행동은 결과로 이어져 삶의 구체적인 모습을 결정합니다. 그 하나 하나의 결과들이 모이고 모여 사람의 운명을 결정하게 되지요. 결국 꿈과 믿음이 자신의 운명을 결정하는 것입니다. 내가 어떤 믿음을 가지고 살아가느냐에 따라 미래에 어떤 운명을 창조할 것인가가 결정되는 것입니다.

4분벽

1950년대 초까지 마라톤에서 1마일을 4분 내에 주파하는 것은 인간의 한계를 넘어서는 것이며, 스포츠 의학계나 과학계에서조차도 불가능한 것으로 인식되었었다. 전문가들도 4분 내에 주파하기 전에 심장이 터져 죽을 것이라 했다. 그런데 1954년 5월 6일 당시 25세의 옥스퍼드 의대생이었던 로저 베니스터가 3분 59초 04의 기록으로 4분벽을 돌파하였다. 그는 모두가 불가능하다고 믿는 부정적 믿음을 버리고 자신이 기필코 4분벽을 깨겠다는 강력한 믿음을 가지고 피나는 연습을 하였으며, 그 꿈을 매 순간마다 꾸고, 휴식을 취할 때도 식사할 때도 잠을 잘 때도 항상 머릿속에서는 신기록을 수립하는 자기 자신의 모습을 생생하게 떠올렸다. 4분벽을 깨는 것은 이미 그의 생각 속에서 이루어졌고, 그것을 확인하는 일만 남았던 것이다. 그러한 꿈 때문에 그는 4분벽을 돌파하였다. 그 이후 지금까지 수백 명의 선수들이 3분대의 기록을 보유하고 있다.

첫 번째 출전 – 1954년 스위스 월드컵 전적 : 2패. 예선 탈락(조 3위)

두 번째 출전 – 1986년 멕시코 월드컵 전적 : 1무 2패. 예선 탈락(조 4위)

세 번째 출전 – 1990년 이탈리아 월드컵 전적 : 3패. 예선 탈락(조 4위)

네 번째 출전 – 1994년 미국 월드컵 전적 : 2무 1패. 예선 탈락(조 3위)

다섯 번째 출전 – 1998년 프랑스 월드컵 전적 : 1무 2패. 예선 탈락(조 4위)

2002년 한-일 월드컵 경기가 이루어지기 전까지 우리 나라가 월드컵 본선 경기에서 거둔 초라한 성적표이다. 본선에서 단 한 게임도 승리를 해본 일이 없다. 그럼에도 불구하고 우리에게 2002년 월드컵은 4천만 전 국민을 흥분의 도가니에 휩싸이기 충분했던 역대 월드컵 중에 최고였다.

부산 아시아드 경기장에서 벌어진 우리 나라의 첫 경기인 D조 예선(6월 4일 20:30) 1차전. 한국은 동유럽의 강호 폴란드와 격돌했다. 전반 26분 이을용의 센터링을 황선홍이 이어받아 발리슛으로 골을 성공시켜 1점을 앞서 나갔다. 그리고 후반 8분 유상철의 중거리 슛으로 한국이 2:0으로 월드컵 본선출전 사상 첫 승리를 거두었다.

2차전은 미국전이었다. 6월 10일 15:30에 대구에서 개최된 경기에서 한국은 미국 도우너의 선제골로 1:0으로 리드당하고 있었다. 한국은 동점골을 넣기 위해 열심히 경기에 임했고, 마침내 '반지의 제왕' 안정환에 의한 헤딩골로 1:1무승부를 얻어냈다.

3차전인 포르투갈 대 한국전은 6월 14일 20:30에 인천 월드컵 경기장에서 열렸다. 포루투칼은 단연 우승후보로 꼽히는 화려한 멤버로 구성되어 있었다. 그러나 더 이상 강팀에 두려움이 없었던 한국은 이영표의 센터링을 박지성이 깔끔한 왼발슛으로 처리하여 마침내 1:0으로 승리를 거둬 2승 1무 0패, 승점 7점으로 조 1위로 16강전을 벌이게 되었다.

6월 18일 8시, 대전 월드컵 경기장에서 한국은 빗장수비 이탈리아와 맞붙게 되었다. 전반 18분 비에리 선수의 헤딩슛으로 팽팽하던 경기가 이탈리아쪽으로 기울고 있었다. 후반전이 거의 흘러갈 무렵까지 전 국민과 경기장에 뛰는 선수들은 긴장감을 늦출 수가 없었다. 초조 속에 마침내 적막을 깨고 후반 43분 설기현 선수의 왼발슛이 터졌다. 폭탄이 터지듯 환호성이 전국에서 동시에 터져 나왔다. 강호 이탈리아에게 동점골을 얻어낸 것이다. 이어 연장 후반 12분 안정환 선수의 헤딩슛이 터져 나왔다. 우리 선수들은 서로를 부둥켜안고 좋아했고 드디어 8강에 오르게 되었다.

6월 22일 오후 3시 30분, 광주 월드컵 경기장에서 열린 우리나라－스페인의 8강전！전후반 90분 내내 득점 없이 비겨 연장전에 돌입했다. 연장전에도 득점을 올리지 못해 결국 승부차기로 승부를 가리게 되었다. 승부 킥 스코어 5：4로 대한민국 4강 진출！

드디어 '꿈은 이뤄진다'라는 말이 현실로 되었다. 꿈은 그것을 꾸는 자에게 미소를 짓고 그에게 돌아가며, 그에게 성공의 환희를 주는 것이다. 꿈은 우리가 포기하지 않는 한 반드시 이루어진다！

정의사회 구현

청교도 정신

세계 최대의 위협이던 공산주의 진영인 소련이 붕괴되고, 한편 자유주의 국가 중 미국에 최고의 경쟁자라던 일본은 슬럼프에 빠져 10년 이상을 후퇴하며, 한국을 비롯한 아시아는 아직도 금융위기에 시달리고 있는 가운데, 밀레니엄이 바뀌어도 미국이 유일하게 계속 세계 제1의 강대국 위치를 유지하고 있는 이유는 무엇일까? 세계 최대의 무역적자국이며, 마약을 비롯한 각종 음란 · 퇴폐문화, 향락문화의 온상인 미국이 금방이라도 붕괴될 것 같은데 저토록 최강의 자리를 유지하면서 건재한 이유는 무엇일까?

세계에서 인구가 제일 많은 것도, 땅덩이가 제일 큰 것도, 지하자원이 제일 많은 것도, 국민들의 두뇌가 특별히 우수한 것도 아닌 미국이 여전히 세계를 지배하고 있으며, 이러한 현상이 가까운 시일 내에 바뀔 것 같지도 않다.

그 이유를 보면 그것은 한마디로 WASP(White Anglo- Saxon Protestant)로 대표되는 정통적 미국인들의 청교도 정신 때문일 것이다. 이들은 메이플라워호를 타고 온 사람들을 선구자로 하여, 그 후 계속 미국으로 이주한 사람들의 자손으로, 현대 미국사회의 주류를 형성하고 있으며, 이전까지는 정계 · 재계에서 성공을 거둘 수 있는 절대적 조건이기도 하였다. 보수성이 강하며, 예의 범절을 중요시하고, 엄격한 교육으로 자녀들을 가르치고, 클럽 활동을 통해 친목을 도모하는 것이 특징이다. 차원 높은 도덕성을 함양하도록 항상 근검절약한다. 1930년대 들어 대공황으로 재계판도가 바뀌고, 정치계도 일부 변혁이 있었다. 그러나 이들은 아직도 미국의 현대사를 이끌어 오는 주역임에 틀림없다. 1989년 상류 출신의 정통 와스프(WASP)인 조지 H. 부시가 대통령에 당선된 데 이어 2000년 그의 아들 조지 W. 부시가 다시 대통령에 당선됨으로써 저력을 보여주었다.

이런 미국인들의 도덕성은 우리가 생각하는 이상입니다. 진실을 말하는 정직성, 약속을 지키는 신뢰성, 타인을 배려하는 공정성, 마음의 표현인 동정심, 신념을 실현게 해주는 용기, 약함이 아닌 강함을 나타내는 겸손, 지혜의 원천인 이성, 행동으로 드러나는 자아수련을 통해 정의로운 미국을 건설하기 위해 그들은 노력을 게을리하지 않습니다.

장애물보다 가능성을 먼저 보는 낙관주의, 나와 남에게 전념하는 헌신, 첫발을 내딛게 하는 진취적 정신, 물질적, 심리적 만족을 주는 일, 꾸준한 인내, 잘못을 인정하고 받아들이는 책임감, 하나가 아닌 둘을 위한 협동심, 다양한 관계에서 펼쳐지는 자기관리를 통하여 정의를 실현해가고 있는 것이지요.

그리고 타인을 응원해주는 격려, 더 큰 용기를 필요로 하는 용서, 마음의 선물인 자선, 비전을 제시하는 리더십, 다른 길로 갈 수 있는 열린 기회, 바른 길로 인도하는 교육, 이웃을 사랑하는 형제애를 통하여 다른 사람도 고귀한 자유를 지켜갈 수 있도록 도와주는 숭고한 정신을 이어가고 있습니다.

아름다운 나눔

우리는 세상에서 큰 꿈을 이루고 성공해야 합니다. 성공하여 그 열매를 나누어야 합니다. 베풀어야 합니다. 성공의 최종목표는 베풂이 되어야 합니다. 이것이 진정한 성공입니다.

팔레스타인 바다

팔레스타인에는 두 개의 바다가 있다. 그 중 하나인 갈릴리 바다($144\ km^2$)에는 맑은 물에서 물고기들이 살고 있다. 초록색 바닷물이 방파제에 부딪히며 아름다운 물보라를 일으킨다. 나무들은 그 위에 가지를 드리우고 뿌리를 뻗어 갈증을 풀어줄 물을 빨아들인다. 산골짜기로부터 흘러내리는 각종 물이 이 바다를 더욱 빛나게 적셔준다. 햇빛을 받은 바다가 환하게 미소짓는다. 사람들이 그 근처에 집을 짓고 살며, 새들도 둥지를 틀고 산다. 그 바다가 있기에 모든 생명체들은 더없이 행복하다.

그런데 이 바다에서 발원하는 젖줄 요단강을 따라 물이 남쪽으로 흘러가다 보면 갈릴리해보다 몇 배 더 큰 다른 바다를 만난다. 이 바다에는 물고기들이 튀어 오르지도 않고, 나뭇잎의 펄럭임도, 새들의 지저귐도, 아이들의 웃음소리도 없다. 여행객들도 아주 급한 용무가 있지 않는 한 이곳을 지나가지 않는다. 물 위로는 무거운 공기가 감돌고 있으며, 사람도, 짐승도, 새도 그 물을 마시지 않는다. 이른바 사해(死海)라는 바다이다.

갈릴리해와 사해는 사실 호수이다. 너무 크다 보니 옛날부터 사람들이 바다라고 불러서 그렇게 이름지어진 것뿐이다. 똑같은 바다인데 왜 이렇게 차이가 나는 것일까? 갈릴리해는 상류로부터 흘러 내려온 물을 받아 요단강을 통하여 내보내기 때문에 물이 깨끗하고 아름답다. 받은 만큼 내준다. 주변의 온갖 생물에게 생명수를 공급한다. 따라서 온갖 생물이 숨쉰다. 그런데 사해는 갈릴리 바다보다 면적이 7 배나 더 크지만 요단강을 통해 그 좋은 물들을 받기만 하고 주지는 않아 더러워지는 것이다. 그래서 생명이 죽어 있는 것이다.

이같은 자연의 섭리는 인간에게도 그대로 적용이 됩니다. 남에게 베풀 줄 아는 사람은 많은 이웃 사람들에게 즐거움과 희망을 주고 인정이 넘치는 사회를 만들어갑니다. 남에게 베풀 줄 모르는 사람은 자기 욕심만 채우기 때문에, 이 세상을 인정이 메마른 삭막한 사회로 만들어가게 되는 것입니다. 나누는 기쁨이 참 기쁨입니다.

기부정신

세계에서 빌게이츠 다음으로 부자인 미국의 워렌 버핏이 자신의 재산 중 85%에 해당하는 370억 달러를 빌 앤 멜린다 게이츠재단에 기부하겠다고 선언하여 전 세계적으로 커다란 화제거리가 되었다.

미국 부자들의 기부 문화는 앤드류 카네기와 존 록펠러가 기초를 닦았다. 19세기 말 철강산업과 석유산업을 통해 각각 부를 거머쥔 두 사람은 부의 사회 환원에 대한 철학과 전통을 닦았고, 오늘날까지 미국이 일류국가로 우뚝 설 수 있는 기틀을 마련했다.

철강왕 카네기는 《부의 복음(The Gospel of Wealth)》이란 잡지의 기고문을 통해

"재산을 안고 지구의 품으로 돌아가는 사람들은 천국에서 명패를 찾을 수 없을 것이다."

라며 부자로 죽는 것은 부끄러운 일임을 주장했다. 사회 환원이 부자들의 신성한 의무임을 강조했던 그는 기부가 단순히 동정에서 비롯된 물질의 제공이 아니라, 즐거운 나눔이며 빈부간의 화해 수단으로 작용해야 한다고 주장했다. 오늘날 미국의 카네기 홀, 피츠버그의 카네기 도서관, 카네기 박물관, 카네기 멜론대학, 워싱턴 카네기 인스티튜트, 덤퍼린 카네기 장학금, 뉴욕의 카네기 코퍼레이션 등이 모두 그가 기부해 만든 단체들이다.

석유왕 록펠러도 카네기 못지 않다. 그는 '세계 인류의 복지증진을 위해'란 거창한 목표를 갖고 록펠러 재단을 출범시키는 한편 록펠러 의학연구소, 교육사업, 시카고대학 지원 등 수많은 기부활동을 펼치게 되었다. 이들에 의해 확립된 미국 부자들의 기부전통은 포드 등을 거쳐 오늘날 빌게이츠나 이베이 그룹 등 새로운 부자들에 의해 찬연히 이어지고 있다.

만 원짜리 시계를 차고 이코노미 클래스를 이용하여 항공기 여행을 하며, 집도 자동차도 없이 살면서, 4조 원에 이르는 거금을 남몰래 기부한 척 피니는 1988년 포브스가 선정한 미국 갑부 23위에 올랐었다. 재산은 13억 달러로서 루퍼트 머독이나 도날드 트럼프보다 더 큰 부자로 소개되었다.

또한 몇 년 전에는 어떤 익명의 독지가가 공항면세점을 운영하면서 평생 5억 달러(한화 약 5,000억 원)를 기부하여 화제가 된 일도 있었다. 놀라운 일이다. 개인 기부 액수로는 세계 최고다. 그런데도 익명을 고집했다고 한다.

우리 나라에서 반미 성향을 지닌 어떤 사람이 미국에 가서 미국이 왜 강국인가를 오랫동안 연구하였다고 합니다. 그 결론을 보면 미국은 자원봉사 문화, 기부 문화의 나라이기 때문이랍니다.

성공하면 그 결과를 자기 개인이나 가족의 부귀영화를 위해서 향유하는 것이 아니라, 국가를 위해서, 사회를 위해서, 소외된 이웃을 위해서 써야 진정한 성공자가 되는 것입니다. 이래야만 인류 공영의 더불어 사는 사회가 실현되는 것이지요.

- 크레덴다(믿어야 할 원리) -

군중과 군중의 명성과 황금에 대한 무익한 추구를 외면하라.
탐욕과 욕망이 소용돌이로 향하는 문을 닫으면서 결코 아쉬워하지 마라.
실패와 불운의 눈물을 거두어라.
무거운 짐을 벗어버리고 마음이 평온해질 때까지 휴식을 취하라.
평화로움을 가져라.
지상에서 너희의 삶은 기껏해야 아득한 영원의 한 순간에 지나지 않음을 마음 깊이 새기고 하루하루를 생활하라.
두려워하지 마라.
너 자신 이외는 지상 어느 것도 너를 해하지 못할 것이다.
두려운 일을 실행하여 자랑스럽게 승리를 획득하라.
너의 모든 힘을 한 곳으로 집중시켜라.
모든 것을 다 한다는 것은 한 가지도 못하는 것과 같다.
시간을 아껴라. 시간이야말로 너희에게 가장 소중한 보물이다.
목표를 다시 생각해보라.
어떤 것에 지나치게 정력을 쏟기 전에 그것을 이미 지니고 있는 사람들이 얼마나 행복해 하는지를 관찰해보라.
너희 가족을 사랑하고 축복하라. 그들이 없다면 얼마나 그리울 것인지 상상해보라.

성취될 수 없는 꿈을 던져버리고, 아무리 하기 싫어도 눈 앞에 있는 너의 임무를 완수하라.

모든 위대한 업적은 노력과 인내로써 얻어지는 것이다.

하나님께서 연기하시는 것은 거부하시는 것이 아니다.

참고 견뎌라. 지속하라.

너의 주인은 항상 너의 곁에 계심을 명심하라.

선이든 악이든 심은 대로 거둔다.

자신의 불행을 결코 남의 탓으로 돌리지 마라.

너의 존재는 너의 선택만으로 오늘에 도달한 것이다.

가난해도 정직하게 사는 법을 배우라.

황금을 묘지까지 가져가는 것보다는 좀 더 중요한 일에 관심을 가져라.

역경의 중간에서 포기하지 마라.

두려움은 삶에 있어서 녹과 같은 것이다.

오늘의 짐에 내일을 추가한다면 그 무게는 지탱할 수 없게 될 것이다.

실패했다고 후회하지 말고 감사하라.

네가 필요로 하지 않았다면 그것이 네게 오지 않았을 것이다.

항상 다른 사람에게 배워라.

자기 자신을 가르치는 사람은 바보인 것이다.

주의하라.

양심을 무겁게 억누르지 마라.

수다쟁이로 가득차 있는 세상에서 살 듯이 인생을 살지 마라.

허풍을 삼가라.

자기 자신에게 자랑스러운 것이 발견된다면 자세히 살펴보라. 그러면 겸손해지기에 충분한 것이 발견될 것이다.

지혜로워야 한다.

모든 인간이 똑같지 않다는 것을 깨달아야 한다. 이 세상에 같은 것이란 존재하지 않기 때문이다.

그러나 모든 인간은 스스로 할 일을 가지고 태어난다.

하루 하루가 마치 세상의 첫 날인 것처럼 열심히 일하라.

다른 모든 생명들을 대할 때 마치 그들이 자정에 모두 쓰러질 듯이 상냥하게 대하라.

너를 부정하는 사람까지도 모두 사랑하라. 증오란 너희들이 즐길 수 없는 사치이기 때문이다.

궁핍한 사람들을 찾아내라.

한 줌을 주는 사람은 항상 두 줌 이상을 받게 된다는 것을 명심하라.

항상 기뻐하라.

무엇보다도 행복한 삶을 살기 위해 필요한 것은 이 세상에 거의 없음을 명심하라.

위를 보라. 뻗어 나가라.

하나님께 매달려 자비로움과 미소로 영원으로 통하는 길을 조용히 여행하라.

그렇게 한다면 네가 떠나게 될 때 모든 사람은 네가 남긴 세상이 네가 태어난 세상보다 더 나은 곳이었다고 말하게 될 것이다.

– 아카바의 선물 –

참고문헌

1. 데일 카네기, 최염순 역, “카네기 인간관계론”, 카네기 연구소, 2003.9
2. 딕 디보스, 김영철 역, “불멸의 가치관”, 아름다운 사회, 2001.3
3. 김삼환, “이삭줍는 사람 1, 2”, 실로암, 2001.9
4. 지그 지글러, 백기완 역, “정상에서 만납시다”, 학일출판사, 2001.3
5. 로버트 기요사키, 형선호 역, “부자아빠 가난한 아빠 1”, 황금가지, 2001.12
6. 로버트 기요사키, 형선호 역, “부자아빠 가난한 아빠 2”, 황금가지, 2006.5
7. 김진배, “성공의 주문을 걸어라”, 파인트리, 2006.8
8. 오그 만디노, 배석범 역, “아카바의 선물”, 문진출판사, 2004.6
9. 정균승, “당신의 인생을 낭비하지 마라”, 엔타임, 2005.9
10. 김홍기 역, “탈무드”, 2003.9
11. 켄 블랜차드, 타드 라시나크, 처크 톰킨스, 짐 발라드, 조천제 역, “칭찬은 고래도 춤추게 한다”, 21세기북스, 2006.8
12. 앤디 앤드루스, 이종인 역, “폰더씨의 위대한 하루”, 세종서적, 2005.11
13. 조엘 오스틴, 정성묵 역, “긍정의 힘”, 두란노, 2006.3
14. 이솝, 안희웅 역, “이솝 우화”, 예림당, 2004.8
15. 스펜서 존슨, 형선호 역, “선물”, 랜덤하우스, 2006.11
16. 구인환, “중학생이 알아야 할 수필”, 신원문화사, 2001.8
17. 안의정, “보석같은 이야기들”, 열매출판사, 2005.6
18. 브리스톨, 이학수 역, “신념의 마력”, 아름다운 사회, 2005.6
19. 버크 헤지스, 강민호 역, “1루에 발을 붙이고는 2루로 도루할 수 없다”, 아름다운 사회, 2004.1
20. 호아킴 데 포사다 · 앨런 싱어, 김경환 · 정지영 역, “마시멜로 이야기”, 한국경제신문, 2006.11

21. 톨스토이, 김진욱 역, "사람은 무엇으로 사는가", 범우사, 1994.5
22. 안상윤, "매혹당할 확률 99%", 아라크네, 2006.10
23. 버크 헤지스, 박 옥 역, "파이프라인 우화", 도서출판 나라, 2006.12
24. 나카지마 카오루, 곽기형 역, "단순한 성공법칙", 도서출판 황금비늘, 2004.2
25. 샤토 도미노, 이수미 역, "선택", 대교베텔스만, 2007.4
26. 장영, "뉴밀레니엄 시대 최고의 비즈니스", 소호미디어, 2005.7
27. 강상구, "1년만 미쳐라", 좋은책 만들기, 2006.8
28. 코나리 출판사 편집부, 성찬성 역, "멋진 세상, 아름다운 사람들", 열린, 1997.5
29. 소바 데, 이미경 역, "나를 변화시키는 향기로운 우화", 버들미디어, 2006.9
30. 주얼 디 테일러, 서수정 역, "나를 바꾸는 데는 단 하루도 걸리지 않는다", 도서출판 도솔, 2002.2
31. 빌 퀘인, 황현경 역, "깨뜨려야 할 10가지 규칙 & 만들어야 할 10가지 규칙", 코리아무비테크, 2002.11
32. 김형곤, "나를 깨우는 위대한 여행", 매일경제신문사, 2006.8
33. 베르나르 베르베르, 이세욱 역, "쥐의 똥구멍을 꿰맨 여공", 열린 책들, 2003.5
34. 이원복, "현대문명진단", 조선일보사, 1999.3
35. 용혜원, "인생을 변화시키는 성공예화", 청우, 2005.5
36. 장자옥, "예화사전", 쿰란출판사, 1999.5
37. 진희정, "CEO 책에서 길을 찾다", 비즈니스북스, 2006.10
38. 이언호, "꿈을 현실로 만든 사람들", 큰방, 2007.1
39. 미치 앨봄, 공경희 역, "천국에서 만난 다섯 사람", 세종서적, 2004.10
40. 차동엽, "무지개 원리", 위즈앤비즈, 2007.10
41. 이채윤, "자기관리 법칙 1 · 2 · 3". 바움, 2007.4
42. 파트리크 쥐스킨트, 김인순 역, "깊이에의 강요", 열린 책들, 2006.2
43. 정주영, "시련은 있어도 실패는 없다", 제삼기획, 1997.6

열정 인생 디자인

1판 1쇄 발행 2008년 2월 10일

저 자 | 최 규 식
발행인 | 남 승 우

발행처 | **남두도서**
주 소 | 서울특별시 동작구 사당3동 220-43
전 화 | 02) 595-1692~4
팩 스 | 02) 595-1394
메 일 | namdoo6@unitel.co.kr
신 고 | 5-76호 (1998. 11. 4)

ISBN 978-89-5780-062-1 03320

값 12,000원